los dictadores y la dictadura en la novela hispanoamericana (1851-1978)

BIBLIOTECA DE LETRAS
DIRECTOR: SERGIO FERNÁNDEZ

COORDINACIÓN DE HUMANIDADES

DIRECCIÓN GENERAL DE PUBLICACIONES

adriana sandoval

los dictadores y la dictadura en la novela hispanoamericana (1851-1978)

universidad nacional autónoma de méxico
1989

Primera edición 1989

DR © 1989. Universidad Nacional Autónoma de México
Ciudad Universitaria. 04510 México, D. F.

DIRECCIÓN GENERAL DE PUBLICACIONES

Impreso y hecho en México

ISBN: 968-36-0843-4

reconocimientos

LA INVESTIGACIÓN para este libro no hubiera sido posible sin el apoyo económico de varias personas e instituciones: para ellos, mis más sinceras gracias. Mi primer año en la Universidad de Cambridge, Inglaterra, fue posible gracias al generoso apoyo económico y moral de Luis Felipe y María Teresa Sandoval (+), Julio César y Rosa Olivé, y León Olivé. A partir de mi segundo año en dicha Universidad, hasta el fin de la disertación que sirvió como base para este libro, recibí apoyo financiero de la Universidad Nacional Autónoma de México.

En particular, deseo expresar mi gratitud a mi supervisor, Theodore Boorman, finado, cuya ayuda constante y generosa, consejos y comprensión fueron invaluables.

Debo mucho al estímulo, compañía y apoyo de León Olivé, y todas aquellas personas que me ofrecieron su amistad durante mi estancia en Inglaterra. Los miembros y el personal de Darwin College convirtieron mi estancia en Cambridge en una muy agradable experiencia.

A. S.

ABREVIATURAS

Dado que algunas de las novelas de las que se ocupa este trabajo tienen nombres relativamente largos, he abreviado los títulos de la siguiente manera:

La sombra del caudillo	*La sombra*
El gran Burundún-Burundá ha muerto	*Burundún-Burundá*
La fiesta del rey Acab	*La fiesta*
Oficio de difuntos	*Oficio*
El recurso del método	*El recurso*
El otoño del patriarca	*El otoño*
Cien años de soledad	*Cien años*
Los funerales de la mamá grande	*Los funerales*

introducción

La IDEA de este trabajo surgió con la aparición del trío compuesto por *El recurso del método, El otoño del patriarca* y *Yo el Supremo*. Tres novelas sobre el mismo tema en sólo dos años era demasiado para ser una coincidencia. Luego descubrí, básicamente por comentarios orales, pues no parece haber muchas pruebas escritas al respecto, que algunos de los escritores incluidos en este trabajo —al menos cuatro de ellos: Alejo Carpentier, Gabriel García Márquez, Augusto Roa Bastos y Arturo Uslar Pietri— se reunieron en alguna parte y acordaron escribir una novela sobre el tema de los dictadores y las dictaduras en América Latina. La única confirmación por escrito de este rumor que he encontrado aparece en un libro sobre Roa Bastos: *Seminario sobre "Yo el supremo" de Augusto Roa Bastos*, en un comentario de Jean Andreu:

> La primera información que yo tuve de que se iban a escribir novelas sobre la dictadura y los dictadores fue por intermedio de Roa, ya que éste tuvo una reunión con los escritores del "Boom"; entre ellos estaban García Márquez, Vargas Llosa, etc. . . . y habían decidido que se consagrarían a ese tema. Lo que es interesante es que el proyecto se ha realizado.[1]

Y F. Moreno, a su vez, afirmó: "Según se dice, Fuentes, Galeano y Uslar Pietri preparan sendas novelas sobre la dictadura y los dictadores."[2] La aparición de algunas de estas novelas, entonces, está lejos de ser una mera coincidencia, y puede relacionarse con una inten-

---

[1] *Seminario sobre "Yo el Supremo" de Augusto Roa Bastos*, publicado por el Centre de Recherches Latino-Américaines de l'Université de Poitiers (Poitiers, 1976), p. 152.

[2] *Ibidem.*

ción consciente y deliberada de los escritores hispanoamericanos involucrados, de presentar un frente unificado de ataque y condena a través de la exposición y descripción de los dictadores y las dictaduras en América Latina, dentro del ámbito de su acción: la literatura.

La novela es un vehículo muy apropiado para expresar una preocupación social de este tipo. Mario Vargas Llosa ha señalado que el novelista es esencialmente un inconforme. Al estar en desacuerdo con la realidad que lo rodea, se siente obligado a cambiarla, si no directamente, al menos en la escritura. Esta preocupación e inconformidad no lo compromete, es claro, a proporcionar una solución al problema planteado en su novela, a no ser en términos literarios. El novelista puede, de hecho, no sugerir una solución o soluciones al problema particular social o político que le preocupa en su novela. Su contribución no reside en la solución misma, sino más bien en la exposición, y esta exposición se lleva a cabo, necesariamente, desde su punto de vista, y en el campo literario. A menudo, el novelista ofrece nuevas perspectivas sobre un problema particular, subrayando aspectos previamente descuidados o incluso ofreciendo nuevas facetas. Esta combinación de exposición con descripción, siempre con una estética, es, después de todo, una de las principales funciones del arte.

Cuando este trabajo ya estaba en curso, aparecieron dos libros que se ocupaban de novelas de dictadores y dictaduras, a saber, *Los dictadores latinoamericanos*, de Ángel Rama[3] y *El recurso del supremo patriarca* de Mario Benedetti.[4] Ambos se centran en *El recurso*, *El otoño* y *Yo el Supremo*.[5] Benedetti también menciona *El señor presidente* de Miguel Ángel Asturias y *Tirano Banderas* de Ramón del Valle-Inclán, mientras que Rama in-

---

[3] Ángel Rama, *Los dictadores latinoamericanos* (México, 1976).
[4] Mario Bendetti, *El recurso del supremo patriarca* (México, 1979).
[5] Todas las subsecuentes referencias a estas novelas se harán en forma abreviada.

cluye la novela de Asturias y *El gran Burundún-Burundá ha muerto* de Jorge Zalamea. Otro estudio sobre el tema fue publicado por Giuseppe Bellini: *Il mondo allucinante. Da Asturias a García Márquez. Studi sul romanzo ispano-americano della dittadura.*[6] Bellini estudia *El señor presidente, El reino de este mundo* de Carpentier, *El secuestro del general* de Demetrio Aguilera Malta, *El recurso, Yo el Supremo* y *El otoño.*

El colombiano Conrado Zuluaga produjo un breve libro en 1977: *Novelas del dictador. Dictadores de novela*[7] donde se ocupa de *Tirano Banderas, El recurso, Yo el Supremo* y *El otoño.* Tal vez el estudio más ambicioso y extenso sobre el tema sea el que apareció en Francia, bajo la supervisión de Paul Verdevoye: *"Caudillos", "caciques" et dictateurs dans le roman hispanoaméricain.*[8] Incluye no menos de treinta y tres novelas, en secciones breves de diversa calidad.

Detrás de esta proliferación de novelas en el tema, que parece haberse detenido en *Casa de campo,* y que ha estimulado la aparición de estudios sobre las novelas, hay una preocupación compartida y constante por los problemas sociales, políticos, económicos y educativos de América Latina, paralela a un interés en las relaciones entre historia y literatura, y literatura y sociedad. Algunos tipos de literatura pueden ser un medio iluminador de acercarse a la historia y a la sociedad, y, en ese sentido, ser complementarias a estudios sociales, políticos e históricos rigurosos, si bien con una existencia autónoma por su propio derecho. Un "estudio" literario, en este sentido, tiene ciertas ventajas sobre un estudio científico. Puede explorar fácilmente aquellos aspectos

---

[6] Giuseppe Bellini, *Il mondo allucinante. Da Asturias a García Márquez. Studi sul romanzo ispano-americano della dittadura* (Milán, 1976).

[7] Conrado Zuluaga, *Novelas del dictador. Dictadores de novela* (Bogotá, 1977).

[8]*"Caudillos", "caciques" et dictateurs dans le roman hispanoaméricain,* coordinado por Paul Verdevoye (París, 1978).

emotivos y míticos de la realidad a menudo cerrados para ciertos científicos, y ofrecer como resultado el "otro" lado de un problema; su enfoque no necesita tener un punto de vista limitado, sino que puede abarcar varios; no necesita restringirse al nivel teórico del problema, pues es libre de producir ejemplos prácticos. Hay una diferencia entre plantear que una dictadura es un régimen represivo y mostrarlo de hecho en una manifestación vívida de esa represión, aun cuando sea en el campo de la realidad literaria. Nos ocupamos aquí, por así decirlo, de una visión más rica y compleja de la realidad en donde los aspectos delicados y sutiles de las emociones y la subjetividad se vuelven tan importantes como los racionales y objetivos. Un "estudio" literario, podría argumentarse, es necesariamente limitado debido a la subjetividad del punto de vista de su autor, y ciertamente ésta sería una apreciación justa; pero lo mismo es cierto, en última instancia, de un estudio científico en las ciencias sociales.

El propósito de este libro es examinar algunas de las novelas más representativas en la novelística hispanoamericana sobre el tema de los dictadores y las dictaduras, en un intento de ofrecer un muestrario variado de esta literatura. A excepción de *Amalia* de José Mármol, de 1851, todas las demás novelas incluidas se publicaron en este siglo, con un nivel particularmente alto de frecuencia y calidad en la década de los años setenta. Una excepción notable en lo que respecta a la nacionalidad del autor es el *Tirano Banderas* de Valle-Inclán. Aun cuando no fue escrita por un hispanoamericano, hay bases para justificar su presencia en este trabajo, en la medida en que está ubicada en Latinoamérica, trata de un dictador latinoamericano, y ha sido considerada por los escritores latinoamericanos como una marca en el tratamiento del tema, además de que ha ejercido influencia sobre algunos de ellos.

Amalia es de hecho la primera novela hispanoamericana escrita sobre el tema de los dictadores y las dictaduras. Mármol usa el género novelístico para atacar a Juan Manuel Rosas abierta y constantemente, usando su nombre real dentro de la realidad literaria. *Amalia* forma parte de una trilogía en contra de Rosas, junto con *El matadero* y *Facundo*; pero, estrictamente hablando, estas obras no pueden considerarse novelas; de ahí el derecho de Mármol de haber escrito la primera novela sobre este tema. A esta obra le siguen en este libro *El señor presidente* y *Tirano Banderas*, consideradas juntas en virtud de sus semejanzas y de la conspicua influencia de Valle sobre Asturias.

Tirano Banderas establece una línea dentro de las novelas sobre el tema de dictadores y dictaduras que habrá de ser retomada por otros novelistas: la explotación de la calidad absurda, ridícula, esperpéntica de los dictadores, tratados con un cierto grado de ironía y sátira. Aun cuando es muy difícil generalizar con respecto al tratamiento del tema de los dictadores, dado que cada escritor sigue, en última instancia, su estética particular, es posible apuntar que esta característica es común a varias de las novelas, esto es, la distorsión y exageración en el tratamiento de la figura del dictador. Este esperpentismo, que emana directamente de Valle, puede observarse en una continuación significativa a través de Asturias, pasando por Zalamea y Lafourcade, y llegando finalmente a García Márquez.

Algunos autores han considerado *El señor presidente* —dejando de lado a *Amalia*, en un sentido con cierta razón, y a *La sombra*, tal vez por razones de repercusión— la primera novela hispanoamericana sobre el tema de dictadores y dictaduras. Importa mencionar que una de las principales contribuciones a la serie de las novelas sobre dictadores de *La sombra*, más tarde plenamente fijada por Asturias, fue la de ampliar el ámbito de la figura del dictador, subrayando más las funciones, la posición misma, e incluir así a todos los dictadores de países latinoamericanos, y, si se desea, del mundo. Esta universalidad del dictador ha sido retomada por escritores como Roa Bastos, Donoso, Carpentier y García Márquez. Guzmán, antes que Asturias, explota esta anonimidad del hombre de la mano de hierro al llamar a su figura central *el Caudillo* y subraya así la dinámica de la personalidad del hombre en el poder, en lugar de su identidad particular —aun cuando este nivel también existe en su novela, como se verá más adelante. Donoso, Carpentier y García Márquez siguen la misma tradición, y se refieren a sus dictadores, respectivamente, como el Mayordomo, el Primer Magistrado y el Patriarca. El caso de Roa es distinto, en la medida en que su dictador, al que siempre se refiere como el Supremo, está basado muy de cerca en el personaje histórico de José Gaspar Rodríguez de Francia. Roa usa la historia y la historiografía con un doble fin: comentar sobre el personaje histórico, pero también subvertir la historiografía, elaborando, al mismo tiempo, un personaje literario.

La segunda contribución de Asturias a la línea de novelas sobre el tema de los dictadores y las dictaduras es la introducción de un nivel mítico. Valle ya había sugerido cualidades sobrenaturales en su Tirano Banderas, pero Asturias eleva estas características al nivel mítico, dando un paso más, al identificar a su cruel dictador con el dios Tohil de la mitología maya. Novelistas posteriores secundan esta sugerencia, introduciendo cualidades sobrenaturales en sus dictadores, como García Márquez, o estableciendo un paralelo con deidades precolombinas, como Uslar Pietri. Lafourcade también establece un paralelo metafórico con la Biblia, al comparar a su dictador Carrillo con el bíblico rey Acab.

La siguiente sección de este libro agrupa a dos obras bajo el tema general de fantasía satírica: *El gran Burundún-Burundá* y *La fiesta del rey Acab*. Ambas se ocupan de sus dictadores con un alto grado de ironía o sátira, siguiendo a Valle, y con un cierto grado de fantasía —claramente más intensa en Zalamea. Siguiendo a Valle y Asturias, sus dictadores son grotescos y esperpénticos, presentados siempre bajo una luz que los convierte en figuras ridículas. Es interesante mencionar en este punto que varios autores, incluyendo a Zalamea y Lafourcade, o bien establecen claramente un paralelo entre sus dictadores y ciertos animales, o al menos sugieren su carencia de cualidades humanas. Así, Guzmán compara los ojos del caudillo con los de un tigre, Burundún-Burundá se ve y actúa como un gorila, un mono, al igual que el Mayordomo de Donoso parece más un animal que un ser humano, y García Márquez hace una larga lista de referencias a animales al ocuparse de su Patriarca.

Uslar Pietri desarrolla un tratamiento realista y convencional del tema de los dictadores y la dictadura. Guzmán, como Mármol, Roa y Uslar Pietri, dibujan a su personaje a partir de la realidad objetiva. Guzmán y Uslar Pietri presentan su tema con pocas innovaciones técnicas.

Finalmente, en ese mismo capítulo, José Donoso aporta una versión altamente idiosincrática de la dictadura con su *Casa de campo*. En un sentido, continúa con el tratamiento parabólico del tema establecido por primera vez por Asturias, y seguido después por Lafourcade y Zalamea. Donoso plantea una versión muy personal del gobierno de Salvador Allende, su caída y la dictadura de Pinochet. Donoso, junto con Asturias, Guzmán, Carpentier y García Márquez, subraya la mecánica de la posición más que la personalidad particular del dictador mismo. Donoso da por hecho, en un sentido, todas las novelas previas sobre el tema, sin mencionar siquiera que, a un nivel importante, *Casa de campo* se ocupa del tema de los dictadores y las dictaduras.

Se ha puesto especial atención a dos novelas: *El otoño del patriarca* de Gabriel García Márquez y *El recurso del método* de Alejo Carpentier. En menor extensión, también *Yo el Supremo* de Augusto Roa Bastos ha sido abordada en cierto detalle, dado que su tratamiento del tema es particularmente sobresaliente y rico. En las novelas mencionadas antes de este trío, el dictador se ve desde lejos, apenas existiendo en *La sombra*, como parte de un nivel mítico en *El señor presidente*, o como un personaje más central en *La fiesta*, o *Tirano Banderas*. No es sino hasta que Carpentier, García Márquez y Roa Bastos ofrecen sus versiones del tema, que un autor de hecho se introduce en el personaje mismo del dictador y provoca un cambio completo en la perspectiva, actitud y tratamiento del tema, viendo el mundo desde el punto de vista del propio dictador. Además de esta característica común muy importante, cada autor se ocupa del tema de su manera particular, abriendo nuevos caminos no sólo dentro de la línea de novelas sobre dictadores y dictaduras, sino asimismo dentro de su propia trayectoria literaria.

García Márquez, Carpentier y Roa, al entrar a sus dictadores, agregan planos de complejidad a la figura del dictador. Aun cuando su oposición personal frente a tales regímenes totalitarios, en tanto que individuos, es bastante clara, en sus novelas parecen descubrir una dimensión subjetiva y humana dentro de la personalidad de sus dictadores. A partir de este trío, la relación entre autor y dictador literario deja de ser la de una condena y reprobación directas, sin matices ni sutilezas.

Además de las novelas incluidas en este trabajo, ha habido otras que tocan temas semejantes tales como *El hombre de hierro* de Rufino Blanco Fombona,[9] *La candidatura de Rojas* de Armando Chirveches, [10] *Los falsos demonios* de Carlos Solórzano,[11] *La alfombra roja* de Marta Lynch,[12] *El tiempo de la ira* de Luis Spota,[13] *El*

[9] Rufino Blanco Fombona, *El hombre de hierro* (Caracas, 1907).
[10] Armando Chirveches, *La candidatura de Rojas* (Lima, 1965). Publicado antes en Bolivia, 1909.
[11] Carlos Solórzano, *Los falsos demonios* (México, 1966).
[12] Marta Lynch, *La alfombra roja* (Buenos Aires, 1972), publicado por primera vez en 1966.
[13] Luis Spota, *El tiempo de la ira* (México, 1967).

16

secuestro del general de Demetrio Aguilera Malta,[14] *Fin de fiesta* de Beatriz Guido,[15] y *Maten al león* de Jorge Ibargüengoitia.[16] Estas novelas no se han incluido aquí por razones de preferencias personales y por considerar que no son las más representativas de esta serie, sin menoscabo de sus respectivas calidades.

Finalmente, en el quinto y último capítulo, se reconsidera toda la serie de novelas —básicamente desde un punto de vista descriptivo y temático— se establecen comparaciones, diferencias y relaciones, en un intento de una evaluación general. Se incluyen puntos como las fechas de publicación, los modelos de los dictadores, los países de los autores, el militarismo, el punto de vista del autor con respecto a su figura central, las víctimas y las muertes, la presencia o ausencia del "pueblo", los dictadores y la muerte, la proyección de las novelas en su futuro narrativo, los gobiernos de los dictadores literarios, el problema de la dependencia y, para finalizar, la contribución particular de cada una de ellas a las novelas sobre este tema.

[14] Demetrio Aguilera Malta, *El secuestro del general* (México, 1973).
[15] Beatriz Guido, *Fin de fiesta* (Buenos Aires, 1958).
[16] Jorge Ibargüengoitia, *Maten al león* (México, 1975).

capítulo 1

capítulo

AMALIA: LA NOVELA FUNDADORA

Esta novela, escrita en 1850 y publicada al año siguiente, formá, junto con el cuento de Esteban Echeverría *El matadero* (1838) y el *Facundo* de Domingo Sarmiento (1845), una trilogía no planeada en contra del régimen dictatorial de Juan Manuel Rosas en Argentina, que se extendió desde 1829 a 1852. David Viñas en *Literatura argentina y realidad política*[1] afirma que la literatura argentina empieza, de hecho, en la época de Rosas. Por primera vez en la historia argentina, aquellos que se oponían al régimen de Rosas —quienes, por cierto, son miembros de la primera generación desde la guerra de independencia de España en 1810— ya sabían lo que significaba vivir en el exilio. Bajo la fuerte influencia de la era del romanticismo con su exaltación de los valores nacionales y un énfasis en el color local, esta generación sentó las bases de una literatura nacional.

El objetivo de José Mármol al escribir *Amalia*[2] es bastante claro desde las primeras páginas: su intención central es atacar al dictador Rosas. Mármol se consideraba a sí mismo como una de las víctimas de Rosas. De hecho, fue encarcelado durante algunos días en su juventud, y más tarde fue perseguido, debido a una demostración juvenil contra el régimen. En consecuencia, huyó a Montevideo, donde se asoció con muchos otros argentinos en el exilio, dedicados a producir críticas constantes y algunas veces actuando activamente en contra de Rosas. La impresión que le dejó a Mármol este corto pe-

[1] David Viñas, *Literatura argentina y realidad política* (Buenos Aires, 1964).
[2] José Mármol, *Amalia*, novena edición (Buenos Aires, 1965).

riodo de encarcelamiento, junto con la atmósfera de represión y terror establecida por Rosas, lo llevó a dedicar la mayor parte de su estancia en Uruguay a atacar al dictador. Fue especialmente prolífico en la producción de un flujo constante de artículos periodísticos, panfletos y folletos en torno a esta obsesión central. Alberto Blasi Brambilla,[3] después de haber estudiado la producción periodística de Mármol de ese periodo, concluye que todo el material transcurre en gran medida en la misma línea, usando incluso palabras muy semejantes. Además de una colección de poemas sin mayor consecuencia, *Cantos del peregrino*, la obra principal, de hecho la única importante de Mármol en el campo narrativo es *Amalia*. Es interesante hacer notar que Mármol sea hombre de una sola novela. Una vez que terminó su obsesión, después de la caída de Rosas, su principal estímulo para escribir parece haber desaparecido. A partir de ese momento, según Brambilla, Mármol canalizó su energía a producir numerosos discursos durante su vida política en Buenos Aires desde 1854 a 1871, fecha en que murió.

Amalia es una novela muy irregular. Hay dos partes distintas y separadas: la narrativa que se ocupa de la historia de Amalia y Eduardo, pero sobre todo, de Daniel Bello, el verdadero héroe; y la segunda parte, relacionada con la primera a través de las actividades políticas clandestinas de Daniel, cuyo propósito es atacar clara y abiertamente a Rosas. En última instancia, la historia de la ficción parece ser un pretexto para que Mármol alcance su objetivo de condenar la dictadura de Rosas, y de lograr que su lector haga lo mismo. Rosas aparece como uno de los personajes, acompañado por su hija Manuela, otros miembros de su familia, y la gente que trabajaba por la preservación y mantenimiento de su ré-

---

[3] Alberto Blasi Brambilla, *José Mármol y la sombra de Rosas* (Argentina, 1970).

gimen. Hay, entonces, una mezcla de personajes ficticios e históricos.

En la novela, Rosas es un personaje con un solo lado: es todo maldad. Mármol le concede un cierto grado de habilidad en la práctica de esta maldad. Con Manuela, Mármol es menos severo. De hecho la considera como una de las víctimas de Rosas, expuesta constantemente a humillaciones y a la terrible compañía de los federales. Las demás personas alrededor de Rosas comparten la condena de Mármol, particularmente la cuñada del dictador, Josefa Ezcurra, seguida por quienes colaboran en el gobierno: todos personajes despreciables y crueles. Es interesante observar que gran parte de la crítica en contra de Rosas y los federales en *Amalia* está basada en su vulgaridad, asociada con un origen social inferior. En la novela, los unitarios, y quienes se opusieron a Rosas provenían de una clase social más alta, y resentían profundamente verse obligados a mezclarse socialmente con Rosas y sus federales vulgares. Había también un gran resentimiento entre los unitarios hacia la servidumbre y las clases inferiores en general, porque en gran medida con su ayuda y a través de su corrupción, la esposa de Rosas y su cuñada —especialmente esta última en *Amalia*— lograron crear una policía secreta prácticamente dentro de cada casa en Buenos Aires. Se alentaba a los sirvientes a informar de cualquier sospecha que tuvieran con respecto a sus amos, ya fuera real o inventada, y se les recompensaba generosamente por sus denuncias. Así, Mármol se lamenta, Rosas logró instaurar la desconfianza y el miedo en cada casa, poniendo a un argentino contra otro, pero, más precisamente, invirtiendo la dominación de las clases altas sobre las bajas. Escribe:

Desenfrenadas las pasiones innobles en el corazón de una plebe ignorante, al soplo instigador del tirano; subvertida la moral; perdido el equilibrio de las clases; rotos los diques, en fin, al desborde de los malos instintos de una multitud

23

sin creencias . . . la Federación vio sin dolor la profanación
de los templos . . .[4]

Mármol plantea en distintos momentos de la novela, a
través de Daniel —quien es en gran medida una idealización de su propia personalidad— la teoría de que Rosas pudo instalarse en el poder y permanecer en él
durante tanto tiempo debido a una debilidad básica en
la personalidad argentina: el individualismo. El individualismo ha dividido a los argentinos, impidiéndoles hacer a un lado diferencias menores a fin de unirse en un
frente común en contra del dictador.

El propio Mármol, y Daniel en la novela, no son unitarios declarados, si bien comparten con éstos claramente el deseo de derrocar a Rosas. Daniel parece no
pertenecer a partido o grupo político, precisamente debido a la misma característica que Mármol condena en
otro momento, si bien no parece notarla cuando se aplica
a su héroe: el individualismo. Un compromiso particular con un grupo específico, le parece a Daniel, limita-
ría su independencia y libertad de movimiento y
creencias. Su lealtad sería primero, entonces, al partido
en lugar de hacia su nación. Pero ello no le impide trabajar activa y constantemente para liberar a Argentina
de Rosas —de hecho, en algunos momentos de manera
increíble: este aspecto de su personalidad está tan exagerado, que hay momentos en los que parece estar a cargo de todo el movimiento en contra de Rosas él solito.

Daniel aparece en clara oposición a Rosas: es joven,
guapo, inteligente, sensible, caritativo, juicioso, puro,
educado, aristocrático. David Viñas en *Literatura argentina y realidad política* ha sugerido otra oposición: Amalia en contra de Rosas. Amalia, como Daniel, es hermosa,
educada en una tradición europea, sensible, aristocráti-
ca, y vive en las afueras de Buenos Aires, prácticamente en el campo. Así, escribe Viñas:

[4] Mármol, p. 262.

24

Mármol *intencionadamente* desarrolla el paralelismo Rosas-Amalia, rusticidad-urbanidad. . . . Es lo que subyace y conforma la arquitectura del libro, vinculándolo con la teoría inicial de la generación del 37: la síntesis entre lo americano y lo europeo; pero el paralelismo se va polarizando en sus contenidos y significaciones hasta desequilibrarse en impugnación e ideal.[5]

En un eco de su contemporáneo Sarmiento, Mármol ve a la cultura europea como el modelo que ha de seguirse en Latinoamérica. Los protagonistas de *Amalia* leen literatura que va desde Byron a Lamartine. Daniel Bello es descrito durante una cena en la residencia de Rosas en los siguientes términos: "era el hombre más puro de aquella reunión, y el hombre más europeo que había en ella."[6] "Europeo", aquí, más que una descripción, significa un valor fundamental, una cualidad. En la misma línea, Amalia le describe a Eduardo su personalidad como intolerante hacia las restricciones y frivolidades, ama la independencia y la libertad en sus acciones, además de ser sensible frente a la belleza —en otras palabras, una verdadera personalidad romántica—; todo ello, le dice a Belgrano, "es comúnmente un mal en las mujeres; pero en nuestra sociedad americana, tan retrasada, tan vulgar, tan aldeánica, puedo decir, es más que un mal, es una verdadera desgracia".[7] Esta admiración por todo lo que es europeo, representa, en la época de la hegemonía federal, un ataque indirecto en contra del dictador; es bien conocido su desprecio por las altas clases urbanas, identificadas generalmente con los unitarios. El choque entre unitarios y federales, según Mármol, "era un duelo a muerte entre la libertad y el despotismo, entre la civilización y la barbarie",[8] en una

[5] Viñas, p. 133.
[6] Mármol, p. 157.
[7] *Idem*, p. 161.
[8] *Idem*, p. 239.

alusión al origen rural de Rosas identificado con la barbarie en oposición a la civilización, esto es, a la cultura europea y sus valores, tal y como se expresaban en la ciudad. Mármol insiste en este punto más adelante en la novela: "Rosas fue un tirano ignorante y vulgar".[9]

> Sólo el crimen fue sistemático en ese hombre. Pues ese tan ponderado sistema de su americanismo para repeler toda injerencia europea entre nosotros, defendiendo constantemente la dignidad de la bandera azul y blanca, fue una larga mentira del dictador inventada para despertar en favor suyo las susceptibilidades nacionales; a lo menos la historia de sus propios actos así lo proclama.[10]

Cada facción tiene, huelga decirlo, una idea distinta de lo que significa el nacionalismo.

Amalia es una novela más bien larga y repetitiva. Mármol puede ser por momentos pesado y denso, ya sea debido a sus largos y numerosos capítulos que proporcionan información general en torno a la política e historia de Argentina a fin de ayudar al lector a comprender la situación de 1840, el año en que se desarrolla la novela, o debido a la historia de ficción, demasiado llena de tensión y miedo, desconfianza, crímenes, intriga y suspenso. En estos momentos de excesiva tensión introduce lo que tiene la intención de ser un alivio cómico a través del personaje de don Cándido Rodríguez. Sus intervenciones resultan tan fatigantes para el lector como para Daniel en la novela.

Amalia, debido a la finalidad obsesiva de Mármol de condenar a Rosas, resulta demasiado insistente. Mármol subraya los mismos puntos una y otra vez, y entre éstos destacan dos: el clima de terror y la división del país en dos grupos: bandidos y víctimas. Mármol le impone al lector su punto de vista, sin dejarle alternativa. El juicio

---

9 *Idem*, p. 369.
10 *Ibidem*.

y condena de Rosas se llevaron a cabo antes de escribir el libro, y Mármol alienta a su lector a compartir la sentencia y volverse su cómplice.

Aparentemente, Mármol no pretende ser un historiador, y se asume como novelista. Encontramos pasajes como el siguiente:

> La pluma del romancista no puede entrar en las profundidades filosóficas del historiador; pero hay ciertos rasgos, leves y fugitivos, con que puede delinear, sin embargo, la fisonomía de toda una época; y este pequeño bosquejo de la inmoralidad en que ya se basaba el gobierno de Rosas en el año 1840, fácilmente podrá explicar, lo creemos, los fenómenos sociales y políticos que aparecieron después de esa fecha en lo más dramático y lúgubre de la dictadura.[11]

En la primera parte del párrafo, Mármol no aspira a la profundidad de un historiador, pero en el segundo, contradiciendo inmediatamente lo que acaba de escribir, afirma que su intuición de escritor es una herramienta útil para detectar ciertas características básicas que bien podrían definir toda una época en la historia. La primera frase, por tanto, resulta meramente retórica.

En la siguiente página, Mármol escribe: "la historia, más que nosotros, sabrá pintar a esa mujer [Josefa Ezcurra] y a otras personas de la familia del tirano con las tintas convenientes para hacer resaltar toda la deformidad de su corazón, de sus hábitos y de sus obras."[12] De nuevo, la primera frase no le impide, como en el ejemplo previo, dibujar su propio retrato de la cuñada de Rosas y otras personas que trabajaban para ella. Así, Mármol cubre su material literario con una fachada de objetividad, en su búsqueda de mayor efectividad en su desaprobación a Rosas.

---

[11] *Idem*, p. 191.
[12] *Idem*, p. 192.

En otro ejemplo, Mármol pretende no entrar al campo de la historia cuando escribe: "Entretanto, la pluma del romancista se resiste, dejando al historiador esta tristísima tarea, a describir la situación de Buenos Aires al comenzar los primeros días de septiembre."[13] Y de manera característica, procede a hacerlo él mismo.

Amalia, si bien es una novela débil en muchos sentidos, tiene, para fines de este trabajo, el mérito de ser la novela pionera en la literatura hispanoamericana en el tema de los dictadores y la dictadura.

[13] *Idem*, p. 322.

DOS NOVELAS SEÑERAS:
EL SEÑOR PRESIDENTE Y *TIRANO BANDERAS*

Aun cuando no fue escrita por un hispanoamericano, *Tirano Banderas* de Ramón del Valle-Inclán[14] ha sido considerada durante mucho tiempo, y con razón, como una marca en la hoy ya relativamente amplia serie de novelas sobre dictadores y dictaduras en la literatura hispanoamericana.

Durante mucho tiempo esta novela fue considerada como la influencia más conspicua para *El señor presidente* de Miguel Ángel Asturias, publicada en 1946.[15] *Tirano Banderas* se imprimió en 1926, y es importante hacer notar esta anticipación cronológica, así como semejanzas impactantes entre ambas obras. En vista de estos factores, se tratarán juntas en esta sección.

Asturias ha afirmado que su novela *El señor presidente* había sido escrita mucho tiempo antes que la de Valle, si bien permanecía inédita.[16] Asturias ha admitido y reconocido, sin embargo, su fuerte admiración por toda la obra de Valle. Tomando como base este reconocimiento público, es válido ver a *El señor presidente*, si no como una obra modelada directamente sobre *Tirano*

---

[14] Ramón del Valle-Inclán, *Tirano Banderas* (México, 1975).
[15] Miguel Ángel Asturias, *El señor presidente*, decimotercera edición (Buenos Aires, 1969).
[16] Miguel Ángel Asturias, *Latinoamérica y otros ensayos* (Madrid, 1968), p. 27.

Banderas, como se creía antes de la declaración de Asturias al respecto, al menos como una obra escrita mucho en el espíritu de la literatura de Valle. Esta influencia es la que da cuenta en parte de la importancia de *Tirano Banderas* en la serie de novelas hispanoamericanas sobre la dictadura y los dictadores, tomando en consideración la significativa repercusión de la novela de Asturias en novelas posteriores que se ocupan del mismo tema.

El señor presidente se basa en el régimen dictatorial de Manuel Estrada Cabrera en la Guatemala natal de Asturias. El país en el que se desarrolla la novela nunca es nombrado, como tampoco lo es su dictador, a quien siempre se hace referencia en la obra como el "Señor Presidente". El dictador aparece relativamente poco, pero prácticamente todo lo que sucede en el país y en la novela tiene su origen en él, está bajo su control y es de su conocimiento. Esta actitud hacia el personaje del dictador ya estaba presente en *La sombra*, de Guzmán; pero puede afirmarse que fue mayor la influencia e importancia de Asturias al adoptar el mismo recurso, para fines de la serie de novelas sobre este tema. Así, Asturias consolidó y difundió una característica en la línea de novelas sobre el tema, que se continuará después, por ejemplo, en cierta medida, en *Casa de campo*. La novela se ocupa de manera más amplia del segundo personaje más importante después del presidente, y, en un sentido, el protagonista, Miguel Cara de Ángel. Intercaladas en la historia de Miguel Cara de Ángel, se tejen historias como la de Fedina Rojas, del general Canales, y de la esposa de Carvajal, además de anécdotas menores, todas las cuales contribuyen a la creación de una atmósfera de represión y frustración, injusticia y temor —una característica constante de la novela. El hecho de que ni el país ni el dictador sean de hecho nombrados, apunta hacia una indeterminación que deja lugar para incluir a todos los países latinoamericanos bajo regímenes dictatoriales.

Críticos como Emma Susana Speratti en su estudio *La elaboración artística en "Tirano Banderas"*[17] han apuntado a la universalidad del libro dentro de las fronteras de la América Hispánica, en lo que respecta a geografía y lenguaje. Valle busca a través de una amalgama de diversos términos usados en distintos países construir un mosaico, una muestra generalizadora del habla hispanoamericana. Este aspecto ha sido observado como uno de los logros de *Tirano Banderas.*[18] También es del conocimiento común que, aun cuando intenta presentar una visión general de la América Hispánica, el principal modelo americano de Valle fue precisamente México, país que visitó dos veces, una en 1892 y otra en 1921. Hay, por tanto, semejanzas entre ciertos personajes en la novela y figuras históricas de la vida mexicana, como Roque Cepeda y Francisco Madero, el Doctor Atle y el Doctor Atl, además de un cierto grado de identificación entre Tirano Banderas y Porfirio Díaz. Tres otras fuentes se han descubierto. Speratti detectó una fuerte semejanza entre *Tirano Banderas* y la *Jornada del Río Marañón* en *Historiadores de Indias,* y la *Relación verdadera de todo lo que sucedió en la jornada de Omagua y Dorado,* que se ocupan fundamentalmente del interesante personaje de Lope de Aguirre.[19] La tercera fuente fue apuntada por Joseph Silverman[20]: *Los marañones,* de Ciro Bayo, también sobre Aguirre.

Miguel Cara de Ángel en *El señor presidente* parece tener una doble naturaleza contradictoria: la primera es-

[17] Emma S. Speratti Piñero, *La elaboración artística en "Tirano Banderas"* (México, 1957).

[18] Una excepción es Melchor Fernández Almagro, quien escribe en *Vida y literatura de Valle-Inclán* (Madrid, 1966), p. 217: "No se puede desconocer que la diversa extracción de los vocablos que tejen *Tirano Banderas* por abundar los de uso puramente local —bien o mal usados— estorba frecuentemente a la clara inteligencia del texto."

[19] Speratti, pp. 12-30.

[20] Joseph Silverman, "En torno a las fuentes de *Tirano Banderas*" en *Ramón del Valle-Inclán, an Appraisal of his Life and Works,* editado por Anthony Zahareas (Nueva York, 1968).

tá sugerida por la asociación inmediata de su nombre con el arcángel Miguel; y la segunda está apuntada por la frase apositiva después de su nombre, usada en varias ocasiones: Era bello y malo como Satán. Esta segunda naturaleza se acerca más a la caída que sufre en la novela, con la pérdida no sólo de su lugar privilegiado como el favorito del Presidente, sino de hecho arrojado de la "corte", a las profundidades de una celda, donde finalmente muere. Prácticamente nada sabemos de las actividades de Cara de Ángel antes del tiempo de la narración de la novela, pero es lógico suponer que su lugar como favorito en la estima del Presidente se debe a sus servicios prestados. Debido a circunstancias fuera de su control, y de hecho, irónicamente, al cumplir una orden del Presidente mismo, Cara de Ángel se involucra accidentalmente con Camila, de quien, muy a su pesar, se enamora. Usurpando gradualmente el lugar en el centro de su vida antes dedicado al Presidente, Camila, también en contra de su voluntad, lo atrae. Cara de Ángel traiciona al dictador, en primer lugar, al casarse con ella en secreto, sin el consentimiento del dictador; en segundo, porque Camila es hija de un enemigo del Presidente; y en tercer lugar, porque el papel dominante de su vida está ocupado ahora por Camila y ya no por el dictador, como solía ser. Esta nueva devoción en su vida interfiere con su función previamente efectiva como cazador de hombres para satisfacer al dios Tohil-Presidente. Cara de Ángel abandona, de hecho, los principios de destrucción y odio esenciales para ser y permanecer el favorito del dios Tohil-Presidente: no viola a Camila cuando la secuestra, luego hace todo lo posible para salvarla durante su larga y grave enfermedad; ayuda a una anciana a visitar a su hijo en prisión; y, finalmente, salva la vida del mayor Farfán al hacerle saber de un complot en su contra. Esta cadena de buenas acciones en la vida de Cara de Ángel se plantea ya, como una anticipación de lo que habría de suceder más adelante, en una breve escena en la que se ve involucrado momentáneamente con un leñador al ayudar al herido Pelele, después de que éste mató a Parrales, al inicio del libro.

El Presidente, como en otras novelas posteriores del mismo tipo, aparece como una figura mítica. Está rodeado por un áurea misteriosa sugerida muy temprano en la novela:

> El presidente de la república, cuyo domicilio se ignoraba porque habitaba en las afueras de la ciudad muchas casas a la vez, cómo dormía porque se contaba que al lado de un teléfono con un látigo en la mano, y a qué hora, porque sus amigos aseguraban que no dormía nunca.[21]

Al menos hay dos elementos en la cita anterior que habrán de continuarse y desarrollarse en novelas posteriores sobre el tema de los dictadores y las dictaduras. Uno es el elemento de misterio que rodea al dictador, debido en gran medida a la falta de información confiable en torno a sus actividades y vida. Otro es la adjudicación de cualidades extraordinarias, algunas veces incluso sobrenaturales, que dan cuenta de su extremo poder y tienden a legitimar su posición. En el caso de Asturias, es el elemento mítico el que desempeña un papel sobresaliente, como el autor mismo ha señalado en su ensayo "*El señor presidente* como mito". Aquí, Asturias subraya la identificación que lleva a cabo en la novela entre el Presidente y el dios Tohil de la mitología maya-quiché.[22]

---

[21] *El señor presidente*, p. 11.

[22] Miguel Ángel Asturias, "El Señor Presidente como mito" en *América, fábula de fábulas*, compilado por Richard Cullan (Venezuela, 1972). Aquí, Asturias sugiere que la presencia y aceptación en los países latinoamericanos de figuras como Estrada Cabrera alude a un inconsciente colectivo remoto, y sin embargo vivo, en donde tales figuras tienen una realidad muy tangible y han de ser sufridas como parte de la naturaleza. En estos términos, es claro que ésta es una explicación muy insatisfactoria de la presencia de dictaduras en Améri-

El dictador de Valle en *Tirano Banderas* también es considerado como un ser extraordinario con tintes de cualidades sobrenaturales, y está también rodeado por un velo de misterio. Santos Banderas usa lentes oscuros desde los que puede observar al mundo sin ser observado a la vez: "La mirada, un misterio tras las verdosas antiparras",[23] un recurso también usado y subrayado por Graham Greene en *The Comedians,* donde los Tonton Macoutes en Haití también se cubren los ojos con lentes oscuros, incluso de noche. Como el gobernante en *El señor presidente,* Tirano Banderas parece estar por encima de las necesidades y fragilidades humanas, una cualidad proclamada por el propio Banderas: "—¿Lueguito será mañana? Movió la cabeza don Santos. —Si antes puede ser, antes. Yo no duermo."[24] El dictador también alardea frente a Nachito Veguillas de conocer todos sus pasos y movimientos: "Sepa que todos sus pasos los conoce Santos Banderas",[25] en una manera omnisciente, divina, lograda probablemente a través de una eficiente y vasta red de espías y policía secreta y no debido a sus cualidades sobrenaturales. Se dice que

ca Latina, y ciertamente Asturias no lo hace. No obstante, subraya con demasiado énfasis la presencia de mitos como Huitzilopochtli, Quetzalcóatl, Tohil y Kukulcán en la vida latinoamericana contemporánea. En primer lugar, en su ensayo menciona dioses de sólo dos culturas precolombinas: la maya y la azteca; esto deja a gran parte de sudamérica automáticamente excluida, donde estas mitologías no operaban en tiempos precolombinos, y mucho menos en el presente. En segundo lugar, supone que la esencia de las mitologías precolombinas puede sobrevivir y de hecho lo ha hecho en un estado relativamente puro hasta nuestros días, independientemente de la mezcla de razas y culturas que ha constituido la espina dorsal de la América Latina contemporánea, una mezcla que ha sido no sólo física sino también cultural. En tercer lugar, soslaya el papel importante que juegan las condiciones económicas, sociales y políticas en la historia latinoamericana.

[23] Valle, p. 11.
[24] *Idem,* p. 13.
[25] *Idem,* p. 125.

Tirano Banderas tenía una alianza con el propio diablo; los poderes malignos y sobrenaturales que ha adquirido son resultado de ese pacto, y explican, según una de las voces en la novela, el miedo que inspira: "¡Eran compadres! ¡Tenían pacto! ¡Generalito Banderas se proclamaba inmune para las balas por una firma de Satanás!"[26] El dragón del arcángel Miguel se lo dijo a un indio.

Para Valle, Santos Banderas es una mueca verde, una momia, una calavera, en otras palabras, un personaje inhumano y grotesco. En comparación con el presidente de Asturias, Santos Banderas es aparentemente más una deformación, una caricatura, y, sin embargo, al verlos en acción, Banderas parece ser capaz de cálculos y acciones políticas mucho más sofisticadas e inteligentes. A diferencia del presidente de Asturias, no es del todo un personaje con un solo lado, todo maldad y provocador de terror, sino un político más calculador y complejo. Paradójicamente, entonces, con un retrato aparentemente más grotesco y ridículo del dictador, el Santos Banderas de Valle resulta ser un personaje más complejo y completo que el presidente de Asturias. El reconocimiento de la habilidad política de Santos Banderas, sin embargo, no le impide a Valle condenarlo. Esta diferencia en matiz en ambas novelas, en lo que respecta a la figura del dictador, puede tener su origen en el grado de involucración que cada escritor tenía con un régimen dictatorial y, en consecuencia, cómo eligieron desarrollar cada personaje del dictador. La experiencia de Asturias de la dictadura era prácticamente genética —sus padres habían sufrido directamente una injusticia bajo el régimen de Manuel Estrada Cabrera— es de primera mano, larga e intensa. Por tanto, su crítica al dictador es primordial y fuertemente visceral. La con-

[26] *Idem*, p. 99.

dena del español es más razonada, menos emocional, menos personal, más literaria.[27]

Valle y Asturias comparten una preocupación muy palpable por el estilo y la forma. Varios críticos han notado la fuerte tendencia de Valle en esta dirección; esta misma observación se aplica a Asturias, especialmente con respecto a sus obras posteriores. Ambos escritores están muy preocupados, por ejemplo, por la calidad acústica de su lenguaje. Asturias ha afirmado que sabía de memoria capítulos enteros de *El señor presidente*, tan frecuentemente los repetía en voz alta para probar sus propiedades sonoras. De manera semejante, con respecto a la literatura de Valle, Unamuno apuntó que una de sus características sobresalientes era precisamente su sonido: "No hay que buscar precisión en su lenguaje. Las palabras le sonaban o no le sonaban. Y según el son les daba un sentido, a las veces completamente arbitrario . . .; para él . . . el fondo estaba en la forma."[28]

Formalmente, *Tirano Banderas* no parece mucho una novela, estrictamente hablando. Se ha dicho que esta libertad de experimentación con los géneros y la forma es precisamente una de las características de la técnica de Valle que llamó esperpento. Esta novela —el propio Valle se refirió a *Tirano Banderas* como una novela de tierra caliente— tiene una fuerte forma dramática; predomina el diálogo, mientras que los pasajes narrativos que relacionan una sección dialogada con otra son escasos y frecuentemente se asemejan a direcciones de escena más que a una narración.[29]

---

[27] Según Benedetti en *El Recurso del supremo patriarca* (México, 1979), p. 12: "en la novela de Valle-Inclán es evidente que el general Banderas . . . tiene menos relación con cualquier tiranuelo de estas tierras que con la visión que un español (aún tratándose de uno tan bienhumorado y esperpéntico como Valle-Inclán) suele tener de ese fenómeno tan peculiar y tan latinoamericano."

[28] Citado por Speratti, p. 109.

[29] En tiempos recientes se intentó una adaptación teatral de la no-

36

Una característica común importante que inmediatamente surge de una comparación entre *El señor presidente* y *Tirano Banderas* es su naturaleza esperpéntica. Esta técnica domina la novela de Valle, a través de alusiones constantes a máscaras, personajes títeres o semejantes a animales, una deformación sistemática de personajes y situaciones, la presencia notable y constante de la muerte, un juego con luz y sombras —todo permeado por una cantidad considerable de humor y sátira.[30] Asturias no usa la técnica de Valle a través de toda su novela, pero puede apreciarse en diversos puntos, como, por ejemplo, en las escenas de limosneros y mendigos, y algunas veces del auditor e incluso el propio Presidente[31] para no mencionar el nombre mismo de Cara de Ángel, que sugiere una máscara —además de la presencia constante de la muerte.

Asturias logra, con éxito —entre otras cosas—, presentar una atmósfera de terror en su libro, como han observado varios críticos. La presencia de la muerte es una de las causas de dicho miedo, junto con un abuso constante del poder, desprecio por las leyes, y continuas injusticias ejercidas sobre quienes se encuentran fuera de la protección directa del Presidente, acompañadas de violencia física. La novela está llena de muertes. El capítulo inicial introduce el primer asesinato violento, el de José Parrales, a manos de un limosnero idiota —una acción central que desencadenará una larga serie de muertes: la del Mosco (uno de los limosneros llamados para testificar en torno al asesinato de Parrales); el propio Pelele, autor del crimen; Chabelona, la nana de

vela en España. Irónicamente, algunos críticos se han quejado de las obras teatrales de Valle, diciendo que no son muy susceptibles de ponerse en escena.

[30] Véase Manuel Bermejo Marcos, *Valle-Inclán: introducción a su obra* (Madrid, 1971).

[31] *El señor presidente*, pp. 222-4.

Camila; el bebé de Fedina Rojas; Carvajal; Lucio Vázquez; y finalmente, Miguel Cara de Ángel.

Priva una atmósfera de muerte y malos augurios desde el inicio de *Tirano Banderas*. Hay, por ejemplo, la presencia de aves que son mensajeros tradicionales de muerte y mala suerte en la literatura hispánica (la corneja), además del hecho de que toda la acción tiene lugar en el día de muertos. Valle ha mezclado de manera efectiva el lado oscuro de la muerte con el elemento de humor negro que acompaña la celebración del día de muertos en México.

De manera predecible, en ambas novelas la cantidad de víctimas, muertes y prisioneros bajo los regímenes de Banderas y el Presidente es una constante a la que se hacen referencias abundantes. En ambas obras hay dos ejemplos particulares de víctimas que merecen especial atención y se presentan como símbolos del sufrimiento general bajo estos regímenes dictatoriales. Vale establecer un paralelo entre la muerte del bebé de Fedina Rojas en *El señor presidente* y el hijo de Zacarías en *Tirano Banderas*. Ambos niños mueren como resultado de la arbitrariedad y crueldad del régimen al aplicar su idea de justicia. Ambas muertes son conmovedoras, y, por tanto, efectivas en su planteamiento de un caso emotivo en contra de los dictadores y las dictaduras, dado que los niños normalmente se consideran como el epítome de inocencia, pureza y nueva vida. En *Tirano Banderas* el hijo de Zacarías muere fuera de la acción directa de la novela. Es abandonado cuando su madre cae prisionera y más adelante su padre lo encuentra muerto. La muerte misma no se describe. Cuando Zacarías encuentra al niño, Valle traza la escena desde una cierta distancia, con economía considerable. Asturias, por otro lado, toma más tiempo para crear suspenso alrededor de la muerte del bebé de Fedina, que en sí misma es un proceso más lento, dado que el bebé muere de hambre. Asturias, parecería, está mucho más comprometido emocionalmente con la muerte del bebé y le pide al lector que haga lo propio, involucrándolo a través de una indignación en contra de las dictaduras.

Una diferencia básica entre ambas obras reside en lo que sucede después de la muerte de los niños. En *Tirano Banderas* Zacarías inicia su venganza matando al prestamista español, y la continúa uniéndose a las líneas revolucionarias que luchan por derrocar al dictador —lo cual finalmente logran. Por otro lado, en *El señor presidente* la muerte del bebé permanece sin castigo ni venganza —su padre incluso se une a la fuerza policiaca del dictador, mientras que su madre pierde la razón.

La técnica de Valle del esperpento es particularmente útil para exponer la degradación en la que se puede caer a todos niveles de la sociedad, desde el comunal hasta el individual, bajo un régimen dictatorial. Asturias captura el mismo espíritu que Valle, especialmente en el tratamiento de los pordioseros en su novela, así como en la introducción del bajo mundo de prostitutas y cárceles, para no mencionar la presencia de personajes viles que trabajan para preservar el régimen a través de la tortura, el espionaje y la represión. Las primeras páginas de *El señor presidente* pintan un cuadro grotesco de mendigos apréstandose a pasar la noche. Aparecen de nuevo en una escena semejante en la tercera parte, capítulo XXIX, durante el juicio falso de Carvajal. El Presidente es visto como una figura esperpéntica, especialmente cuando está borracho y se entrevista con Cara de Ángel.[32] El auditor, una continuación del presidente, un instrumento efectivo de su voluntad, también aparece como una caricatura grotesca, particularmente en el capítulo XIX. Lo grotesco, una cualidad esperpéntica de *El señor presidente* y de *Tirano Banderas*, será luego explotado por otros novelistas, particularmente Zalamea y Lafourcade, como veremos en la sección correspondiente.

---

[32] *Ibidem.*

Además del dictador, hay otro personaje que aparece tanto en Valle como en Asturias. Se trata del soldado que una vez fue leal al régimen y que luego cambia su lealtad a las fuerzas revolucionarias opositoras al régimen. El general Canales, el padre de Camila acusado injustamente, resulta ser un personaje poco convincente en *El señor presidente*. No es el caso de su contraparte en *Tirano Banderas*, donde el coronel Domiciano de la Gándara es mucho más verosímil. Hecho responsable por la muerte de Parrales, a Canales se le aconseja secretamente, vía Cara de Ángel, a iniciativa del Presidente, escapar. Este consejo oculta una trampa, pues la policía que rodea la casa del General tiene órdenes claras de matarlo en cuanto la abandone. El plan del Presidente falla debido a la avaricia de la policía, que se lanza a saquear la casa en lugar de perseguir al General, de modo que éste logra escapar. Como en el caso de Cara de Ángel, sabemos poco de las actividades del General antes de que se le acuse de la muerte de Parrales, pero, de nuevo, es razonable suponer que ha mantenido su posición privilegiada en el gobierno sobre la base de su lealtad tanto al régimen como al Presidente. De manera brusca y abrupta, después de saber del cargo en su contra, el General se convierte en un enemigo ferviente no sólo del Presidente —lo cual sería comprensible, pues sabe que él es responsable de esta injusticia— sino, y aquí reside fundamentalmente el aspecto poco convincente del personaje, del régimen mismo. Canales inmediatamente se imagina volviendo del exilio a la cabeza de una "revolución liberadora".[33] Así, de un compromiso abierto con las autoridades, se vuelve un revolucionario convencido que desea derrocar al régimen dictatorial, consciente de pronto de la verdadera naturaleza cruel e injusta del dictador y su gobierno. Tal vez hubiera sido más creíble si esta transformación hu-

[33] *Idem*, p. 74.

biera tomado lugar más gradualmente, a medida que transcurre su escape y tiene la oportunidad, aparentemente por vez primera en su vida, de ver y apreciar la triste historia de represión e injusticia que el país sufre bajo el dictador. A este nivel, el comportamiento de Cara de Ángel es más congruente con el personaje mismo y con la verosimilitud. En ningún momento cuestiona la validez del régimen o su lealtad personal hacia el Presidente. El único momento en que desea matar al dictador es durante una entrevista con él: el Presidente, totalmente ebrio, se burla del matrimonio reciente de Cara de Ángel. El ahora ex favorito considera la ofensa personalmente, de modo que su ira se dirige directamente en contra del ofensor, pero está lejos de extender esta indignación hacia un deseo de derrocar el gobierno, como le sucede a Canales.

Domiciano de la Gándara, por otro lado, en *Tirano Banderas*, está en una posición distinta. La persecución de que es objeto de parte del dictador tiene una base más tangible que la del Presidente en contra de Canales. Santos Banderas desea castigar al Coronel por algo que hizo, a fin de probar un punto menor, pero no obstante político: desea mostrarle a la anciana vendedora en el mercado que es capaz de impartir justicia incluso en contra de sus propios soldados. La determinación de Domiciano de unirse a las líneas revolucionarias se ve como su última oporﬆunidad para escapar de la persecución del dictador y probable castigo, y no como la súbita iluminación del General Canales con respecto al carácter represivo del régimen al cual había sido leal entonces. La debilidad que se observa en el Canales de Asturias es apuntada en *Tirano Banderas* de hecho por Filomeno Cuevas en una conversación con Domiciano: "El oprobio que ahora condenas dura quince años ¿Qué has hecho en todo ese tiempo? La Patria nunca te acordó cuando estabas en la gracia de Santos Banderas."[34]

[34] *Tirano Banderas*, p. 65.

Otro punto relativamente débil en *El señor presidente*, tanto con respecto a *Tirano Banderas* como a novelas posteriores sobre el mismo tema, es la falta de matices en el retrato del dictador, si bien es claro que esa era precisamente la intención: una condena, denuncia y reprobación totales. El presidente es total y absolutamente malo. Se le ve y describe como un personaje con un solo lado: completamente despreciable y maligno. A través de la novela se nos presenta el reino de total miseria y crueldad que preside, y la atmósfera constante de terror e injusticia que prevalece sobre todos y todo —a excepción de aquéllos bajo la protección del Presidente. De la misma forma, sus colaboradores, incluyendo al auditor, comparten y amplían la misma crueldad y maldad.

La novela de Asturias se concentra más en el ataque al dictador y todo lo que representa. Valle también toma este enfoque, pero hay otra crítica que hace, tal vez con mayor intensidad: el papel desempeñado por los españoles en la América Hispánica. El líder del grupo despreciable de españoles es el Barón de Benicarlés, el representante de España en Santa Fe de Tierra Firme: un drogadicto, homosexual, vano y grotesco. El grupo de españoles se completa con un prestamista avaro y un negociante adulador, en el frente, además de una variedad de pequeños comerciantes y terratenientes en el coro. Valle critica fieramente a este grupo y su indignación se subraya por los procesos de caricatura a los que los somete.

La visión que ambas novelas ofrecen al final no es optimista. *Tirano Banderas* podría calificarse de optimista hasta cierto punto en la medida en que se depone al dictador. Sin embargo, no hay mucha evidencia que sugiera qué tipo de régimen instaurará Filomeno Cuevas, aun cuando parece ser sincero y valiente en su oposición al dictador. El otro opositor notable del régimen de Banderas, Roque Cepeda, se muestra más como una figura espiritual y visionaria, lo suficientemente ingenuo como para intentar combatir al dictador dentro de los límites de las reglas establecidas por el propio Presidente sobre la base de una creencia en la posibilidad de una confrontación justa. De los dos opositores, Filomeno es claramente el más realista y es el que de hecho logra destituir a Banderas. Debe notarse, sin embargo, que hay una insinuación pesimista, o al menos un cierto grado de escepticismo de parte de Valle con respecto al futuro de Santa Fe de Tierra Firme, en el breve comentario, inserto casi *en passant*, donde se nos informa que Santos Banderas, antes de volverse un dictador, luchó en Perú en contra de los españoles en las guerras de independencia.[35] Aquí hay una alusión, con tintes de advertencia, en el sentido de que los dictadores de hoy frecuentemente fueron los revolucionarios de ayer. Valle no pretende ofrecer una solución al complejo problema de las dictaduras, por un lado, ni al problema del papel desempeñado por los españoles —hoy en día por los estadounidenses, entre otras nacionalidades— en América Latina. Como en su obra dramática, según Juan Antonio Hormigón, "no hay ninguna llamada a la acción, al deseo de transformar. Valle se queda en el terreno de la crítica mordaz y despiadada, el mismo en el que sitúa su concepción de la historia".[36]

La imagen que recibe el lector al final de *El señor presidente* es triste y pesimista. La creación de esta imagen se debe en parte al papel que juega la religión en la novela. Con la muerte de Pelele, Asturias endosa la pasividad y resignación que ofrece la religión, pues describe el momento de su muerte en los siguientes términos: "Y nadie vio nada, pero en una de las ventanas del palacio

---

[35] *Idem*, p. 9. Valle pudo muy bien haber tenido en mente a Porfirio Díaz, quien, antes de gobernar México durante más de treinta años, luchó bajo las órdenes del liberal Benito Juárez en contra de la intervención austro-francesa en 1862-67.

[36] Juan Antonio Hormigón, *Ramón del Valle-Inclán. La política, la cultura, el realismo y el pueblo* (Madrid, 1972), p. 350.

Arzobispal, los ojos de un santo ayudaban a bien morir al infortunado y en el momento en que su cuerpo rodaba por las gradas. Su mano con esposa de amatista, le absolvía abriéndole el Reino de Dios."[37] Así, Asturias parece implicar que para las víctimas de la injusticia y arbitrariedad en este mundo, hay la esperanza de salvación, pero en el próximo mundo. Por momentos Asturias parece percatarse de un cierto grado de la pasividad inyectada a la gente a través de la idea religiosa de que sus sufrimientos serán recompensados después de la muerte, como cuando el estudiante en la cárcel exclama: "¿Qué es eso de rezar? ¡No debemos rezar! ¡Tratemos de romper esa puerta y de ir a la revolución!"[38] Aun cuando en ese momento una exclamación tal es poco probable y no realista, al menos muestra la intención de romper con una larga tradición de pasividad y resignación, de la cual la religión católica, tal y como se la practica en la mayor parte de América Latina, lleva mucho de la responsabilidad. Canales también parece percatarse del papel de la Iglesia cuando exclama: "Por eso —pensaba— se les promete a los humildes el Reino de los Cielos —jesucristerías—, para que aguanten a todos esos pícaros."[39] La novela cierra, sin embargo, con el mismo estudiante mencionado arriba, ahora fuera de prisión —no sabemos cómo o por qué se le liberó— llegando a su casa para encontrar a su familia rezando. Las últimas palabras de la novela son *Kyrie eleison*, sin dejar lugar para un cambio en este mundo, frente a la única alternativa de rogar por la misericordia de Dios y esperar por una vida más justa después de la muerte. El movimiento armado de Canales está acabado cuando éste muere, y no hay indicaciones de que alguien más intente seguir ese camino. Así, la novela termina cuando el Presidente sigue en pleno poder, y al parecer seguirá estándolo por un periodo indefinido.

[37] *El señor presidente*, p. 51.
[38] *Idem*, p. 202.
[39] *Idem*, p. 194.

44

FANTASÍAS SATÍRICAS:
EL GRAN BURUNDÚN-BURUNDÁ HA MUERTO
Y LA FIESTA DEL REY ACAB

El gran Burundún-Burundá ha muerto de Jorge Zalamea y *La fiesta del rey Acab* de Enrique Lafourcade se consideran juntas en esta sección con base en una semejanza fundamental: el alto contenido de ironía y sátira que los autores colombiano y chileno, respectivamente, muestran en sus obras, especialmente al ocuparse de la figura del dictador.

Burundún-Burundá no es una novela en sentido estricto; publicada en 1952,[40] tal vez pueda describirse más adecuadamente como un poema satírico, como aparece en la bibliografía de la obra de Zalamea al final del poema en prosa *El sueño de las escalinatas*.[41]

El texto, de sólo sesenta páginas, se centra en la descripción de la procesión fúnebre que escolta el cadáver del recientemente fallecido, el Gran Burundún-Burundá. La explicación de su función y descripción física de los miembros de esta procesión recrea el tipo de gobierno llevado a cabo por el dictador muerto: "Ninguna crónica de la gloria de sus actos, sería tan convincente ante las generaciones venideras, como la minuciosa y verídica descripción del cortejo que ponderó su poder en la hora de su muerte" (p. 9). El párrafo que abre el libro

[40] Jorge Zalamea, *El gran Burundún-Burundá ha muerto* (Buenos Aires, 1973). Todas las referencias subsecuentes en esta sección son a esta edición, aparecen dentro del texto y se identifican con la abreviación *Burundún-Burundá*.

[41] Jorge Zalamea, *El sueño de las escalinatas* (Bogotá, 1964).

establece el propósito de todo el texto en una especie de síntesis inicial. La procesión parece estar descrita por un testigo ocular, a la manera de un merolico. El narrador es de hecho la tercera persona omnisciente. El tono es de exageración y constante hipérbole —en congruencia con las narraciones populares— empezando con la descripción de la avenida más larga y ancha de todo el mundo (p. 9). Este tono exagerado establece un fuerte contraste con un énfasis constante en la verdad de la narración: "La verdad histórica nos obliga a anotar aquí una inconveniencia . . ." (p. 29), "la minuciosa y verídica descripción" (p. 9), "hay que decir —para que toda la verdad resplandezca—" (p. 9), "esta crónica veraz" (p. 50). Esta insistencia en la verdad del relato magnifica tanto la exageración de la descripción como la del gobierno del dictador muerto.

La procesión está encabezada por las fuerzas represivas del régimen de Burundún-Burundá: los zapadores; los territoriales; la policía del aire, urbana y rural. Estos cuerpos cubren eficientemente todas las áreas posibles de insurrección contra el gobierno. Se crearon para reprimir en particular a todos aquellos ciudadanos que no acataran las innovaciones de Burundún-Burundá poco antes de su muerte: la supresión del lenguaje articulado. El desarrollo de esta idea fue apoyado por la administración, el estado mayor, el partido y las Iglesias Unidas, todas instituciones celosas que siempre actúan completa y estrictamente de acuerdo con los decretos del dictador.

Los zapadores, los territoriales y la policía en sus tres ramas, carecen de cualidades humanas. El primer grupo es comparado abierta y llanamente con animales; en el segundo todos los miembros se asemejan entre sí, creando una imagen de repetición inanimada y mecánica; la policía se compara, a su vez, con gorilas. En lo que respecta a los miembros de la administración del gobierno de Burundún-Burundá, si no se les describe como animales (como sucede con los cuerpos represivos mencionados antes), manifiestan los peores aspectos posibles de la naturaleza humana. Se dice que la administración participa en la procesión ponderando oscuros pensamientos de posibles alianzas a fin de llenar el hueco presidencial, ahora que el gobernante ha muerto. Los miembros de las Iglesias Unidas están llenos de odios mutuos —contrariamente a la implicación de su título— y, como la administración, tienen sus propios temores y ambiciones en lo que concierne a la futura cabeza del gobierno. La apariencia externa de los miembros del partido en el poder es tan uniforme como la de la policía y los territoriales: en sus caras sin expresión, en lugar de nariz, portan un número. Estos zombies son el primer resultado de la supresión del lenguaje articulado llevada a cabo por Burundún-Burundá: una masa de entidades sin propósitos, sin pensamiento, sin rostro. La corporación S.A. (sociedad anónima) representa a la burguesía financiera del país: están preocupados, como el resto, respecto al posible suceso: desean alguien que proteja sus intereses económicos, que casualmente coinciden con los de ciertas potencias extranjeras. Uno de los últimos grupos en la procesión es tratado por Zalamea con especial desprecio: la prensa, cuyos miembros son descritos como engendros. Ninguno de los grupos escapa a la sátira implacable e inmisericorde de Zalamea: a todos se les ridiculiza, se les presenta como caricaturas grotescas al servicio del peor personaje de todos: Burundún-Burundá. Irónicamente, de todos los participantes en la procesión, el único con alguna característica humana es el caballo del gobernante muerto.

El caballo es el único en la procesión que sonríe, que se ríe, que da muestras de estar vivo. Parece ser el único con un cierto grado de decisión e independencia entre los agentes serviles al gobierno. Su risa abre un espacio de esperanza en el país sin nombre:

Y por los agujerillos que abría, era posible entrever aún un mundo en que las orugas no temiesen a los zapadores; en que las liebres no tomasen a los territoriales por rábanos; en que los pájaros no tronchasen sus cuellos contra nubes de nylon; en que las mujeres no pariesen Policías (p. 23).

No se dice mucho de la vida y carrera de Burundún-Burundá antes de su acceso al poder. Parece haber sido tan malo y vil como lo fue una vez que se convirtió en la cabeza del Estado (p. 27). Su apariencia física es repugnante. Se dice que alcanzó el poder por el uso terrible de su propio tipo de elocuencia, a través de la cual buscó destruir todas las cualidades humanas positivas. Una vez en el poder, por una razón desconocida, de pronto perdió el flujo de su oratoria y cayó en un tartamudeo constante. Carente de su elocuencia anterior, decidió imponer una orden de total silencio, logrando así un doble propósito: la abolición de la diferencia entre él y el resto del mundo, que lo hacía sentir inferior; además de alcanzar un control más amplio y profundo de su país. Al ocuparse de su periodo de gobierno, Zalamea le da distintos nombres de acuerdo con la naturaleza de la acción particular que lo ocupara. Así, el gobernante se vuelve: Gran Brujo (p. 11), Gran Destructor (p. 11), Gran Matador (p. 13), Insigne Borborista (p. 13), Gran Cinegista (p. 15), Gran Pesquisante (p. 17), Gran Terrorista (p. 18), Gran Cismático (p. 20), Gran Fariseo (p. 24), Gran Charlatán (p. 25), Gran Reformador (p. 26), Gran Parlanchín (p. 30), El Mixtificador (p. 44), Gran Ausente (pp. 26, 60), Gran Tahur (p. 31), Gran Sacrificador (p. 35), El Insigne Corruptor (p. 44), Gran Precursor (p. 54), alternando algunas veces con el Gran Burundún-Burundá.

La mayor innovación de Burundún-Burundá durante su régimen fue la abolición del lenguaje articulado. Todo el aparato gubernamental se dedicó a poner en práctica la nueva medida. En esta tarea el gobernante usó principalmente los servicios del Ministerio de Propaganda, que lanzó ingeniosamente una campaña persuadiendo activamente a la población a mantener

48

silencio a través de la recolección, entre otras cosas, de los dichos populares que conminan precisamente al silencio, como "En bocas cerradas no entran moscas", "El silencio es oro", "A palabras necias oídos sordos", "Vale más el silencio de un necio que la palabra de un sabio" (p. 33). Así, se ataca al lenguaje articulado a través de sus propios recursos y medios. Además de quienes ya trabajaban para él, el gobernante usó en esta nueva campaña la ayuda de quienes ya estaban ofendidos por la existencia misma del lenguaje, en contra de todos aquellos que gozaban usándolo (pp. 38-9). Poco a poco, la población sin habla se convierte en una manada de rumiantes sin pensamientos, pasiva (p. 34). La campaña hubiera continuado con gran éxito y fuerza a no ser por la súbita muerte del gobernante.

La procesión fúnebre termina en un lugar abierto antes del cementerio. Todos los grupos toman sus puestos. El ataúd se coloca en una plataforma central para recibir la última ofrenda. Cuando el Canciller abre la tapa del ataúd, para que la población pueda rendirle el postrer homenaje, en lugar del cuerpo de Burundún-Burundá se encuentran con un gran papagayo de papel. Irrumpe la confusión y el caos. Los primeros en romper líneas son los miembros de la administración, seguidos por las fuerzas represivas, que disparan al azar en una acción refleja. El lugar queda finalmente vacío, excepto por el caballo sonriente, el último en abandonar la escena, siempre sonriendo, no sólo como si el descubrimiento del papagayo no le hubiera caído por sorpresa, sino incluso como si de hecho él hubiera sido el autor del plan. La imagen final del régimen de Burundún-Burundá reafirma la total falta de cualidades humanas por doquier. Cuando el ejército dispara:

Era como si disparasen contra las altas [sic] fantasmas grises del sueño, o contra muñecos de aserrín, como si disparasen en una feria ... no mataban a nadie, no moría nadie. El mundo todo no era ya de sangre sino de agua chirle, como el Gran Burundún-Burundá no era otra cosa ya que un obeso papagayo de papel (p. 62).

Nadie muere, nadie sangra, parece ser la implicación, porque, en un sentido, nadie estaba vivo.

El estilo de todo el texto anticipa directamente uno de los cuentos de otro colombiano, Gabriel García Márquez en su libro *Los funerales de la mamá grande*.[42] Ambas obras están construidas alrededor de la figura muerta de la cabeza dictatorial de un grupo de personas. Ambos autores usan repetidamente listas y catálogos con el fin de comprehenderlo todo. Los narradores de ambos textos son especies de cuenteros profesionales o merolicos de ferias y circos, que insisten continuamente en la verdad y exactitud de su historia. Hay un contraste particular en el caso de Zalamea entre el tema y el estilo que usa: es especialmente efectivo dado que se ocupa en gran medida de la supresión del lenguaje articulado en una forma grandilocuente, y con una verborrea que subraya el fracaso final de las medidas y absurdos decretos de Burundún-Burundá. La existencia y el tono de la historia misma es una negación de las ridículas pretensiones de Burundún-Burundá de lograr un gobierno absoluto.

El dictador de la novela de Lafourcade tiene un modelo claro: Rafael Leónidas Trujillo de la República Dominicana, quien gobernó la mitad de la isla que este país comparte con Haití, desde 1931 hasta 1961. Trujillo el "benefactor", llamado el dispensador en la novela, lleva el nombre de César Alejandro Carrillo Acab. Los dos primeros nombres indican claramente su posición de líder y estadista; Carrillo sugiere fonéticamente su modelo Trujillo; Acab, por un lado, alude al sangriento rey bíblico quien gobernó arbitraria e injustamente con su

---

[42] Gabriel García Márquez, *Los funerales de la mamá grande*, decimoprimera edición (Buenos Aires, 1972).

esposa Jezabel, prohibió la adoración de Jahvé, el verdadero Dios, y lo sustituyó por el dios pagano Baal; por otro lado, Acab completa las iniciales del dictador en el auto-explicativo término escatológico.

Al basarse en un mito bíblico, Lafourcade sigue la tradición establecida por Asturias en el sentido de introducir un nivel mítico en el tratamiento del tema de dictadores y dictaduras en la literatura hispanoamericana.

La fiesta del rey Acab[43] se desarrolla en veinticuatro horas, desde las once de la mañana del cumpleaños del dictador hasta el día siguiente, después del *Te Deum* que cierra las fiestas para celebrar su aniversario, de nuevo, a las once de la mañana. Carrillo festeja su aniversario con una fiesta de un día completo, que termina en un plan para asesinarlo, con éxito. El asesinato mismo no aparece en la novela. El último párrafo muestra a Carrillo fuera de la iglesia, después del *Te Deum*, con un ramo de flores que oculta una bomba, obsequiado por una niña de aire inocente, confundiendo el tic-tac de la bomba que está por explotar con su conmovido corazón.

Carrillo está en el centro de la novela. Lafourcade lo presenta rodeado por su familia, soldados, embajadores, policías, así como un pequeño grupo de opositores clandestinos, formado principalmente por estudiantes y dirigido por Cosme San Martín, un estudiante de filosofía. La cantidad relativamente grande de personajes y situaciones no permite ahondamientos, y la intensión de Lafourcade ciertamente no parece residir ahí; las imágenes presentadas en una manera caleidoscópica construyen un retrato sugerente y exacto del régimen en sus últimos momentos, y de las últimas etapas de la preparación del plan de Cosme para acabar con Carrillo.

Gran parte de lo que sucede en la novela está inspirado y basado en hechos históricos. La misteriosa desapa-

---

[43] Enrique Lafourcade, *La fiesta del rey Acab* (Chile, 1964).

rición de los Estados Unidos de Jesús de Galíndez, un intelectual vasco que vivió en y huyó de la República Dominicana para escribir un libro sobre Trujillo, y que supuestamente fue secuestrado y asesinado por órdenes del dictador, aparece como un hecho en la novela. Lafourcade ni siquiera tuvo que cambiar el nombre de Galíndez para darle una fuerza particular en su novela: el nombre de Jesús es bastante efectivo en términos de la metáfora religiosa sugerida por el bíblico rey Acab. Carrillo, Acab, el rey pagano y bárbaro, asesina a Jesús, el representante de la verdadera y piadosa religión. También podemos mencionar la hospitalidad a los dictadores derrocados de otros países latinoamericanos,[44] con la presencia sobresaliente de José Pedro Absalón (Juan Domingo Perón)[45] y Pérez Pinilla (una combinación de Rojas Pinilla y Pérez Jiménez). Finalmente, recordemos el asesinato de Trujillo en mayo de 1961, en una carretera sola, cuando iba a visitar a una de sus numerosas amantes, a sus casi setenta años. En la novela las circunstancias de la muerte varían, pero el principio de la muerte del dictador es el mismo.

Más que un dictador, Carrillo revela algunas características de los tiranos, en el sentido de una acumulación de poder para asegurar su propia riqueza personal y beneficio, así como de aquellos que trabajan para él. Carrillo también parece gozar del ejercicio de poder sobre cosas y personas, asumiendo privilegios que normal y moralmente no pertenecen a los seres humanos.

[44] Esta misma hospitalidad y solidaridad entre dictadores es usada más tarde por García Márquez, tomada claramente, en ambos casos, de la práctica de Trujillo.

[45] En la p. 104 está escrito José Domingo Absalón y en la p. 210 se hace referencia a José Pedro Absalón, pero ambos nombres se refieren a la misma persona, según el contexto. La primera vez que aparece el nombre probablemente hubo un error de imprenta o un desliz de Lafourcade, delatando con mayor claridad la identidad real del dictador exiliado.

Carrillo no comparte con otros dictadores las características paternales no raras en estas figuras. No hay sugerencias de cualidades patriarcales de Carrillo —en su sentido positivo. Carrillo no está interesado en satisfacer las necesidades de su pueblo; parece considerarlos más bien como una especie de molestia inevitable que acarrea el poder. Así, durante el *Te Deum* que marca el fin de las festividades para celebrar su cumpleaños, lleva a cabo un inventario de su vida, preocupado por la proximidad de la muerte debido a su avanzada edad —tiene más de sesenta—, sin saber que de hecho está a punto de morir:

> Él trabajó para su pueblo, a su manera . . . Ese pueblo asqueroso no merecía más. Les dio caminos, escuelas, desfiles, fiestas . . . Les enseñó a leer. Despertó su afición por los fuegos artificiales. ¿Qué más? ¿Qué más querían que hiciera? Impidió el comunismo con todas sus fuerzas . . . (p. 262).

Si ha de considerarse a Carrillo como una figura paterna, ciertamente estaría más en la línea del Padre Ubu de Alfred Jarry: gordo, nervioso, cruel, extremo en la satisfacción de sus placeres físicos, vulgar. Carrillo aparece como un *Père Ubu* latinoamericano en dos ocasiones, especialmente. La primera vez es después de un banquete pantagruélico. El dictador se siente enfermo y cree que lo han envenenado, debido a su temor constante a la traición. Lafourcade deja lugar para una duda razonable: tal vez Carrillo se enfermó por la extraordinaria cantidad de comida que ingirió en lugar de debido a un envenenamiento. La descripción de Lafourcade es particularmente efectiva al retratar los excesos de Carrillo, su brutalidad y animalidad, además de su gusto por comidas extranjeras y vinos:

> Con potentes contracciones, como un pozo de petróleo, como un yacimiento roto, como un abseso purulento, explo-

tó, brotaron las riquezas, los jugos y los licores, las finas carnes, la presión de las castañas pulverizadas en azúcar, el aguardiente de pera, los huevos de esturión, el vino de madera, toaa la historia del paladar humano parecía surgir de las fauces de Carrillo, como de los tritones en las fuentes de los jardines de Le Notre, chorro violáceo y rico en gustos y calidades, líquido y granulado, molido y a medio triturar, subterráneo, ígneo y solapado, que saltaba en el suelo de azulejos con olor a sangre, a vinagre. (p. 34)

Lafourcade también muestra a Carrillo bajo el efecto de una borrachera: el dictador golpea a su mujer, rompe varios objetos, insulta a sus invitados y grita declarando que todo mundo se encuentra bajo su poder —principalmente para convencerse a sí mismo (pp. 222-3).

La vida diaria de Carrillo parece sintetizarse en la siguiente lista de actividades: "Comer, beber, condecorar, destruir conspiraciones, firmar pactos" (p. 33), en otras palabras, nada socialmente constructivo, todo diseñado para preservar su poder y asegurar la satisfacción de sus caprichos. Hay una cierta cantidad de simplicidad y un carácter directo y elemental en esta síntesis de las actividades de Carrillo así como en la descripción de otros personajes. Cerca del reino de la caricatura, los personajes de Lafourcade, encabezados por el propio Carrillo, son estereotipos altamente exitosos de la decadencia física y moral entre la clase gobernante de la isla tropical. De hecho, podría haber también ecos de los esperpentos de Valle en las caricaturas de estos personajes. La atmósfera, que algunas veces se acerca a la farsa, logra sugerir, no obstante, un clima constante, claro y persistente de temor, traición y venganza: de todos estos sentimientos, de nuevo, Carrillo es el principal protagonista y víctima. Lafourcade hace sonreír al lector frente a los excesos increíbles del régimen de Carrillo, sin soslayar, sin embargo, el reino de terror que impera en dicho país.

Como cualquier dictador que se respete, Carrillo elimina inmisericordemente a sus opositores, sistemática y efectivamente. Incluso aquellos que trabajan bajo sus órdenes directas corren el riesgo de una condena: Kurt von Kelsen, el soldado austriaco a cargo de la policía y Josafat, el jefe del ejército. Cada uno de ellos teme a los otros dos y por tanto toma precauciones para proteger su vida y preservar su puesto y privilegios. Este juego interno de escondidas se completa con el cuadro internacional, representado aquí por André, el embajador francés en control de la *Société Nationale*, un monopolio que cubre todos los aspectos de la vida económica del país; más el embajador estadounidense, interesado en preservar su base militar en la isla para proteger los intereses de las compañías estadounidenses, como le explica a su personal: "No se olviden, gentlemen. . . que no sólo están el ejército y la armada en este asunto. Sobre ellos, los banqueros y sus compañías, la United Fruit, la American Railways Co., la 'Flota Blanca', la Andes Oil Inc., la Creole Co., la Shell, la Standard Oil, etc. . . . Ellos merecen atención preferente" (p. 135). Cada uno de estos hombres sigue un juego de engaños múltiples, y conspira contra los demás. Josafat, por ejemplo, supuestamente amigo de Carrillo, planea derrocarlo, incitando primero a von Kelsen para formar una alianza con él, y luego buscando el apoyo del embajador de los Estados Unidos. Así, Lafourcade expone una situación común en países bajo regímenes dictatoriales: un clima interno de desconfianza y traición latente, además de la presencia constante e intervención de las potencias extranjeras, entre las cuales no asombra encontrar a los Estados Unidos en un papel predominante. En la isla de Carrillo, debido a circunstancias históricas, el embajador francés es también un elemento significativo en el control de la economía y política del país. Carrillo se percata de este control extremo, y desea deshacerse de André, sin darse cuenta de que alguien más lo sustituiría, de que los individuos importan poco en ese juego.

La desconfianza, se ha afirmado, es un factor constante en las dictaduras; Carrillo no es la excepción: "Era de naturaleza terriblemente incrédula, solapada. Más que inteligencia, que don de estadista, que capacidad de convicción, Carrillo tenía una astucia enorme, un olfato fino. Olía la traición" (p. 125). Esta desconfianza, aparentemente no es sólo una característica normal sino deseable y necesaria en los dictadores, puede crecer fácilmente a extremos, creando así un medio constante de temor que emana del dictador mismo. Y este mismo terror es el que los propios dictadores desean inspirar en quienes los rodean y en sus gobernados. Así, Carrillo grita a los invitados a su fiesta de cumpleaños: "¡Soy el amo! . . . Puedo hacer lo que quiera . . . ¡Lo que quiera! . . . Puedo matarlos a todos . . ." (p. 213), y más adelante: "Nadie me da órdenes! ¡Nadie! ¡Soy el dueño de la isla!" (p. 224).

Carrillo ejemplifica así una cualidad infantil presente en distintos grados en los dictadores y que es un factor importante en su abuso de poder sobre situaciones y personas. La infantilidad de Carrillo se manifiesta especialmente en las escenas con su hijo de ocho años Carlitos, en las cuales ambos juegan con trenes eléctricos, al mismo nivel mental y emocional. Carrillo no confía en nadie aparte de Carlitos, la única persona cercana que no intenta quitarle el poder.

Carrillo está amenazado no sólo por aquellos bajo sus órdenes, sino también, es claro, por sus opositores, que trabajan por lo general en grupos clandestinos. La contraparte de toda la corrupción asociada con Carrillo está representada por el líder del grupo que planea matar al dictador, Cosme San Martín. Aun cuando se habla de tomar el gobierno, los planes para lo que sucederá después de la muerte de Carrillo no son muy claros en el grupo de Cosme. Las referencias al futuro propuestas por Cosme, o, mejor dicho, con las que sueña, son muy optimistas. Cosme representa una visión idealista, no demasiado práctica ni experimentada de los elementos involucrados en un gobierno, relativamente comprensible en un estudiante que se siente elegido para jugar un papel determinante y positivo en la historia de su país, en primer lugar, liberándolo de su principal opresor, y, en segundo, a través de la construcción de un gobierno honesto: "Todo cambiará. No más prisiones . . . Todo eso, la muerte de la casta militar, la desaparición del soborno, del privilegio, la expulsión de los corrompidos; todo eso cuando llegara el día nuevo, que era éste; todo cuando adviniera la mañana, la luz" (p. 203). Sus planes se refieren más a la destrucción de las instituciones actuales y organizaciones represivas, que a la creación de un nuevo sistema. Cosme parece percatarse sólo de lo que piensa debe terminar, pero no de cómo se habrá de construir este nuevo país con el que sueña. Su principal objetivo es deshacerse de Carrillo, y luego sustituir los elementos existentes con hombres honestos, pero dentro del mismo sistema social:

Cosme no dejaría prostíbulos en la ciudad. No más casas de juego. Había que reconstruir escuelas, hospitales. Organizar de nuevo las comunicaciones. Eliminar sobre todo . . . la *Société Nationale*, el gigantesco monopolio que manejaba la economía del país. Crear pequeñas empresas, otorgándoles capital del Estado a particulares honestos (p. 90).

Las intenciones de Cosme son claramente nobles y altruistas, pero parecería que su buena voluntad está lejos de ser suficiente para reconstruir un país después de una dictadura. Lafourcade deja lugar para el futuro abierto, pero el lector se queda con la sensación de que las buenas intenciones de Cosme probablemente se verán aplastadas y abandonadas, ya sea por oportunistas que tomarán ventaja de la situación y se colocarán en los espacios dejados por Carrillo y sus seguidores, o tal vez por el propio Cosme —una vez que pruebe las mieles del poder.

REALISMO Y CONVENCIÓN

a) *Oficio de difuntos* de Arturo Uslar Pietri

Al menos dos aspectos del título de la novela de Uslar Pietri pueden señalarse. El primero implica las funciones de un líder de un grupo de hombres como un oficio, un *métier*, que tiene ciertas reglas básicas que deben saberse, y que se aprenden fundamentalmente al ejercerlo. Es, por tanto, una ocupación en la que uno mejora a medida que practica —una idea que se le ha ocurrido a muchos dictadores, especialmente en la última etapa de sus carreras, cuando empiezan a sentirse absolutamente indispensables para el bienestar y futuro de sus países, desempeñando una tarea que nadie más realizará con su habilidad y experiencia. El primer sentido está relacionado con la visión que tiene Uslar Pietri de Juan Vicente Gómez —sobre quien está modelado Aparicio Peláez, el personaje central de *Oficio de difuntos*.[46] Uslar Pietri no considera a Gómez, y en consecuencia a Peláez, como un dictador en el sentido ordinario negativo del término. Uslar Pietri tiende a ver su contribución a la historia de Venezuela, en última instancia, como positiva, aun cuando sí apunta y condena el lado represivo de su gobierno. Uslar Pietri ve a Gómez y a Peláez tal vez más como caudillos que como dictadores, especialmente debido a sus orígenes sociales y los comienzos de sus carreras políticas. Bajo esta luz es que Uslar Pietri cree que es posible hablar del oficio de los caudillos como un oficio de difuntos, y de he-

[46] Arturo Uslar Pietri, *Oficio de difuntos* (Barcelona, 1976).

cho, escribe en las últimas páginas de su novela algunas líneas en ese sentido: "Y el paso de los viejós caudillos momificados y de la parentela desaparecida y de las mujeres. Un mundo que parecía estar allí presente y que sin embargo se había acabado súbitamente" (p. 348). Claramente, Uslar Pietri no pudo haber estado pensando en los dictadores como un oficio de difuntos, con tristes ejemplares que aún proliferaban en 1976, cuando se publicó el libro.

El segundo significado posible del título podría referirse a un servicio religioso para los muertos, una alusión al funeral de Peláez, que está a punto de celebrarse en la novela.

Oficio no es la primera novela en la que el venezolano Uslar Pietri se ocupa de un personaje dominante, un líder, al igual que no es su primera incursión en un tema histórico. *Las lanzas coloradas*[47] (1931) está ubicada a principios del siglo diecinueve en su nativa Venezuela, durante los primeros movimientos independentistas de España. El Libertador no aparece como personaje en la novela, pero la presencia de Bolívar es claramente una fuerza dominante en el trasfondo. *El camino del Dorado*[48] (1947), también ubicado en un marco histórico, trata de la polémica figura de Lope de Aguirre, el español que emprendió la búsqueda del utópico El Dorado en el siglo XVI en Sudamérica —sobre quien Valle basó parcialmente su personaje de Tirano Banderas. En términos de personalidad, Aparicio Peláez y Lope de Aguirre están en polos opuestos, si bien comparten ciertas características que los convierten en líderes. Lope es una personalidad patológica, cerca de los linderos de la locura; un hombre extremadamente nervioso, en constante movimiento, lleno de actividad y energía. Apari-

---

[47] Arturo Uslar Pietri, "Las lanzas coloradas" en *Obras selectas* (Madrid, 1967).
[48] "El camino del Dorado." en *Obras selectas* (Madrid, 1967).

cio Peláez tiene una personalidad más estable, segura y calmada; sabe lo que quiere y adónde va. Aguirre improvisa de momento a momento, siempre sorprendiendo a sus aterrados seguidores. Peláez nunca toma una decisión intempestiva.

Con respecto a *El camino del Dorado* y *Oficio*, puede mencionarse el lenguaje y tono distintos usados en ambas novelas. En general, el estilo de Uslar Pietri es bastante directo, llano y económico. En *El camino del Dorado* recrea la atmósfera de la época en que se ubica la novela, con una discreta aproximación a un español del siglo XVI. Con base en la personalidad de Lope, en la novela hay una tensión constante. *Oficio*, por otro lado, por ser una novela basada en una personalidad mucho más calculadora y equilibrada, sugiere estas características en un estilo simple y directo. No hay digresiones; Uslar Pietri va directo al punto, al igual que Peláez en política.

Además del centro que constituye Aparicio Peláez, alrededor de quien gravita naturalmente la novela, el sacerdote Alberto Solana funciona como un elemento unificador. La novela de hecho se abre con Solana, en el presente, después de que se le ha comisionado la apología de Aparicio Peláez, en el funeral del recién fallecido presidente. Solana recuerda, en *flashbacks*, la vida y época del dictador muerto. Usando al sacerdote como punto de partida e hilo conductor, Uslar Pietri luego procede a reconstruir la historia de Peláez, empezando unos años antes de que se embarcara en levantamientos militares bajo el liderazgo de su amigo y compadre Carmelo Prato. A medida que la historia se desarrolla, hay varios retornos, especialmente al inicio de los capítulos, a Solana escribiendo su sermón, sólo para retomar de nuevo la historia de Peláez.

En el penúltimo capítulo —que correspondería al número treinta, si bien no están numerados— el viejo dictador muere finalmente después de una larga y lenta enfermedad. El capítulo treinta y uno regresa a Solana por última vez, después de que ha intentado, durante horas, y sin mucho éxito, redactar el panegírico a partir de la apertura formal de la novela. La línea narrativa empieza y cierra con Solana. Hay algunas interrupciones a este punto de vista externo, especialmente con respecto a Solana y Peláez, cuyos pensamientos y opiniones se expresan entre comillas, en monólogos interiores. Además de Aparicio, el resto de los personajes, incluso el propio Solana, están meramente bosquejados, usados como contrastes para el principal personaje de la novela.

La figura de Aparicio siempre aparece distante, intencionalmente de parte de Uslar Pietri. Se crea así la impresión de la soledad e inaccesibilidad de un dictador, y se sugiere que siempre habrá preguntas abiertas con respecto a figuras como Gómez y Peláez.

Estas dos características —a saber, inaccesibilidad y soledad— aparecen una y otra vez en las novelas sobre el tema de los dictadores y las dictaduras, y seguirán apareciendo, particularmente en *El otoño*, donde el tema de la soledad del dictador se convierte prácticamente en el tema de la novela. Además de estos dos elementos, Aparicio posee otras peculiaridades que también caen naturalmente dentro del rango de elementos particulares de los dictadores. Especialmente en los últimos años de su gobierno, cuando ha logrado concentrar el control absoluto del país en sus manos, se vuelve más y más desconfiado de quienes lo rodean. Se siente indispensable y único: él es la única persona que puede gobernar de esa manera y esa manera, desde luego, es la mejor para el país: "No se podía morir, todo giraba en torno de él, todo dependía de él, todo estaba en él" (p. 310); "Si él no estuviera allí nada marcharía. Era porque todos sabían que estaba allí, que lo sentían y lo palpaban, que las cosas funcionaban" (p. 308). El poder y el mando demandan una vigilancia de veinticuatro horas. Ser la cabeza de un gobierno es un trabajo de tiempo completo: "El mando no se puede dejar ni un momento. Ni para dormir. Ni en manos de nadie" (p. 194). "No había paz con el poder. No había tregua" (p. 287).

Peláez se inquieta, especialmente hacia el ocaso de su vida, consciente de tensiones y planes para deshacerse de él. Sabe que tiene el poder y que quienes lo rodean también lo desean, pero cree firmemente que él es el mejor hombre para cumplir con el trabajo, por el bien del país: "Yo no puedo hacer las cosas pensando en lo que dirán los enemigos, sino en la conveniencia del país" (p. 242). En otro momento, siempre pensando en el beneficio del país, habla de Venezuela como si fuera su novia: "Todo [su tierra y fortuna] será para ella, para que la gente tenga donde trabajar" (p. 310).

En varias ocasiones Aparicio considera al país como si fuera su propiedad, como si fuera la hacienda La Boyera, sólo un poco mayor (pp. 57, 197). Tiene la certeza de que lo que funcionó en su hacienda funcionará en el país. Sabía que podía manejar la situación ahí y por tanto tiene confianza en que podrá manejar al país en su conjunto.

Como otros dictadores, siente la ambigüedad del poder: confiere a quienes lo poseen el control total, pero también los ciega y ata: "Solo y atado. Atado porque todo pendía de él. Sentía casi físicamente las ataduras que lo unían a todas las formas de vida del vasto país" (p. 307). "El único preso verdadero soy yo" (p. 308). Aparicio se da cuenta del lado oscuro del poder: "El poder es también miedo y muerte" (p. 264). También sabe que el poder es deseado por todos: "El poder es una sola cosa y todos lo quieren" (p. 217). Su vida es una lucha constante, una batalla continua para preservar su posición, su poder. Es una lucha cotidiana: "Estaba en el campamento. Estaba en la guerra. No había dejado de estar nunca en campaña. Rodeado de hombres de armas, con horarios de cuartel y órdenes de guardia" (p. 223).

Aparicio Peláez no es un hombre ambicioso en el sentido común del término, en relación con la riqueza material. Sí llega a adquirir una gran fortuna, especialmente a través de la posesión de vastas áreas de tierra, pero su vida diaria sigue siendo la misma. No se involucró en la primera revuelta armada bajo Prato debido a ambición material: su carrera se debe mucho más a una cadena de coincidencias y circunstancias favorables. Como él dice: "Yo no estoy aquí por ambición, sino porque era el vicepresidente y tenía que encargarme" (p. 160). De la misma manera siente que sólo está cumpliendo con su destino predeterminado de poder en lugar de obedecer a su propia voluntad: "Pensaba que su destino había sido siempre así. Tener que ser finalmente el que se encargara de resolver por los demás, por los hermanos, por los parientes, por los allegados y ahora por aquella tropa y aquella situación" (p. 11).

Su carrera política ha tenido éxito en gran medida debido a su paciencia. Peláez nunca actuó sino hasta estar completamente seguro de las consecuencias precisas de sus acciones. Esta seguridad absoluta tiene un tinte misterioso. Peláez tiene sueños premonitorios al menos en dos ocasiones: cuando persigue a un general rebelde y sueña el lugar donde se esconde (p. 114); y cuando sueña con un asesino y se despierta para enterarse de que han asesinado a su hermano Damaceno (p. 255). Estas instancias hacen pensar a Aparicio que su carrera no ha sido casual: "Era la providencia la que lo tenía allí" (p. 245). El presidente se ve como un mito vivo, una leyenda, en gran medida debido a sus cualidades extraordinarias y habilidad para preservar el poder: "'Lo veían con los ojos de sus mitos'. Recordaba al embrujado Changó de los negros, al Amalivaca de los caribes, al gran Manitú, a Quetzalcóatl, la serpiente emplumada, al Nazareno milagroso . . ." (p. 325). Así, Uslar Pietri continúa el uso del nivel mítico establecido por Asturias dentro de la línea de novelas sobre dictadores y dictaduras.

Esta cualidad sobrenatural se subraya más por la manera en que Aparicio confía y sigue sus instintos y premoniciones, casi leyendo la mente de quienes lo rodean: "Lo que pasa es que yo sé lo que están pensando. No lo que dicen sino lo que están pensando. No lo que hacen sino lo que querrían hacer" (p. 216).

Uslar Pietri ve ciertas cualidades positivas en Aparicio Peláez y considera algunas de sus contribuciones importantes para el desarrollo de su país. Al mismo tiempo, sin embargo, parece lamentar el efecto colateral aparentemente inevitable de los gobiernos totalitarios, a saber, una represión constante y sistemática a todo tipo de oposición. Ésta es probablemente un reflejo de la actitud del autor venezolano hacia la fuente principal de su personaje Aparicio, Juan Vicente Gómez, quien gobernó Venezuela entre 1908 y 1935.

La gran cantidad de puntos de coincidencia entre Aparicio Peláez y Juan Vicente Gómez transparenta la intención de Uslar Pietri de fundamentarse abiertamente en un personaje histórico. Cronológicamente, *Oficio* empieza y termina en 1936. Gómez murió en 1935, en pleno poder. Los antecedentes de ambos hombres están ligados con la agricultura y ambos provienen de remotas regiones de su vasto país. Aparicio se une a su vecino y compadre Carmelo Prato en una revuelta militar y le permanece fiel como vicepresidente hasta que Prato abandona el país para viajar a Europa por razones de salud. Poco después de su partida, Peláez toma el gobierno, de la misma manera en que Gómez lo hizo con su predecesor Cipriano Castro. Prato (y Castro) nunca había de volver a su país, aun cuando pasó el resto de su vida planeando derrocar al usurpador y retomar el poder.

El tipo de gobierno instalado por Gómez coincide de cerca con el de Peláez. Ambos concentraron gradualmente más y más poder en las manos del ejecutivo, amasando al mismo tiempo una vasta fortuna. Durante sus gobiernos hubo grandes inversiones extranjeras y comercio, con base en los recién descubiertos campos petroleros. Tanto Peláez como Gómez administraron hábilmente los recursos naturales de su país al no otorgar nunca una sola concesión general y total a un solo país, sino más bien diversificando su comercio y colocando a quienes se interesaban en su petróleo en posiciones rivales.

En contraste con el estilo de vida de sus predecesores, Gómez y Peláez llevaban vidas sencillas y frugales. Ambos despreciaban los títulos pomposos y los honores superficiales, a diferencia de Prato y Castro, quienes también amaban buena y abundante comida.

Gómez y Peláez consolidaron la paz de su país en un momento en el que se necesitaba fuertemente; mantuvieron buenas relaciones con potencias extranjeras, pagaron las deudas interna y externa y unificaron al país bajo un solo sistema de mando. Claramente, la paz se mantuvo a través de un aparato efectivo de represión, un fuerte ejército —siempre directamente bajo el control de Peláez y Gómez— además de la eliminación sistemática, el encarcelamiento o exilio de los opositores peligrosos. Peláez se percató claramente de que su principal fuente de apoyo provenía del ejército: "A mí no me importa la presidencia, para recibir diplomáticos y asistir a recepciones y ponerse levitas apretadas. A mí lo que me interesa es el mando y ese lo tengo aquí con el ejército" (p. 199).

Después de la muerte de Gómez, a la edad de setenta y ocho años, al igual que después de la muerte de Peláez, también a una edad avanzada, el país pasó por otro periodo de inestabilidad. Hubo revueltas callejeras, saqueos y algunos asesinatos, especialmente entre los protegidos, colaboradores y familia del dictador muerto. La novela termina en medio de esta inestabilidad y poco se dice sobre lo que pasó después. Se sugiere que la cabeza de los militares asumirá el poder, ante la ausencia de un sucesor designado por el dictador. Eleazar López Contreras, en la novela Ezequiel Díaz Amaya, jefe de las fuerzas militares, de hecho tomó el poder después de la muerte de Gómez.

La versión de Uslar Pietri de su dictador difiere de las revisadas hasta este momento. Su actitud hacia Peláez y Gómez, mucho más distanciada y fría, refleja una actitud general hacia Gómez de parte de los venezolanos hoy en día, quienes tienden a considerar al dictador más como un personaje folklórico, como una fuente de infinitas anécdotas humorísticas, y no como una nota negra en su historia.

b) LA DINÁMICA DE LA PERSONALIDAD DEL DICTADOR EN UNA NOVELA MEXICANA: *LA SOMBRA DEL CAUDILLO*

Escrita por Martín Luis Guzmán durante una visita a España después de haberse enterado del asesinato de algunos de sus amigos, incluyendo al general Francisco Serrano, el 3 de octubre de 1927, *La sombra del caudillo*[49] tiene la primera obvia intención de exponer y denunciar este hecho sangriento. Como antecedente, vale mencionar la asociación de Guzmán con el grupo que incluía a Serrano y a Adolfo de la Huerta. La novela condensa, como ha señalado Arturo Delgado González,[50] los eventos que ocurrieron en la política mexicana en 1923-24 y culminaron en 1927-28.

Si bien gran parte de su estructura, intención y estilo revela el deseo de exponer y acusar, *La sombra* no sólo es un registro histórico; no deja de ser una novela. Guzmán transforma los datos reales, como nombres propios y el lugar donde tuvo lugar la masacre (en lugar de Huizilac, cerca de Cuernavaca, es Toluca), pero Guzmán preserva significativamente el nombre del país: México. El único personaje que no tiene un nombre propio y al que se hace referencia por su puesto es el Caudillo,

---

[49] Martín Luis Guzmán, *La sombra del caudillo,* quinta edición (México, 1962). Todas las referencias subsecuentes a esta obra en esta sección son de esta edición, están contenidas en el cuerpo del texto y se identifican con la abreviación *La sombra.*

[50] Arturo Delgado González, *Martín Luis Guzmán y el estudio de lo mexicano* (México, 1975), p. 107.

de quien también se habla como mi "General" o el "Presidente". En este sentido, Martín Luis Guzmán inaugura la universalidad del dictador que luego establecerá firmemente Asturias —como se vio en la sección correspondiente— al mantener la anonimidad de su identidad personal y subrayar la dinámica de la mecánica de la posición.

El Caudillo está modelado en el general Alvaro Obregón incluyendo su apariencia física —jefe del gobierno de 1920 a 1924, si bien también hay algunos elementos de Plutarco Elías Calles.[51]

El Caudillo es, a un nivel, el principal personaje de la novela de Guzmán, en lo que respecta a la determinación de los hechos, aun cuando sólo aparece dos veces, y muy brevemente. Pero su presencia determinante se siente tras bambalinas como el supremo organizador y controlador: la política en la novela se lle a a cabo a favor o en contra del Caudillo, para obtener o preservar su favor o para combatirlo; de ahí el expresivo título *La sombra del caudillo*. Así, Guzmán, como Asturias después que él, subraya la dinámica de la personalidad del dictador, su poder y razgos en tanto que dictador, en lugar de su individualidad personal.

Cabe aclarar que ni Obregón ni Calles después de él fueron dictadores en un sentido convencional del término, pero Guzmán describe un fenómeno típico en la política mexicana, aun prevalente hoy en día, con respecto a la extraordinaria cantidad de poder concentrada cada sexenio —antes cuatrienio— en las manos del presidente, es decir, el llamado presidencialismo. Este poder a menudo, si no es que siempre, se extiende a la designación del sucesor —proceso en el cual muchos otros factores naturalmente entran en juego.

---

[51] Calles aparece en la novela como Hilario Jiménez. Su influencia se extendió varios años después del fin estricto de su periodo presidencial.

Hoy en día, las negociaciones previas a la designación del candidato tienen lugar básicamente dentro de las fronteras del PRI, que en la época de Obregón no existía aún. El Partido Nacional Revolucionario fundado en 1929 (hoy PRI) logró aglutinar las principales corrientes y grupos formados después de la revolución. En la época de Obregón y Calles la lucha por el poder era más abierta y violenta, lidiada a menudo con armas, como Emilio Olivier Fernández afirma en la novela: ". . . la política de México, política de pistola, sólo conjuga un verbo: madrugar" (p. 208). En principio, ésta es la anécdota central en *La sombra:* la designación de un candidato oficial con la aprobación y apoyo del presidente, y la insubordinación de otro grupo, que también defiende el derecho de apoyar a otro hombre para el más alto puesto político. La tradición de negociaciones (que propone una solución política en lugar de armada) que hoy se lleva a cabo dentro del PRI, no se había establecido entonces. La novela muestra cómo surgió este problema y cómo lo manejaron los dos grupos principales involucrados —todo desde el punto de vista de los perdedores, de los cuales Guzmán formaba parte, en alguna forma.

Las cabezas de ambos grupos reciben más atención en la novela de quienes los apoyan. Como en novelas semejantes, el jefe del gobierno, el Caudillo, aparece como una figura poderosa e imponente. Su opinión siempre se toma en cuenta; se siente su influencia —aun cuando, como se mencionó arriba, sólo aparece brevemente en dos ocasiones. En ambos casos aparece en una entrevista con Ignacio Aguirre, ministro de Guerra, el "otro" candidato. La primera vez se le describe así: "El Caudillo tenía unos soberbios ojos de tigre, ojos cuyos reflejos dorados hacían juego con el desorden, algo tempestuoso, de su bigote gris" (p. 54). Es una descripción sobria, que deja clara la personalidad poderosa, hábil y dominante a través de la identificación de sus ojos con los de un felino. Esta imagen se subraya en la segunda entrevista, donde se usan práctimente las mismas palabras: "Le fluían de los ojos, como de tigre, fulgores dorados, fulgores magníficos" (p. 162). Esta cualidad animalesca de los dictadores ha sido explotada particularmente por Zalamea y después por García Márquez, y en menor medida por Lafourcade y Donoso.

El grado del poder del Caudillo sale más claramente a la luz, intensificado, después de un ataque directo de Olivier: "osó Olivier lo que nadie hasta entonces: desnudar implacablemente, de todo su relumbre, de toda su pompa, de toda su aureola de líder máximo, indiscutible, la figura del hombre con quien nadie se atrevía: el Caudillo" (p. 166).

El episodio presentado en la novela en sí mismo es representativo del momento histórico por el cual pasaba el país. México comenzaba a adquirir cierto grado de estabilidad con la creación y control de un ejército nacional, y avanzaba hacia la creación del sistema político bajo el cual aún vive hoy en día. El episodio en cuestión contribuyó a establecer algunas de las fronteras políticas que iban a permitirse y la manera en que se castigaría a los transgresores. La rebelión de Adolfo de la Huerta y Francisco Serrano en contra de la designación aprobada de Calles como sucesor de Obregón no podía tolerarse. Se optó por eliminar al opositor. Obregón y Calles lograron sofocar a Francisco Serrano, pero Adolfo de la Huerta huyó a los Estados Unidos, donde intentó durante algún tiempo, infructuosamente, regresar a tomar el poder.

Guzmán hizo público este episodio, no sólo para sus contemporáneos, sino para lectores posteriores, por las simpatías que tenía con el grupo delahuertista. Pese a su involucración personal en el suceso, Guzmán intenta adoptar un punto de vista objetivo, a fin de demostrar la injusticia y brutalidad del asesinato en términos absolutos. Pero puede detectarse su posición personal. Un ejemplo: en el momento en que la lucha electoral entre los dos aspirantes (Jiménez y Aguirre) se vuelve abierta, escribe:

> La llamada opinión pública acentuó entonces su influencia en la obra. Era, secretamente, partidaria de Aguirre — en quien veía al valeroso adalid de la oposición del Caudillo— y era, secretamente también, enemiga de Jiménez, en quien personificaba la imposición continuista" (p. 205).

Al introducir esta idea abstracta de apoyo popular secreto, Guzmán busca justificar y validar la oposición formada por Adolfo de la Huerta y Serrano, que él pensaba tenía derecho a existir e incluso a triunfar. Importa observar que ambos grupos luchaban por el poder dentro del mismo juego, y que a ambos les quedaba claro que sólo uno habría de ganar. En las palabras de Ermilo Abreu Gómez:

> Se ha sacrificado a un grupo de hombres inocentes o inconscientes. Pero no espanta la injusticia cometida, porque las víctimas, con poder, hubieran llegado al mismo crimen. Estaban en el ruedo político y entregadas a idéntico azar. Éste lo dispuso todo.[52]

Guzmán ubica la participación de Aguirre dentro del mismo juego político como Jiménez, adoptando sus reglas. No duda, por ejemplo, en señalar la abierta y cínica aquiescencia del ministro de Guerra a ciertas concesiones y transacciones con compañías petroleras estadounidenses en las que Serrano, el modelo de la vida real, aparentemente incurrió. Guzmán, entonces, reprueba la corrupción de los participantes en

---

[52] Ermilo Abreu Gómez, *Martín Luis Guzmán* (México, 1968), p. 40. Si por *azar* Abreu Gómez se refiere a una especie de *deus ex maquina*, completamente externo a la acción, me permito disentir. Si se entiende como la suma de circunstancias específicas que determinan el triunfo de un grupo sobre otro, resulta más aceptable.

este incidente particular, pero esta conciencia no le impide condenar el asesinato colectivo, independientemente de las debilidades personales de las víctimas.

Interesa apuntar que en 1977, cincuenta años después del asesinato, la revista *Proceso* publicó una serie de entrevistas a algunos de los actores sobrevivientes en el asunto Huizilac. Uno de ellos, el general Luis Alamillo Flores, nunca revela que las órdenes para matar a Serrano y sus seguidores hayan venido de Obregón o de Calles, o contado con la autorización de Obregón, tal vez con la participación del general Joaquín Amaro.[53] Una situación semejante prevalece con la película realizada por Julio Bracho en 1959 con el mismo título de la novela: nunca se ha proyectado comercialmente.

Además de exponer el asesinato de Serrano, Guzmán busca, en términos más amplios, criticar la manera en que se entendía y practicaba la política en México. Esta intención la lleva a cabo especialmente a través del personaje de Axkaná González, quien representa en la novela, según el autor, "la conciencia revolucionaria. Ejerce [en la novela] la función reservada en la tragedia griega al coro: procura que el mundo ideal cure las heridas del mundo real".[54] La condena de Axkaná, sin embargo, no resulta muy convincente: sus críticas a la corrupción y violencia en la política mexicana no llegan a tener la suficiente fuerza para afectar sustancialmente las opiniones o conductas de quienes critica. Es probable que Axkaná sea, en cierta medida, una proyección de la manera en que el propio Guzmán consideraba su participación en política: intentando preservar siempre el más alto grado de honestidad. Según John Brushwood, quien considera a la novela en términos más de una crítica a Calles que a Obregón: "El hecho de que cuando Guz-

[53] Véase *Proceso*, No. 49 (1977).
[54] Citado por Emmanuel Carballo, *Diecinueve protagonistas de la literatura mexicana del siglo* XX (México, 1965), p 73.

71

mán necesitó a un hombre honesto, haya tenido que inventarlo, significa un comentario bastante crítico al régimen callista."[55]

En la profundidad del juego político de intereses, corrupción y manipulación, hay dos personajes que merecen ser mencionados: Emilio Olivier Fernández y Remigio Tarabana. El primero, Olivier, es más realista que Axkaná en su consideración de la política mexicana. Resume la manera en que debe jugarse la partida en una frase: "La regla . . . es una sola: en México, si no le madruga usted a su contrario, su contrario le madruga a usted" (p. 212). Su juego se desarrolla a un nivel más político, incluyendo la manipulación de líderes quienes, a su vez, controlan a las masas. Tarabana, por su lado, se ocupa del aspecto económico de la corrupción, al tomar ventaja del alto puesto de Aguirre dentro del ministerio. Su actitud es tan cínica como la de Olivier.

El ritmo del lenguaje en la novela es más bien irregular. Comienza con un lenguaje en tono muy conscientemente poético de ecos modernistas para dar lugar a una prosa más directa y objetiva, tal vez con la intención de buscar una mayor verosimilitud y tono convincente. Al igual que el lenguaje poético de las primeras páginas es abandonado, hay un personaje que aparece temprano, al cual se dedican varios párrafos, que después desaparece en la anonimidad casi total: Rosario. La joven, contrariamente a lo que podría esperarse de ella en las primeras páginas, no juega un papel importante en el resto de la novela.[56]

Dejando a un lado estos dos cabos sueltos, ciertamente debe dársele crédito a Guzmán, particularmente en lo que concierne a las escenas dentro de la Cámara de Di-

[55] John Brushwood, *Mexico in its Novel* (Austin & London, 1966), p. 202. La traducción es mía.
[56] Véase Enrique Anderson Imbert, *Historia de la literatura hispanoamericana*, sexta edición, vol. II (México, 1974), pp. 82-3.

putados en el curso de una confrontación organizada por el candidato oficial Hilario Jiménez en contra de los seguidores de Aguirre.

La novela abre y cierra con la imagen del Cadillac de Aguirre, símbolo de riqueza y poder. En las primeras páginas, Aguirre lo usa para acudir a una cita con Rosario, una atractiva joven que habrá de convertirse en una de sus amantes. En el último párrafo, el mayor Manuel Segura, quien personalmente disparó a Aguirre, se sube al mismo carro después de comprar un par de caros aretes con el dinero que tomó del cadáver. Esta imagen final ilustra el cambio de riqueza y poder de unas a otras manos. El nuevo dueño intentará vivir en el mismo estilo de su predecesor. En otras palabras, en la novela el sistema permanece incólume: se preservarán los mismos papeles, con un mero cambio de actores.

UNA VERSIÓN IDIOSINCRÁTICA:
CASA DE CAMPO

LA NOVELA más reciente (hasta 1988) que toca el tema de los dictadores y las dictaduras en América Latina es *Casa de campo* de José Donoso.[57] Esta obra se motivó tal vez en parte por un deseo del autor de escribir su versión personal del gobierno de Salvador Allende y su caída en el Chile de 1973. A partir de ahí, la novela se desarrolla hacia muchas otras áreas de interés para el autor, como la exploración de un nuevo estilo en su escritura, y la intención de hacer al lector constantemente consciente del interjuego entre la realidad literaria y la realidad objetiva, con un énfasis especial en el control y dirección del autor.

Un nivel relevante de la novela está constituido precisamente por comentarios del autor en diversos puntos de la narración. En prácticamente todos ellos Donoso impone su poder absoluto como autor, insistiendo en el carácter particular de la literatura como un tipo peculiar de realidad con reglas y convenciones distintas a las de la realidad objetiva. Constantemente pide al lector reconocer y aceptar como inevitable el poder del autor sobre el texto y sobre él mismo. Para dar un solo ejemplo: "El que inventa esta historia . . ., el que elige narrar o no, o explicar o no, lo relacionado con ella, y en qué momento hacerlo, prefiere suministrar aquí la información sobre el secreto que dejó estupefacto a Wenceslao" (p. 32).

Donoso experimenta aquí con un nuevo estilo en relación con el que ha usado en sus novelas anteriores.

---

[57] José Donoso, *Casa de campo* (Barcelona, 1978).

Se le había reprochado, tal vez con cierta justificación, el uso persistente de un impactante "feísmo" en sus textos, tanto en lo que respecta a temas como a estilo. Tal vez para enfrentar esta acusación, incursionó en este caso en un estilo particular que se acerca a un cierto preciosismo, donde Donoso parece sentirse a gusto. Tal vez las mejores instancias de este preciosismo se ubican en el lenguaje de los niños cuando juegan uno de sus pasatiempos favoritos: La Marquesa Salió a Las Cinco. El nombre mismo del juego introduce una connotación plenamente literaria en la medida en que se trata de una frase recogida por André Breton, originada por Paul Valéry en el primer manifiesto surrealista. Valéry pensaba que esta frase era el epítome de la arbitrariedad de la novela. Con esta cita, Donoso se coloca ostensiblemente en el reino literario, junto con su novela y el propio lector, donde las historias se desarrollan y los personajes viven de acuerdo con leyes distintas a las de la realidad objetiva. El juego funciona en la novela como una caja china, porque la novela es, en sí misma, en un sentido, otro juego, otra instancia más amplia de La Marquesa Salió a Las Cinco. El lenguaje que usan los niños en todo momento —pero más notablemente cuando juegan, es increíble en términos de la realidad objetiva: un niño no habla así, como el propio Donoso hace que el lector observe (p. 372). A través de la introducción de una doble caja, Donoso subraya la naturaleza peculiar de la realidad literaria.

La novela se ocupa de la familia Ventura y Ventura, formada por trece parejas y sus treinta y tres hijos. La familia se divide en dos grupos bien delimitados: adultos y niños. Esta enorme familia burguesa pasa los veranos en su casa de campo en Marulanda. Las vacaciones anuales desempeñan varias funciones: en primer lugar, en el verano se recoge el oro laminado extraído y trabajado por los nativos de la región —a quienes los Ventura pagan mal. El oro será luego vendido, por lo general a un extranjero. La segunda función, paralela a la primera, a otro nivel —la primera estaría en un nivel material, la segunda en uno ideológico— consiste en el fortalecimiento y reforzamiento de la cohesión interna de la familia, a través de la repetición de ciertos ritos familiares. Este conjunto de mitos y creencias les ayuda a explicar, preservar y justificar su posición privilegiada dentro de la sociedad. La práctica de estos ritos, repetidos cada verano, recuerda a los adultos la existencia, fuerza y "verdad" del cemento ideológico que los une entre sí y separa del resto de la sociedad y, al mismo tiempo, inicia a los niños en la teoría y práctica de lo que todo Ventura debe saber. Durante el verano en Marulanda, los niños son sometidos, en otras palabras, a un periodo intenso de socialización interna.

Un verano, sin embargo —el verano a partir del cual se desarrolla la novela— la estancia ininterrumpida y estable en Marulanda se ve perturbada y alterada. Varios elementos convergen para la creación de las circunstancias que cambian el curso normal de la vida de los Ventura. En un nivel importante, la novela se ocupa precisamente de los esfuerzos de la familia para mantener y defender su propio tipo de orden. Con ese fin, deben aceptar algunos cambios menores, en la medida en que el fin vale todo esfuerzo. Recobrar su propio tipo de orden es esencial, en primer lugar, para ignorar tanto como sea posible y tanto tiempo como sea posible, las innovaciones indeseadas e inesperadas: el reconocimiento mismo de su existencia les conferiría el *status* privilegiado de la realidad. Así, Donoso muestra estar consciente del poder del lenguaje sobre la realidad: nombrar algo es darle vida, hacerlo real.

Una de las circunstancias que contribuye en gran medida a la cadena de cambios en Marulanda empieza a tomar forma con los planes para un día de campo en un sitio maravilloso y único, dentro de los terrenos familiares. Esta idea surge de una fuente desconocida para los adultos, pero inmediatamente la adoptan como evidente. La idea fue sugerida de hecho por Wenceslao

—el hijo del doctor Adriano Gomara, casado con Balbina Ventura— de acuerdo con su padre y con ayuda de la niña intelectual de la familia, Arabela.

El lugar maravilloso hacia el cual se encaminan los Ventura nunca había sido visitado por ninguno de los adultos, si bien todos pretenden haber oído hablar de él. La existencia de este lugar se da por hecho, como muchas otras cosas, en un gesto típico de los Ventura: no mostrar nunca sorpresa frente a nada. Sorprenderse significaría admitir ignorancia, ver por primera vez, carecer del poder y seguridad de la información. Los sirvientes acompañan a los adultos para garantizar su comodidad total y absoluta —aquélla a la que están acostumbrados y sin la cual la vida les parecería intolerable. El único adulto que se queda en la casa es Adriano Gomara: pero él no cuenta, dado que se le ha descartado desde hace tiempo como loco, y por ello se le ha encerrado en una de las torres de la casa.

Gomara nunca fue totalmente aceptado en la familia. Nunca suscribió totalmente los mitos y conducta de la familia. Había estado en contacto con los nativos sin que la familia supiera, excepto su mujer. Los Ventura siempre habían mantenido una distancia radical de los nativos, a quienes consideran salvajes, primitivos y peligrosos. En una ocasión, Gomara llevó a su familia —dos hijas, Wenceslao y Balbina— a una celebración en su honor con los nativos. Poco después, una de las hijas, emulando la ceremonia que había presenciado, cocina a su propia hermana y se la ofrece a Adriano, en lugar del cerdo ceremonial de los nativos. Gomara mata a la fratricida, al intentar castigarla. Desde ese día, Gomara es encerrado en la torre y considerado absolutamente loco. Un refrán que la familia repite una y otra vez cuando se enfrenta a una situación que no pueden o desean manejar, es "correr un tupido velo". Gomara ha dejado de existir, de ser mencionado, ha dejado de ser un problema. El ejemplo extremo de esta manera de manejar las cosas se da al final de la novela: el verano está avanzado, es tiempo de que los vilanos se separen de las plantas y lo invadan todo. Los adultos nunca han presenciado el proceso completo, pues solían abandonar la casa de campo al detectar el primer vilano. Al ignorar cómo comportarse ante una invasión de vilanos, deciden hacer caso omiso. Celeste, quien está literalmente ciega, también lo está en un sentido metafórico: insiste en no ver los vilanos y dar un paseo por el jardín. Sucumbe a la invasión, arrastrando a su marido Olegario, quien en vano intenta salvarla y regresarla a la casa.

No queda claro en el texto si los Ventura llegaron o no a aquel sitio maravilloso inventado por Arabela y Wenceslao, como tampoco queda claro si les tomó un año —si así fue— regresar. Estas dos preguntas permanecen abiertas. Lo que importa, en términos de la novela, es que se fueron a un día de campo; un día o un año depende de las necesidades particulares del autor con respecto a cada situación. Para los Ventura, el día de campo fue espléndido, todo sucedió de acuerdo con los planes.

La mayoría de los niños que se quedaron en la casa de campo al partir los adultos continúan con sus actividades normales. Wenceslao ha planeado durante largo tiempo liberar a su padre. Otros niños planean robarse el oro laminado almacenado, que los Ventura normalmente llevan a la ciudad al final del verano. Un tercer plan es remover las rejas que rodean el jardín y la casa separándolos del exterior.

Los niños inventan sus propias convenciones, al igual que Donoso. Así explica Berenice el descubrimiento en un monasterio cerca de la casa, de Casilda y Fabio y su bebé, todos debilitados debido a una larga hambruna. Según los niños, los adultos se han ido por un año: ahí está el bebé para probarlo. Berenice explica a los otros adultos: "en la Marquesa Salió a Las Cinco suelen computar cada hora como si fuera un año, para que de este modo el entretenido tiempo ficticio pase más rápido que el tedioso tiempo real" (p. 254). Hermógenes, el padre de Casilda, toma al bebé, teniendo siempre cuidado de referirse a él como una muñeca, y lo avienta a un pozo. Así elimina toda posible contradicción entre las afirmaciones sobre la realidad de los adultos, y lo que parece ser la realidad.

Solucionado este peligro, se enfrentan a otros más difíciles: Malvina ha escapado a la ciudad con el oro; Adriano Gomara ha tomado Marulanda y establecido un nuevo orden en la casa de campo. Los Ventura envían al Mayordomo a hacer indagaciones, junto con otros sirvientes, entre los que destaca un tal Juan Pérez, hasta ese momento totalmente anónimo. Los sirvientes tienen el encargo de restablecer el orden que todos desean, aprecian y anhelan. Es importante mencionar que la proposición de enviar a los sirvientes proviene precisamente de Pérez. Tomar Marulanda por la violencia les parece a los Ventura lógico, viable y normal. En momentos de emergencia, parece ser la implicación, se permite a los sirvientes un cierto grado de participación. Para recobrar Marulanda, los sirvientes y los Ventura lo saben, Gomara debe ser eliminado junto con los nativos. La justificación para esta eliminación es la siguiente: "Si ellos han actuado con violencia contra nosotros, nosotros tenemos el deber, por cierto doloroso, de defender también con violencia nuestras ideas, nuestras instituciones y el futuro de nuestra progenie, además de nuestras propiedades" (p. 269).

Juan Pérez habrá de jugar un papel importante de ahí en adelante. Ha logrado convertirse en una excepción a la regla de los Ventura de no contratar al mismo personal cada verano. Aprovechándose de su personalidad y presencia gris, Pérez ha logrado ser empleado cada año. Estos antecedentes lo convierten en una fuente importante de información para el Mayordomo, en la medida en que tiene una visión global del funcionamiento de la casa, los intereses y la personalidad de los niños, y la importancia y significación del tal o cual rito. El interés de Juan Pérez en recobrar Marulanda es totalmente egoísta. Pérez conocía y admiraba a Gomara, antes de que el doctor fuera confinado. Gomara nunca se percató del sirviente que ensillaba su caballo y Pérez decide vengarse de su indiferencia. Juan Pérez es quien inventa, promueve y dirige la recuperación de Marulanda, aun cuando el Mayordomo esté aparentemente a cargo. Al llegar a la casa, Juan Pérez busca a Gomara y lo mata.

Los adultos regresan a la casa de campo, una vez que el orden se ha restablecido. Al llegar, insisten ante los niños en que se fueron a un día de campo —aceptar cualquier otra cosa implicaría aceptar haber perdido el control de Marulanda y la industria del oro.

El Mayordomo y los sirvientes logran instaurar un orden semejante al previo, si bien no tan inmaculado y preciso: es difícil eliminar completamente algunos de los cambios en poco tiempo, al igual que a Gomara le tomó tiempo introducir los suyos. Para empezar, los sirvientes matan a algunos de los nativos, torturan a algunos de los niños, matan a Adriano Gomara a quien consideran, junto con los Ventura, la fuente de todo el mal y desorden, el quebrantador de límites estrictos e intolerables entre la familia y los nativos.

A fin de cumplir con la insistencia del día de ausencia de los adultos, el Mayordomo ordena pintar las ventanas de negro: se crea así una hora incierta de oscuridad, la cual, acompañada de un *buffet* servido permanentemente en el comedor, impide a los desconcertados y atemorizados niños saber exactamente qué hora del día es.

No todos los niños reaccionan de la misma manera a los cambios introducidos, primero por Gomara y luego por el Mayordomo y finalmente por el regreso de los adultos. Melania y Juvenal, los mayores, desaprueban a su tío. Juvenal llega a decir: "Yo soy el guardián del orden aquí. Represento a los grandes. Como ellos, yo decido qué es verdad y qué no es" (p. 97).

El incremento de poder del Mayordomo antes y después del día de campo no es tan radical como parecería a primera vista. El Mayordomo ya gozaba de cierto ascendiente sobre los niños, a quienes dominaba a través del uso del temor y el castigo, no sólo con el consentimiento de los adultos, sino con su aprobación. Los Ventura siempre han establecido los límites de su poder. La naturaleza servil del Mayordomo, así como su falta de iniciativa siempre lo mantuvieron en su lugar. Por la noche, el Mayordomo era el señor de las tinieblas. Los adultos están más preocupados por preservar el orden que por el método usado para lograrlo.

Un cambio en el *statu quo* afectaría no sólo a los Ventura, sino a la envidiada posición del Mayordomo entre la servidumbre. Gomara amenazó todos estos privilegios.

El dictador en la metáfora idiosincrática de Donoso es el Mayordomo. Su importancia en la novela no depende de los rasgos particulares de su personalidad. Donoso se cuidó de no individualizarlos en modo alguno. El nombre y personalidad de un Mayordomo importa poco, ya sea para los Ventura o Donoso. Los hechos se hubieran desarrollado en las mismas líneas. El narrador omnisciente plantea la siguiente pregunta: "¿Era, en verdad, un hombre este Mayordomo, no la encarnación de una fuerza vil creada por ellos mismos [los Ventura] al investirlo con la gran librea de aparato?" (p. 274).

La importancia de las apariencias y el comportamiento no es nunca suficientemente subrayado por los Ventura. Las apariencias son el único valor permanente y seguro en su vida, como Melania le dice a Wenceslao muy temprano en la novela: "Somos Ventura, Wenceslao; por lo tanto, nunca debemos olvidar que la apariencia es lo único que no engaña" (p. 16). Los secretos son, por tanto, de vital importancia; o bien nadie los conoce —por ejemplo, Juvenal es homosexual, los primos tienden al incesto, etc.— o bien todos lo saben pero nadie lo menciona —por ejemplo: Celeste es ciega pero nadie la trata como tal.

Otra instancia que ejemplifica la importancia de las apariencias es manifiesta precisamente en el puesto del Mayordomo y el resto de la servidumbre. Cada año, las obligaciones de cada uno de estos trabajos son exactamente las mismas. Los sirvientes, incluyendo al Mayordomo, son olvidados cada año. El puesto y su función es lo que importa dentro del universo estable e inmutable de Marulanda. La parafernalia asociada con el puesto del Mayordomo es tan importante e indispensable como el puesto mismo. Cada sirviente, según su lugar particular dentro de la jerarquía veraniega de la casa, se viste con un uniforme particular, de modo que cada uno de ellos, especialmente los Ventura, puede reconocer qué tipo de trabajo desempeña y a qué categoría pertenece. Lo importante para el puesto del Mayordomo es el tamaño: la persona debe llenar el uniforme preexistente.

Al insistir en las apariencias, comportamiento y parafernalia, Donoso alude al papel de los militares en las sociedades latinoamericanas, de las cuales Chile es un doloroso ejemplo. El *statu quo*, Donoso insiste, emana de los valores preservados por los Ventura, que en este esquema representan a la burguesía. Los militares apoyan a esta clase social particular en la posición privilegiada que detentan, y reciben a cambio una parte pequeña pero significativa de su poder. La relación se vuelve simbiótica: ambas partes se necesitan una a la otra a fin de salvaguardar el estado de cosas: los Ventura necesitan a los sirvientes para preservar Marulanda. En tiempos normales, el poder está en control de los Ventura, pero en momentos de emergencia —como el golpe encabezado por Gomara— tienen que depender más de los sirvientes y permitirles, aun cuando sea temporalmente, una mayor participación en la toma de decisiones e instrumentación de las mismas. Los Ventura necesitan a los sirvientes para mantener el grado de *confort* que consideran ideal; los sirvientes a su vez necesitan el trabajo para vivir. Ambos comparten los mismos valores e ideas, pese a la diferencia en posiciones.

Una parte importante de la ideología de los Ventura consiste en crear la impresión de naturalidad, inevitabilidad e incluso necesidad en la manera en que su sociedad particular se ha constituido y establecido. En este contexto, no sorprende escuchar las explicaciones de los Ventura con respecto a los nativos: son peligrosos, primitivos y retrasados —no importa que ellos mismos contribuyan en gran medida a ello. Para subrayar la peligrosidad de los nativos, los Ventura se basan en el mito de que son antropófagos. Sin embargo, uno de los niños más lúcidos, precisamente el hijo de Gomara, Wenceslao,

> jamás dudó que éstos [los antropófagos] fueran otra cosa que una fantasía creada por los grandes con el fin de ejercer la represión mediante el terror, fantasía que ellos mismos terminaron por creer, aunque este convencimiento los obligara a tomar costosísimas medidas de defensa para los hipotéticos salvajes. Es verdad que su existencia se venía asegurando en la familia de generación en generación, toda una historia basada en tradiciones inmemoriales, sin la cual, quizá, la familia perdería cohesión, y por lo tanto, poder (p. 34).

Los Ventura logran mantenerse separados de los niños y de los nativos, además de los sirvientes; al mismo tiempo, logran imprimirles sus valores. Un ejemplo cómico de la adaptación casi mecánica de la ideología, valores y opiniones de los Ventura surge cuando el Mayordomo exclama: "Lo que es a mí, todos los niños me parecen idénticos, como los chinos o los negros, y, fuera de unos cuantos, los confundo a todos" (p. 281). Compárese esta opinión cuando el narrador afirma sobre los Ventura: "...porque los sirvientes, como los chinos y los negros, eran todos iguales fuera cual fuere su rango" (p. 272).

La presencia del comentario autorial y la exploración de un estilo preciosista son características nuevas en la obra de Donoso. Pero hay una continuación de su trabajo anterior. Por ejemplo, detectamos la presencia de la dicotomía burguesía-servidumbre y el tema de la decadencia. La presencia de los nativos añade otro elemento, pero el centro de la acción reside en la dicotomía mencionada. En cuanto a la decadencia, en un sentido alcanza un clímax, con respecto a la descripción de la burguesía encarnada en los Ventura. Otro nivel interesante de *Casa de campo* que podría explorarse en el futuro es considerar a esta novela como el reverso de *El obsceno pájaro de la noche*. Otro común denominador entre estas dos novelas es la exploración de un momento de crisis.

Casa de campo es en una instancia importante, una metáfora del Chile de 1973 y después. Marulanda puede identificarse con Chile, el oro laminado de los Ventura es el cobre, los Ventura la ascendiente y dominante burguesía, Adriano Gomara tiene un paralelo con Salvador Allende y el Mayordomo se asemeja al general Augusto Pinochet. Sin embargo, es claro que, al ser una metáfora, hay que tomarla como una sugerencia, y no como una mera calcomanía.

En la metáfora de Donoso hay lugar para explorar la relación entre los Ventura y el exterior. Donoso habla de la relación de esta familia con los "extranjeros", es decir, podría hablarse de la relación de la burguesía local en los países capitalistas subdesarrollados dependientes y las potencias extranjeras entre las que sobresale, con respecto a América Latina, es claro, los Estados Unidos. Los Ventura compran el oro laminado de los nativos que después venderán a los extranjeros. Los Ventura no parecen preocuparse por la ganancia que los extranjeros obtengan en el mercado internacional mientras ellos tengan sus propias ganancias aseguradas. Después de la crisis en Marulanda los Ventura siguen vendiendo el oro a los extranjeros, y consideran venderles incluso la casa de campo. La nacionalidad de los extranjeros nunca se especifica: se les describe como altos, rubios o pelirrojos, y con conductas distintas a las que los Ventura consideran sagradas.

Aun cuando el problema del que se ocupa Donoso es delicado y multifacético, quedan claros ciertos puntos con respecto a su posición. Sus simpatías no residen con los Ventura, esto es evidente. Los critica y condena constante e inmisericordemente, con una ironía dura y caústica. Los describe como:

> figuras de una irrealidad despreciable: debían engañarse a sí mismos hasta creerse voceros de una ética inmaculada para justificar la violencia, en vez de mirarla cara a cara y verla como era, la consecuencia del odio, del rencor, del miedo, de la rapiña, de la innata brutalidad (p. 269).

Esta reprobación a los Ventura, sin embargo, no coloca automáticamente a Donoso del lado de Gomara.

Donoso ciertamente parece admirar y aprobar algunos de los planes e intenciones de Gomara, en principio, pero duda de la instrumentación de la claridad y viabilidad de ciertas medidas. Sin embargo, no condena simplemente a Gomara. La actitud de Donoso se expresa particularmente a través de Wenceslao, quien parece compartir sus opiniones, hasta cierto punto: "¡Qué fácil es juzgar y condenar a mi padre! ¡Y qué cerca de la verdad estarían, pero cuán errados!" (p. 359). Se critica a Gomara, tal vez con razón, por ser débil, por una cierta tendencia al *hubris*, por una falta de eficiencia administrativa, y por una relativa obscuridad en su perspectiva. Donoso se percata de que el problema, en lo que concierne a Gomara, no es sencillo.

La contribución de Donoso a las novelas de la dictadura consiste en relacionar al dictador con la burguesía local, restándole al personaje un cierto grado de importancia e iniciativa, en la medida en que considera al Mayordomo profundamente involucrado con, y representante de los Ventura.

La novela termina en un tono sombrío y escéptico. Marulanda se ha reducido a un lugar caótico, donde imperan el desorden y la violencia. Los Ventura están es-

cindidos por una divisón interna en la que Malvina ha
tomado la cabeza en la relación con los extranjeros; los
niños se encuentran en un estado patético. La imagen
final es de oscuridad: los miembros de la familia de los
Ventura han quedado atrapados en Marulanda en el
tiempo en que los vilanos invaden tierra y aire. Los sobrevivientes de los cambios violentos y batallas previas
aparecen en el suelo, prácticamente sin vida, apenas respirando, bajo la guía de uno de los nativos más viejos
y sabios, quien les ayuda a sobrevivir durante la peligro-
sa época de los vilanos. La vida en la casa parece inexistente, pero al observar más de cerca y con cuidado, se
puede percibir que sus habitantes siguen vivos, comu-
nicándose silenciosamente entre sí, esperando —si bien
pasivamente— el final de los vilanos. ¿Esperando qué?
Donoso no quiere ni puede responder a esa pregunta.

capítulo 11

capítulo II

YO EL SUPREMO
DE AUGUSTO ROA BASTOS

Yo el Supremo,[1] además de ser una auto-reflexión sobre el proceso de la escritura (un punto que se tocará más adelante) es, a un nivel básico, una novela sobre la controvertida figura del Doctor José Gaspar Rodríguez de Francia, quien empezó a participar en el gobierno de su país desde 1811, ascendió al poder en 1814 y permaneció en él hasta 1840, el año de su muerte. Si bien en la novela queda claro por el contexto que Roa se ocupa del Doctor Francia, su nombre no se menciona una sola vez en la obra. El autor se refiere a él simplemente como el Supremo, o el Dictador, como Francia era conocido en su tiempo; su secretario Policarpo Patiño se dirige a él con las formas tradicionales de respeto de Excelencia, Señor, Su merced, vuecencia, Usía, Vuesa-merced. La figura del Doctor Francia en sí misma es polémica. Por tanto, es natural que este lado de su personalidad se revele y desarrolle en el libro de Roa. Roa no intenta tomar posiciones a favor o en contra del dictador. Deja al dirigente presentarse a sí mismo, por así decirlo, sin enjuiciarlo. Así, presenta un caso abierto para que el lector decida.

La novela de Roa plantea varios niveles de interés: tenemos el nivel ocupado con la personalidad del Dictador, el nivel que toca la historia del Paraguay, y aquel en el que el autor explora la dinámica de la escritura. Todos estos niveles están entretejidos en una intrincada red de preguntas: ¿Cuál es la naturalreza de la litera-

---

[1] Augusto Roa Bastos, *Yo el Supremo* (Buenos Aires, 1974).

tura? ¿Cuál es la relación de la literatura con la historia y con la historiografía? ¿Cuál es la relación de la literatura con la verdad?

Yo el Supremo se presenta básicamente, como lo indica el título, desde la perspectiva del dictador mismo. Con mayor frecuencia hasta 1974, las novelas hispanoamericanas que se ocupaban de una u otra manera de caciques, caudillos o dictadores latinoamericanos, solían ver al hombre en el poder desde la perspectiva de quienes estaban bajo sus órdenes y control. Esta situación cambió radicalmente con la aparición de tres de las novelas más reveladoras sobre el tema: *El otoño del patriarca, El recurso del método* y *Yo el Supremo*. La perspectiva que ofrecen estas novelas abre todo un rango de nuevas posibilidades en el tema. Entre éstas, Roa toca la manera en que los dictadores ven a su pueblo, mientras que generalmente en las obras anteriores los autores estaban más preocupados por la manera en que el pueblo veía al dictador. Según el Supremo, contrariamente a una creencia diseminada, es el dictador quien, relativamente hablando, está más restringido por esta relación de gobernante-pueblo, porque la gente puede deshacerse del dictador pero el dictador no puede deshacerse de la gente (p. 385). La relación entre dictador y pueblo se desarrolla eventualmente, según el Supremo, en un doble yugo de dominador (dictador)—dominado (pueblo)—dominadores (pueblo), donde ambas partes dependen mutuamente una de la otra: "Aquí el único esclavo sigue siendo el Supremo Dictador puesto al servicio de lo que domina" (p. 47). El Supremo se percata de que, a un nivel elemental, en una relación de poder entre dos partes tales como dictador y su pueblo, es necesario que una de ellas sea más débil (p. 94). También se da cuenta y reconoce la parafernalia necesaria y el temor que rodea a quienes están en el poder, en un esfuerzo de aprovecharse de, y desarrollar aún más la superioridad de una parte sobre la otra, la cual redunda en una aceptación "natural" de la necesidad de que el más fuerte gobierne al más débil, una vez que se ha establecido esta superioridad. Un nexo simbiótico semejante se establece entre él y su patria: "esta Nación que parí y me ha parido" (p. 182). Esta cita sugiere el aspecto patriarcal frecuente en los dictadores. El modo de gobernar de el Supremo fue muy patriarcal, en el sentido de autoritarismo positivo. Solía dar a quienes se encontraban bajo sus órdenes indicaciones muy precisas de lo que habría de hacerse y la manera en que habría que llevar a cabo estas disposiciones. El Doctor Francia fue también, en un sentido, el creador y preservador del país del Paraguay y su nacionalidad. Según Roa, "como en el caso de las divinidades primigenias de la mitología guaraní, Gaspar de Francia es el Padre-Último-Primero oculto en los arcanos de la historia, pero vivo y actuante en el inconsciente colectivo".[2]

El Supremo considera la división existente entre ricos y pobres como una precondición de la algunas veces inevitable presencia de los dictadores:

> La gente-muchedumbre; en otras palabras, la chusma laborativa-procreativa producía los bienes, padecía todos los males. Los ricos disfrutaban de todos los bienes. Dos estados en apariencia inseparables, igualmente funestos al bien común: Del uno salen los causantes de la tiranía; del otro, los tiranos (p. 44).

Tres autores, Carpentier, García Márquez y Roa Bastos descubrieron que ya no era posible adoptar una perspectiva maniquea de los dictadores como seres totalmente malvados. La vida y obra del Doctor Francia, particularmente, parece ser un caso difícil de evaluar. La actitud de Roa hacia el primer dictador de su país es, comprensiblemente, ambigua. Roa parece aprobar al menos una de las creencias y acciones de Fran-

---

[2] Augusto Roa Bastos, "Algunos núcleos generadores de un texto narrativo" en *Escritura*, No. 4 (1977), p. 170.

cia: su profundo amor por Paraguay y su decisión de mantenerlo independiente, primero, frente a España, y después, frente a Argentina, a quienes consideraba, con razón, como las dos amenazas más grandes a la soberanía del Paraguay en esa época. Brasil era otro peligro. El reconocimiento de esta cualidad no impide al autor, sin embargo, considerar y hacer que el dictador mismo concuerde con el hecho de que al establecer una dictadura extremadamente centralizada y larga, una de las consecuencias casi inevitable es una atrofia política y mental de la mayoría de la gente: "Te convertiste para la gente-muchedumbre en una Gran Obscuridad; en el gran Don-Amo que exige la docilidad a cambio del estómago lleno y la cabeza vacía" (p. 454). Parece haber aquí una trampa inevitable para el Supremo. Pensaba que los paraguayos no estaban listos para una democracia inmediatamente después de la independencia de España, y se consideraba a sí mismo la persona más adecuada para gobernar su país. Inevitablemente, pensando, como la mayoría de los dictadores que él sabía mejor que nadie lo que era mejor para el país, habría de imponer sus propias opiniones y resoluciones sobre un pueblo que apenas comenzaba a estar consciente de su propia existencia independiente. Francia debe haber pensado que el establecimiento de una sociedad más justa e igualitaria era una prioridad, y que podía dejar la preparación de las condiciones para un estado más democrático más adelante. Tuvo éxito, según la mayoría de los críticos, en alcanzar su primera meta y en hacer del Paraguay un país próspero, si bien recluido, a expensas de un aislamiento largo y estricto y, tal vez más significativamente, con un grado relativamente alto de pasividad y atrofia política entre los paraguayos —de la cual no parecen haber podido liberarse totalmente hoy en día (1988).

Desde luego, no todas las dictaduras se preocupan por una redistribución más justa de la riqueza, como la del Supremo. El Doctor Francia llevaba una vida bastante austera, rigurosa y simple, desprovista de lujos superfluos (p. 396). Alrededor de él gravitaba toda la vida del país, desde la determinación de las grandes políticas hasta los detalles más pequeños en el desempeño de las tareas de sus subordinados. Un ejemplo humorístico de esta centralización aparece muy temprano en la novela: se ha rumoreado que el Dictador ha muerto. Uno de sus subordinados en una provincia distante, después de haber escuchado opiniones contradictorias sobre la muerte del Dictador, le escribe directamente al Supremo, pidiéndole que aclare el malentendido (p. 17), puesto que es la única persona capaz de saber y declarar si vive o está muerto.

Roa no omite aquella parte de la vida de un dictador que ha interesado a otros escritores como Carpentier y Lafourcade, pero en particular a García Márquez: la soledad del poder: "si hay infierno, es esta nada absoluta de la absoluta soledad. Solo. Solo" (p. 290).

> Solo. Llevando a cuestas mi desierta persona. Solo sin familia, sin hogar, en país extraño. Solo. Nacido viejo, sintiendo que no podía morir más. Condenado a desvivir hasta el último suspiro. Solo. Sin familia. Solo, viejo, enfermo, sin familia, sin siquiera un perro a quien volver los ojos (p.422).

Estos son sólo dos ejemplos en los que el Dictador y Roa expresan el nexo aparentemente inevitable entre la soledad y el poder.

Otro punto de contacto entre el Patriarca de *El otoño del patriarca* y el Doctor Francia en *Yo el Supremo* es la presencia constante de la muerte. Una gran diferencia es, sin embargo, que en la novela de Roa, también hay imágenes de resurrección (p. 186) y renovación, mientras que el tono general de García Márquez es, como lo indica el título, más otoñal y sombrío. Ambos dictadores aparecen en las últimas etapas de sus regímenes, ya viejos y cerca de la muerte. El Doctor Francia, sin

embargo, debido a una cierta intemporalidad y a-
espacialidad impresa en algunos pasajes, parece algunas
veces estar ubicado en una especie de limbo, más allá de
la vida y la muerte. De hecho, como veremos más adelante, muy dentro de la realidad literaria misma.

Yo el Supremo es también una investigación dentro
de la historia de Paraguay. Esto es inevitable al tratar
con una figura histórica como el Doctor Francia, inse-
parable de su país y de su tiempo. Roa intenta alcanzar
una comprensión de su país en el siglo veinte al ver primero la época en que se inicia su vida independiente
—época en que vivió el Supremo. Hay varios y largos
pasajes con una estricta base histórica, o, mejor dicho,
que tienen su origen en textos historiográficos. Hay otros
en donde ha habido una cierta cantidad de alteración
de tipo borgesiano, en un "interjuego (hecho a base de
préstamos, de alusiones, de plagio deliberado, de alteraciones también deliberadas de textos y documentos)".[3]

La novela se vuelve una Historia, un ensayo, permaneciendo siempre, en última instancia, en el ámbito de
la literatura. En momentos hay una relación estrecha
entre literatura e historia, en otros se atenua, y ello corresponde al plan inicial de Roa de "escribir una *contra-
historia*, una réplica subversiva y transgresiva de la
historiografía oficial".[4] Sin embargo, a través de todo el
libro, detrás de estos juegos literarios e historiográficos,
está la intención de

> escribir una novela en la enigmática historia del Dictador
> Francia como una *contrahistoria* enteramente ficcionaliza-
> da pero que penetrase profundamente bajo el destino de
> la sociedad paraguaya como raíz y suma de la condición hu-
> mana experimentada vivencialmente en circunstancias con-
> cretas y objetivas.[5]

[3] *Idem*, p. 180.
[4] *Idem*, p. 177.
[5] *Idem*, p. 184.

La novela arranca con un panfleto escrito a mano encontrado en la puerta de la catedral, con el estilo y letra del Supremo, sentando las órdenes de lo que habrá de hacerse con su cuerpo después de su muerte: ha de tratársele como el de un criminal ordinario. El Dictador le ordena a su secretario Policarpo Patiño emprender una rigurosa investigación para encontrar al autor del panfleto. El Supremo le indica al secretario cómo llevar a cabo esta pesquisa: mediante un meticuloso examen de la letra, estilo y contenido del panfleto. En un sentido, la investigación emprendida con respecto al panfleto es paralela a la investigación del compilador,[6] en la medida en que todos —el Supremo, Roa y el compilador— buscan al Doctor Francia, a través de una investigación similarmente meticulosa y cuidadosa de sus escritos y los de otras personas en torno a su figura.[7] Aparentemente, nunca se descubre al autor del panfleto. Hay bases para creer, a partir de ciertas indicaciones en la novela, que la persona responsable del pedazo de papel fue el propio Dictador.[8] Algunas de las sugerencias que apuntan a la posibilidad de esta respuesta son las alusiones a los distintos estilos de la letra del Dictador, de acuerdo, no sólo a su humor sino a la hora particular del día; así como la presencia de una letra anónima en los papeles del Supremo, que podrían referirse a los diversos lados de la personalidad del Dictador que se exploran en la novela. Frecuentemente, estos aspectos aparecen de manera independiente uno de otro. Este punto está directamente vinculado con el problema de la identificación del narrador de la novela. En algu-

---

[6] Véase la discusión más adelante.

[7] Véase Ángel Rama, *Los dictadores latinoamericanos*, pp. 37-8.

[8] Véase Alain Sicard en *Seminario sobre "Yo el Supremo" de Augusto Roa Bastos*, p. 123: "A propósito del pasquín que no se encuentra y no se encontrará nunca, es indudable que ha sido escrito por el dictador mismo, y ésa es la causa por la cual está ausente".

nas novelas como ésta, una de las principales claves hacia la comprensión del texto reside en gran medida en la identificación del narrador o narradores. En un sentido, aquí reside parte de la esencia de *Yo el Supremo* de Roa. Paralelo a este problema, está la identificación del tiempo o tiempos en los que el texto está escrito o, más bien, pretende haber sido escrito. La mayor parte de la novela adopta la primera persona del singular, que corresponde al Doctor José Gaspar Rodríguez de Francia en sus múltiples facetas.

Grosso modo, hay dos grandes divisiones en el libro: el texto principal, cuyo autor es, supuestamente, el Dictador; la segunda está escrita por el compilador. Ambas secciones están impresas en distinto tipo y tamaño de letra. La primera parte puede subdividirse a su vez en cuatro secciones. Una es la Circular Perpetua, otra es la Libreta de Apuntes —ambas son dictadas por el gobernante a su secretario Patiño; luego, está el Cuaderno Privado en donde el estadista escribe de su puño y letra. Finalmente, hay algunas secciones "objetivas" vistas, por así decirlo, desde el exterior, que incluyen básicamente diálogos entre el Supremo y su secretario, y algunas veces con otros personajes que jugaron algún papel en su vida, como los hermanos británicos Robertson, el naturalista francés Amadeo Bonpland, los doctores suizos Rengger y Longchamps, el argentino José Artigas, e incluso su perro Sultán.

La segunda gran división, escrita por el compilador, comprende varios aspectos. Algunas veces se presenta como notas a pie de páginas señaladas por un asterisco, explicando o ampliando un punto planteado en el texto principal, subrayando otro con citas de la historiografía disponible sobre el Doctor Francia, pero también contradiciendo ciertos puntos que aparecen en el texto. Las intervenciones del compilador no siempre aparecen como notas; algunas veces se ubican a la mitad de una página, y algunas veces las encabezan. Los tamaños varían y llegan a incluir cuentos o pequeñas historias con respecto a la vida del compilador, siempre con respecto a su relación con la figura del Doctor Francia. Las notas del compilador tienen una cierta progresión a medida que se desarrolla la novela. Tienden a involucrarse más y más con el texto principal, eliminando gradualmente los asteriscos usados al principio, pero distinguiéndose siempre del texto principal con un tipo distinto de letra. El compilador es quien tiene la última palabra en la novela, en una nota final, donde se declara como un mero copiador de diversas fuentes (entrevistas, documentos, cartas) sin una contribución original propia, sólo para contradecir esta pretensión de pasividad después al hablar de sí mismo como un a-copiador, con el doble significado que sugiere, por un lado, la persona que recolecta y, por el otro, la negación de su función anterior como un mero copiador con el prefijo privativo "a". En última instancia, el compilador también es narrador del texto principal, a saber, el propio Roa; por tanto, el libro aparece como una especie de lucha interna (expresada en la escritura) entre distintas máscaras del autor, quien escribe una novela sobre un personaje desde distintos puntos de vista, incluyendo el del propio protagonista; un proceso que tiene lugar frente a los ojos mismos del lector, a medida que vamos leyendo. Una de las preguntas en torno a la novela con respecto a la identidad del narrador la plantea una de las voces dentro del texto: "en un principio creí que yo dictaba, leía y obraba bajo el imperio de la razón universal, bajo el imperio de mi propia soberanía, bajo el dictado de lo Absoluto. Ahora me pregunto: ¿Quién es el amanuense?" (p. 441). Y la respuesta es, tal vez, no sólo una, sino todas las voces en el texto que adquieren vida propia. La pregunta, sin embargo, sigue abierta, como ha observado Nicasio Pereda:

el autor se atribuye el estatuto de *Compilador,* merced al cual, no sólo introduce otros textos, de diversas épocas y orígenes, sino sus propios comentarios, su propia lectura, e incluso se permite —supremo sacrilegio— sembrar la duda sobre la autenticidad o la pertinencia de tal o cual pasaje ("letra desconocida", "al margen"), duda que —resulta obvio decirlo— contamina toda la novela.[9]

El texto principal abarca, como se mencionó antes, cuatro aspectos. Al menos hay dos lados de la personalidad del Doctor Francia ya sugeridos en el título: incluye a la primera persona del singular y la idea de una tercera persona: el Supremo. La idea de una tercera persona puede identificarse con el lado público de su personalidad que, a su vez, tiene al menos dos facetas. Según Patiño, la Circular Perpetua es dictada por el Perpetuo Dictador, mientras que el texto escrito en la Libreta de Apuntes lo dicta el Hombre Supremo (p. 319). Patiño sabe, sin que nadie se lo diga, cuándo escribir en uno u otro libro, dependiendo de la inflexión particular de la voz, y el tono del dictador que le indica dónde incluir un pasaje particular. Roa entiende esto como un caso de división de personalidad, como una escisión entre los aspectos público y privado de la personalidad del Dictador.

La Circular Perpetua es una orden interminable del día dictada a los miembros del gobierno del Doctor Francia, desde los subordinados menores hasta los más prominentes. Las indicaciones del Supremo a sus subalternos cubren todos los aspectos de la administración pública del país, desde la política exterior hasta correcciones de ortografía, sin dejar de lado consejos generales —algunas veces de naturaleza personal, en un modo verdaderamente patriarcal. La Circular Perpetua es dictada a Patiño con alteraciones y correcciones hechas a medida que el texto está en proceso de ser pensado y dictado. Esto apunta a un doble sentido del término dictador desarrollado por Roa: un sentido se refiere al significado más normal de la cabeza autocrática

---

[9] Nicasio Perera en *Seminario sobre "Yo el Supremo"*, p. 136.

de un estado totalitario; y la segunda a alguien que pronuncia un enunciado que habrá de escribirse. Ambos tienen un origen etimológico común en la palabra latina *Dictatum,* que constituía el conjunto de disposiciones ordenadas, precisamente, por un dictador. El Doctor Francia ejercía sus funciones en el mismo espíritu con que los romanos consideraban el puesto de dictador, en otras palabras, como una etapa necesaria en un momento crucial de la vida de un país. Para Francia, Paraguay estaba bajo la amenaza constante de España, y más tarde del gobierno argentino.[10] El dictador en la novela de Roa dicta —en el sentido de poseer el monopolio de la toma de decisiones— y dicta —en el sentido de emitir palabras que habrán de escribirse.

El lado más privado de la personalidad del Dictador aparece en el Cuaderno Privado, donde la lucha entre la coexistencia de los lados público y privado de su personalidad se manifiesta. El lado privado se percata del público, y lo considera más poderoso. Los fragmentos registrados en el Cuaderno Privado tienen la intención, según su narrador, de ser leídos por él mismo, en contraste con la Circular Perpetua, dirigida a todos los miembros de su gobierno. Tanto el Cuaderno Privado como la Circular Perpetua están a menudo incompletos, como se nos dice en una de las notas del compilador cuando el texto se interrumpe de pronto por primera vez: a manera de explicación, escribe que antes de su muerte, el Doctor Francia intentó destruir varios documentos, logró quemar gran parte, pero no todo —el resto se preservó en un estado imperfecto e incompleto. Esta falta de una información completa complica una evalua-

[10] Véase Rubén Bareiro Saguier en *Seminario sobre "Yo el Supremo",* p. 38: "Contrariamente a la actual arbitrariedad autoritaria, la Dictadura fue para Francia una magistratura, en el sentido romano, creada con fines de salvación nacional, en momentos excepcionalmente difíciles para el país. El cumplimiento de las metas ilustra su destacada condición de estadista consumado".

ción general y objetiva del Dictador en tanto que figura histórica, como lo presenta Roa. Además, importa recordar que, en última instancia, nosotros, como lectores, estamos en cierto sentido a merced del compilador, cuya palabra tenemos que aceptar como válida, dentro de ciertos límites. Este problema tiene dos lados —el carácter incompleto de los supuestos papeles dejados por el Dictador, además de la versión del compilador de los mismos— y esta dualidad apunta a una parte inescapable de la limitación del retrato de una personalidad en la literatura: innumerables pensamientos, sentimientos, acciones, motivos, permanecen inevitablemente ajenos al lector.

En una complicación ulterior, se nos dice en el Cuaderno Privado que el propio Supremo trabaja en una noveleta (p. 59): se establece un juego de muñecas rusas, donde Roa es el autor de un autor, introduciendo así una realidad literaria dentro de la realidad literaria de la novela. En otras palabras, tenemos la historia de un dictador (de palabras) que dicta la historia de un dictador (de acciones) —todos bajo los ojos escrutadores e intromisores del supuesto compilador.

Roa se percata de los problemas involucrados en escribir una biografía, como el propio Supremo manifiesta en la novela: "Si a toda costa se quiere hablar de alguien no sólo tiene uno que ponerse en su lugar: Tiene que *ser* ese alguien" (p. 35). Es significativo que la mayoría de los problemas involucrados en la escritura de una biografía se expresen en la novela por boca del Supremo, en otras palabras, precisamente por el personaje cuya biografía pretende escribirse. Si el compilador no puede llegar a ser el Supremo, al menos logra adquirir la pluma mandada a hacer especialmente por el Dictador (p. 214) que proyecta una imagen magnificada de las palabras a medida que se van escribiendo, a través de un juego de espejos y lentes.[11] La referen-

[11] Cómo logró el compilador este deseado objeto es en sí mismo el

cia anterior implica que, pese a intentar escribir sobre un personaje particular, Roa ya reconoce de antemano que la tarea es imposible por definición y que el resultado será inevitablemente un trabajo parcial. Este obstáculo no es lo suficientemente poderoso para impedirle embarcarse en la empresa. El percatarse de tales limitaciones expresa en parte el recurso de Roa de pretender ser el Dictador Francia a fin de poder escribir sobre él, con todas las diversas facetas de su personalidad. Así, cuando el problema parece estar a punto de ser solucionado dentro de los límites preexistentes, nos enfrentamos a una aparente contradicción: "Quien pretende relatar su vida se pierde en lo inmediato. Únicamente se puede hablar de otro" (p. 65). Esta afirmación se pone en práctica en la novela: una vez de parte del propio Francia, dado que habla en el texto sobre *él* y no sobre sí mismo (yo), y la segunda vez por el autor, al ocuparse del Dictador.

El Dictador reflexiona continuamente en torno a la naturaleza de la escritura, del lenguaje y la literatura. Para empezar, hay un juego constante de palabras y significados, algunas veces dividiendo las palabras para ampliar su resonancia o sugerir nuevos sentidos: a-copio, a cuerdos, bufo-nadas. Algunas veces es necesario alterar la ortografía para sugerir un nuevo significado: entreten-y-miento, si-viles, enferma-edad, venéficos, Montes-quién, ¡Oh-mero!, para mencionar sólo algunos.

Las palabras cambian constantemente de significado, según el Supremo, como le dice a Patiño: "Cuando te dicto, las palabras tienen un sentido; otro, cuando las

sujeto de una pequeña historia inserta en una de las notas (pp. 214-18), con valor en sí mismo. Roa aprovecha la situación para hacer una autocita, con referencia a uno de los personajes en *Hijo de hombre* (Madrid, 1969), una práctica en la que ha incurrido antes, al desarrollar en una segunda historia un personaje apenas mencionado en una primera.

escribes" (p. 65), al comentar sobre la transformación que sufre el lenguaje al pasar de la forma oral a la escrita, además de la intervención de otra persona que puede imprimirles su propia comprensión de una palabra al apropiársela. Y, Roa pudo haber continuado, otro más cuando el lector la lee. Este cambio constante convierte a la palabra en un medio ciertamente muy impreciso e inadecuado de comunicación, como se subraya una y otra vez en la novela: "Tal es la maldición de las palabras: Maldito juego que oscurece lo que busca expresar" (p. 224). Y, sin embargo, es el único medio de comunicación para un escritor. Este problema no tiene solución, en un sentido, como anota Sultán (el perro del Supremo):

> En resumidas cuentas lo que en el ser humano hay de prodigioso, de temible, de desconocido, no se ha puesto hasta ahora en palabras o en libros, ni se pondrá jamás. Por lo menos mientras no desaparezca la maldición del lenguaje como se evaporan las maldiciones irregulares (p. 421).

En un sentido importante, *Yo el Supremo* es una novela sobre la escritura de una novela. El Dictador discute algunos de los problemas a los que se enfrentó al dictar y escribir, muy probablemente los que Roa tuvo a su vez, al explorar y experimentar con el doble texto del Doctor Francia y el propio. En un comentario sobre un libro escrito por el Dictador por uno de los hermanos Robertson, el Doctor Francia dice: "Relatan como ajenas sus propias perversidades" (p. 328), afirmación que también puede aplicarse a sí mismo, es decir, una crítica de Roa al Dictador y una auto-crítica. En esta misma línea, en otro momento, después de extraer una mosca de su tintero, el Supremo exclama: "¿Quién me sacará con la punta de su pluma? Sin duda, algún rastrero hideputa cacalibris, a quien desde ahora maldigo" (p. 344). Hay un ataque más a Roa, cuando el Supremo reflexiona sobre su sirviente Pilar y su hijo Macario: "Tiempos después reapareció en una de esas innobles noveletas que publican en el extranjero los escritores migrantes. Raptaron a Macario de la realidad, lo despojaron de su buen natural para convertirlo en la irrealidad de lo escrito en un nuevo traidor" (p. 102).

Yo el Supremo es, así, una auto-reflexión sobre el proceso de la escritura. El texto se expone a medida que está siendo escrito, haciendo aparente el proceso creativo, a la manera de *The Life and Opinions de of Tristram Shandy, Gent.*, de Laurence Sterne, en el siglo XVIII. El lector es testigo de la lucha del escritor para hacer cosas que sabe que por definición están limitadas, pero llevándolas no obstante a cabo, con la reserva necesaria de que al apreciar estos límites los acepta y enfrenta. Un nivel de esta conciencia corresponde, como hemos visto, a los problemas involucrados en la escritura de una biografía. Otro nivel está constituido por las limitaciones inherentes en la comunicación a través del canal imperfecto y traicionero del lenguaje articulado, pero usándolo, no obstante. O cuando la novela discute la compleja relación entre literatura e historia, sin presentar a una o la otra como poseedora de una relación privilegiada con la verdad, sino más bien mostrando las limitaciones de ambos discursos.[12] Hay una esperanza implícita frente a todas estas limitaciones que empuja a Roa a escribir.[13]

[12] Véase Alain Sicard en *Seminario sobre "Yo el Supremo"*, p. 115: "La novela se constituye, entonces, como anti-historiografía. Pero al mismo tiempo, por el juego del doble, muestra la superación necesaria de la subjetividad en la historia. Es allí donde es anti-literaria, en el sentido de superación de simple ficción literaria. En *Yo el Supremo* hay una crítica de la literatura y una auto-crítica del novelista que son constantes".

[13] Dentro de los límites de la novela puede encontrarse una explicación para esta compulsión de escribir pese al reconocimiento de su naturaleza auto-derrotista, en una historia entre las notas del compilador, cuando logra la deseada posesión de la pluma del Supremo. Raimundo, descendiente de Policarpo Patiño, le dice al compilador al

Estrechamente vinculado con el problema de la limitación de la comunicación está la relación entre las palabras y la realidad, la oposición entre las palabras y la acción. Esta antinomia es una obsesión para el dictador a través de toda la novela:

> Escribir no significa convertir lo real en palabras, sino hacer que la palabra sea real (p. 67).
>
> Yo sólo puedo escribir; es decir, negar lo vivo (pp. 102-3).
>
> Cuando nada se puede hacer, se escribe (p. 122).
>
> Decir, escribir, algo que no tiene ningún sentido. Obrar sí lo tiene (p. 219).
>
> Obras quiero yo, no palabras, que éstas son fáciles y la obra difícil (p. 355).

> Los papeles pueden ser rotos. Leídos con segundas, hasta con terceras y cuartas intenciones. Millones de sentidos. Pueden ser olvidados. Falsificados. Robados. Pisoteados. Los hechos no. Están ahí. Son más fuertes que la palabra. Tienen vida propia. Atengámonos a los hechos (p. 228).

Los hechos pueden tener una fuerza independiente y una existencia autónoma, pero ello está constreñido al momento irrepetible cuando ocurre un evento frente a un testigo. Una vez que pertenece al pasado, un evento ya no puede re-existir, sino que se transmite a través de las palabras —o una imagen visual, que también está sujeta a una visión parcial y fragmentada de un evento— de modo que, si aceptamos la supuesta "superioridad" y "realidad" de los hechos sobre las palabras, al final,

---

entregarle la famosa pluma: "No es un regalo. Es un castigo. Escapaste mucho tiempo el tiempo de tu perdición. Yo voy a ser libre esta noche. Vos nunca más vas a ser libre" (p. 218). Raimundo muere esa misma noche después de haber sido liberado, según él, de la pluma, mientras que el compilador, ahora bajo el encanto de la pluma, debe escribir y vivir con ella hasta su muerte.

caemos de nuevo al mismo problema del grado limitado y posibilidad de comunicarse a través de un lenguaje articulado.

Esta antinomia entre palabras y acciones encuentra un paralelo entre los dos aspectos de la personalidad del Dictador. Su lado público puede identificarse con el lado práctico de su gobierno, con las órdenes para hacer cosas, con las acciones, con la historia ("Yo no escribo la historia. La hago" (p. 210). El lado privado puede relacionarse con las palabras y el lenguaje, con la teoría, con un nivel más abstracto de la realidad, con la literatura. Así, en la misma forma en que estos dos aspectos de la personalidad del Supremo coexisten pero en una lucha continua, existe un conflicto semejante en el nivel entre literatura e historia. La posición del dictador con respecto a la literatura y a la historia es muy pesimista, y se ubica con respecto al poder —o falta del mismo— de la comunicación a través de las palabras. En lo que a él respecta, ambos enfoques son falsos:

> Después vendrán los que escribirán pasquines más voluminosos. Los llamarán Libros de Historia, novelas, relaciones de hechos imaginarios adobados al gusto del momento o de sus intereses. Profetas del pasado, contarán en ellos sus inventadas patrañas, la historia de lo que no ha pasado. Lo que no sería del todo malo si su imaginación fuese pasablemente buena. Historiadores y novelistas encuadernarán sus embustes y los venderán a muy buen precio. A ellos no les interesa contar los hechos sino contar que cuentan (p. 38).

De nuevo, una autocrítica de Roa. El Dictador y Roa están conscientes del vasto número de imprecisiones, invenciones y omisiones contenidas tanto en la literatura como en la historiografía. Pero, como en el caso de la imperfección del lenguaje en tanto que un medio de comunicación, del cual, en un sentido, el caso de la literatura y la historiografía es un corolario, no hay alternativa sino sumergirse, a sabiendas, en el mar de imperfección e imprecisión —el único curso posible hacia algún grado de comprensión y comunicación. Roa parece creer en un trabajo combinado de literatura e historiografía: así, la cantidad de imperfecciones e imprecisiones puede duplicarse, pero, de manera semejante, la posibilidad de comunicación y su calidad también puede incrementarse: "Nada mejor que destacar la verdad de los hechos comparándola con las mentiras de la imaginación" (p. 42). Una afirmación que bien podría describir a *Yo el Supremo*. Este punto nos lleva de nuevo a la presencia del doble, como ha observado Alain Sicard:

> todo el juego del doble en *Yo el Supremo* descansa en esta voluntad que hay en Roa Bastos a la vez de denunciar la literatura, la novela, la actividad novelística como una actividad de carácter puramente ideológico, en el sentido negativo del término, y de afirmar la eficacia particular de este nivel ideológico, y de señalar que a través de ella, o sea de la novela como tal, se alcanza una cierta verdad histórica, pero siempre de modo contradictorio.[14]

La aparición de datos históricos alude fundamentalmente al lado público de el Supremo en su ocuparse de cuestiones grandes y pequeñas de su país. Esas secciones están plenamente ubicadas en contexto a través de un prolífico uso de datos y nombres, todos los cuales pueden corroborarse en la bibliografía en torno al Doctor Francia. Para mencionar sólo un ejemplo en la novela donde puede observarse esa intersección entre literatura e historia, me referiré a la sección en donde el Supremo narra su primer encuentro con uno de los hermanos Robertson. En esta narración usa casi exactamente las mismas palabras que el propio Robertson usó para des-

---

[14] Sicard, p. 120.

cribir el evento. Es claro que Roa recopiló su material de esta descripción de Robertson. Así, el material ha sido "procesado" dos veces: el evento en el que Robertson conoció a Francia tuvo lugar; el escocés lo registró, con mayor o menor exactitud de acuerdo con su propia capacidad de observación y expresión, y sus intenciones particulares. Roa luego toma este material ya procesado una vez, y lo pone en la novela como una experiencia propia del Doctor Francia. Mediante este cambio de contexto, sin el uso de comillas denotando su origen, este pasaje adquiere un nuevo significado e intención en *Yo el supremo*, un poco a la manera del "Pierre Menard, autor de *El Quijote*", de Borges. Esta no es la única ocasión en que Roa incurre en esta práctica. La implicación es que la imagen que tenemos del Supremo es resultado de la adición de todas las versiones disponibles de su vida, obra y gobierno. Se sugiere la idea, también presente en Jorge Luis Borges —una influencia importante en Roa, especialmente en lo que respecta a sus cuentos— en el sentido de que la literatura es un proceso colectivo, donde la originalidad carece de importancia real. Esta idea está subrayada por el uso de un término como compilador en lugar de creador, pues Roa cree que "el autor se limita a reunir, coleccionar y acumular materias de otros textos, que a su vez fueron sacados o variados de otros. Lo hace a sabiendas de que no 'crea', de que no saca algo de la nada".[15] En este sentido la nota final del compilador que no aspira a una contribución personal, adquiere exactitud, aun cuando también es cierto que su participación va más allá de un mero copiador, como él mismo apunta a través del uso del término a-copiador. Otra instancia de cómo el Supremo se ha convertido en la suma de todas las imágenes disponibles sobre él, aparece en una conversación entre el Dictador y Patiño, temprano en la novela:

[15] "Algunos núcleos generadores de un texto narrativo", p. 186.

A vuecencia yo siempre lo veo trajeado en uniforme de gala, con su levita azul, el calzón blanco de cachemir. Ahora que acaba de volver del paseo lleva puesto el pantalón de montar color canela, algo esponjado en las entrepiernas por el sudor del caballo. Tricornio. Zapatos de charol con hebillas de oro. . .Nunca usé hebillas de oro ni cosa alguna que fuese de oro. Con su perdón, Excelencia, todos le han visto y descrito con este atuendo y figura (p.100).

Y de hecho, no sólo Robertson describió al Dictador en esta forma, sino el propio Roa en *Hijo de hombre,* con hebillas doradas y el resto del uniforme que menciona Patiño. Nunca ha sido más exacto describir a un personaje vivo en la realidad literaria como construido de palabras: el Dictador escribe y dicta palabras, al mismo tiempo que su imagen, su personalidad, se crean también con palabras —las de Roa, entre las de otros.[16] En un sentido, no importa si el Doctor Francia usó o no hebillas doradas: lo que importa es que se le ha descrito varias veces usándolas, y que esa imagen se ha convertido, adecuadamente o no, en parte de su personalidad. La suma de descripciones es la única evidencia con la que contamos para afirmar o negar las proposiciones sobre el Dictador, pese a lo que él pueda afirmar en la novela. La única "prueba", por así decirlo, de la existencia del Dictador, yace dentro de los límites de la realidad literaria, como el propio Supremo medita:

Por momentos tengo la sensación de estar viendo todo esto desde siempre. O de haber vuelto después de una larga ausencia. Retomar la visión de lo que ya ha sucedido. Puede también que nada haya sucedido realmente salvo en esta escritura-imagen que va tejiendo sus alucinaciones sobre el papel (p. 214).

[16] Véase Sicard, p. 119: "para Roa no se escribe la historia sino que se 'es escrito' por la historia".

Las palabras, en un sentido, son lo único que tenemos y de lo único de lo que podemos depender, parece decir Roa.

La constante auto-conciencia de la propia novela en tanto que texto, en tanto que literatura, además de la multiplicidad de voces en ella, bastarían para alcanzar un grado considerable de complejidad. La dificultad se incrementa cuando observamos el papel de las diversas escalas temporales en la novela. A menudo, predomina el presente, mientras el Supremo dicta y escribe desde su presente histórico en el siglo diecinueve. Pero hay pasajes en los que el Dictador parece estar consciente del hecho de que ya está muerto, y de su *status* de personaje literario, y por tanto habla desde un tiempo y espacio indeterminados, al margen de la muerte, materializado y hecho realidad sólo a través del poder de la escritura.

La impresión de presente histórico algunas veces se rompe e interrumpe deliberadamente. Considérese el siguiente pasaje: "Al llegar frente al retrato, los ocupantes ataviados para la escena descienden y representan Tancredo. María Gregoria Castelví y Juan José Loizaga [abuelo del triunviro traidor que guardará mi cráneo en el desván de su casa]. Se lucen en los papeles de Cruzado y la Clorinda" (p. 263). La mezcla de tiempos, del presente en el que el evento está supuestamente sucediendo —esto es, el siglo diecinueve— combinados con el presente en el que se escribe la novela —a saber, el siglo veinte de Roa, y, en un sentido, también el del Supremo— permite al Dictador ciertas "predicciones" que Roa sabe se basan en hechos —o mejor dicho, en recuentos de hechos— y hace que su Supremo literario comparta esta información sobre lo que ya ha sucedido y por tanto pertenece al pasado. Los corchetes, como los de la cita anterior, enriquecen y complican considerablemente la perspectiva del texto, subrayando una vez más la auto-conciencia del texto, la conciencia del Dictador

de su *status* de personaje literario y la lucha y juego constantes entre historia y literatura. Al compilador le gusta
bromear con esta capacidad profética del Doctor Francia, como dice en una nota: "Como se verá en el Apén-
dice, también esta predicción de El Supremo se cumplió
en todos sus alcances" (p. 278).

También vale mencionar el uso del gerundio combinado con el uso de infinitivos que dan la impresión de
inmediación, de los eventos narrados a medida que se
dictan y/o escriben por el Supremo en el siglo diecinueve, aun cuando siga vivo en el veinte. Asimismo en el
tiempo del compilador hay dos lados: uno es indetermi-
nado, a la manera de un ensayo, en un presente académico, que emana claramente del siglo veinte; y el
segundo en donde su presente coincide con el del Dictador, a través del acto mismo de escribir, de tal manera
que vemos, por así decirlo, al compilador en el mismo
siglo diecinueve en donde el Supremo dicta o escribe,
oculto pero listo a comentar esta o aquella afirmación,
y donde el Doctor Francia se percata de esta presencia y
poder del intromisor o, al revés, el compilador en el
siglo veinte en compañía del Supremo del siglo diecinueve. O, de nuevo, ambos en la realidad hasta cierto
punto intemporal de la literatura. En cualquier caso, el
Doctor Francia se percata de la presencia del compilador
y de su poder sobre él, y sin embargo parece tener un
cierto grado de vida independiente e inteligencia propia. En uno de los diálogos entre el Dictador y Amadeo
Bonpland —uno de los numerosos personajes de su vida pasada con los que establece este tipo de conversaciones imaginarias— exclama: "¿Habla usted ahora con
mis palabras? ¿Me está copiando? ¿O es mi corrector y
comentarista el que vuelve a interrumpir nuestra char-
la?" (p. 290).

Yo el Supremo, junto con *El otoño* y *El recurso*, cambian radicalmente la perspectiva en las novelas sobre el
tema de las dictaduras y los dictadores. La distancia entre autor y personaje desaparece. Un gran camino se ha

recorrido desde *Amalia,* pasando por *Tirano Banderas* y *El señor presidente.* La figura del dictador ya no es un ente lejano, mítico, casi metafísico —no en *Amalia,* por cierto. Es un personaje de carne y hueso, complejo y rico, multifacético, visto desde dentro.

capítulo 111

EL RECURSO DEL MÉTODO
DE ALEJO CARPENTIER

1. Civilización y barbarie

Desde las primeras líneas de *El recurso*[1] nos encontramos con uno de los temas que ha atraído a Alejo Carpentier, no sólo en esta novela publicada en abril de 1974, sino también, bajo formas distintas, en su obra narrativa previa. Se trata de la coexistencia de dos lugares, culturas, modos de vida, civilizaciones distintas, entre los que fluctúan los personajes. En *El recurso*, estos dos opuestos están representados por Europa y Latinoamérica, a los que en la novela se refiere con acá y allá, dependiendo del lugar de ubicación del personaje.

El Primer Magistrado piensa en las primeras páginas de *El recurso*: "Este despertador será un portento de relojería suiza, pero sus agujas son tan finas que apenas se ven" (p. 11). En esta afirmación podemos detectar una admiración por un objeto europeo, un reloj suizo, supuestamente lo mejor en su tipo. Éste es el primer eslabón de una larga cadena de lugares comunes con respecto a cierta actitud de latinoamericanos hacia Europa que habrán de expresarse en la figura del Primer Magistrado.[2] Esta admiración en América Latina viene en

---

[1] Alejo Carpentier, *El recurso del método*, segunda edición (México, 1974).

[2] Es claro que esta actitud existe no sólo en América Latina pero es tal vez más notable en los países en vías de desarrollo debido a sus posiciones más vulnerables en las sociedades orientadas hacia el consumismo.

gran medida desde el exterior, como una imposición, como un valor externo y se vuelve una convención social —independientemente del valor o no de los objetos europeos admirados. Por otro lado, en aparente contradicción, los latinoamericanos mezclan este respeto por objetos extranjeros con un amor algunas veces exagerado que se acerca peligrosamente al chauvinismo con respecto a sus propios países y culturas. El Primer Magistrado es, en este sentido, como muchos otros latinoamericanos que admiran y aman visitar Europa, pero que viajarán con parte de sus enseres y alimentos domésticos, a fin de recrear el hogar y extrañarlo lo menos posible. El Primer Magistrado siempre carga su hamaca porque, dice, "nunca he podido descansar en rígida cama de colchón y travesaño" (p. 11), en otras palabras, nunca se ha podido adaptar a una idea occidental de comodidad —nótese también el uso lejos de inocente del adjetivo "rígida" en este contexto. Otra razón por la que prefiere la hamaca, dice, es que "necesito un acunado de chinchorro para ovillarme, con su cabuyera para mecerme" (p. 11), sugiriendo así un vago nexo freudiano con su patria, o mejor dicho, con su matria. Este detalle apunta a una de las características que constituyen una parte fundamental de la personalidad del Primer Magistrado en tanto que representante de muchos otros latinoamericanos que también pertenecen a una élite privilegiada: él es un "hombre de mundo", alguien que admira sinceramente a Europa —a Francia en particular— que piensa que "París seguirá siendo el Santo Lugar del buen gusto, del sentido de la medida del orden, de la proporción, dictando normas de urbanidad, elegancia y saber vivir, al mundo entero" (p. 25). Pero, al mismo tiempo, está profundamente enraizado en su propia tierra y cultura, una de cuyas características es la hamaca. Así, el Primer Magistrado duerme en una hamaca pero, por otro lado, o mejor dicho, y, tiene un reloj suizo en su mesa de noche, una alfombra persa en el piso, cuadros franceses y cortinas de brocado en las ventanas.

116

El Primer Magistrado vive una relación ambivalente tanto con Francia como con su propio país. Cuando regresa por primera vez a América Latina para poner fin al levantamiento de Ataúlfo Galván, dice, "aflojado en mis iras por el reencuentro con lo mío, advertí, en el pálpito de una iluminación, que este aire era mi aire" (p. 44). Y más adelante: "A medida que me henchía del aire de mi aire, me iba haciendo más Presidente..." (p. 46). De manera semejante, cuando regresa a París con el pretexto de consultar especialistas europeos[3] sobre su reumatismo, exclama: "Los médicos de acá, con su avanzada ciencia, vencerían el mal. Además, el ambiente, este movimiento, esta alegría, esta civilización, exhalación, hincharse el pecho... —se sentía uno mejor" (p. 91).

Los latinoamericanos en Europa, como cualquier extranjero en un país nuevo, comparan constantemente sus experiencias presentes con lo que dejaron atrás. A menudo la patria empieza a aparecer bajo una luz nueva, bajo la influencia de un proceso natural y comprensible de idealización. La diferencia de paisaje entre París, cuando empieza la novela y la patria del Presidente es notable. En lugar del "volcán —nevado, majestuoso, lejano, antigua Morada de Dioses" (p. 11), a través de la ventana de su casa en la Rue de Tilsitt ve el Arco del Triunfo, sin adjetivos. El volcán es parte de un paisaje natural, fuera de proporciones humanas; el Arco es un producto totalmente realizado por el hombre, con todo el peso de la civilización.

No sólo el Presidente de Carpentier, sino muchos intelectuales y artistas latinoamericanos, entre los que se contaba el propio escritor cubano, llevaron este tipo de vida anfibia entre Europa y América Latina. Según Luis Harss, Carpentier:

[3] Carmelo Prato, esto es, Cipriano Castro, en *Oficio*, también va a Europa a consultar a los mejores especialistas médicos.

Ha bogado entre dos mundos. En uno los relojes se detuvieron hace rato. En el otro corren más rápido cada día. Carpentier ha conocido la fatiga del que se adelanta dejándose atrás. En esta actitud gimnástica, lo vemos encarnando a un pueblo que a través de los siglos ha necesitado siempre distancia y desapego para reconocerse en su tierra. Europa fue el punto de mira.[4] El camino del descubrimiento —de la iluminación, como podría decir Carpentier en su fraseología algo estrepitosa— pasaba por el desarraigo y el nomadismo.[5]

Por ende, después de haber experimentado personalmente esta irresistible atracción entre dos mundos, no es accidental que encontremos personajes desgarrados entre dos culturas, dos modos de vida, desde *Ecue-Yamba-O*[6], la primera novela de Carpentier, publicada en 1933.[7] Aquí, Menegildo "Había considerado siempre con envidia a los que osaban aventurarse más allá de las colinas que circundaban el San Lucio" (p. 66). *Allá* denota la vida de ciudad, en oposición a San Lucio, una comunidad rural.

Esta dicotomía ha sido apuntado también por Pedro Lastra en su ensayo "Aproximaciones a *Ecue-Yamba-O*".[8] Lastra, siguiendo a Carlos Santander, no circunscribe la dicotomía sólo a niveles espaciales. "Esa oposición", dice Lastra,

(Campo-ciudad en *Ecue-Yamba-O*, América [Africa] Europa en *El reino de este mundo*, por ejemplo), se resuelve en

[4] Y dentro de Europa, París probablemente goza de un lugar sobresaliente en la estima de los intelectuales latinoamericanos.

[5] Luis Harss, *Los nuestros*, quinta edición (Buenos Aires, 1973), p. 54.

[6] Alejo Carpentier, *Ecue-Yamba-O* (Buenos Aires, 1974).

[7] Véase Angel Rama, *Los dictadores latinoamericanos,* p. 45. Esta dicotomía se sigue en *La consagración de la primavera* y en *El arpa y la sombra*.

[8] Pedro Lastra, "Aproximaciones a *Ecue-Yamba-O*" en *Asedios a Alejo Carpentier*, Klaus Muller-Bergh, editor (Santiago, 1972).

118

rigor en oposición de mundos, atrayendo la noción de temporalidad: El tiempo del origen —el del presente, y que constituye para el novelista, como dice Santander, "el principio ordenador del cosmos" al plasmar a través de los personajes de la Revelación la intuición básica de que el *allá* maravilloso es nuestro *aquí* americano —caribeño en su concreción— y que este aquí posee una realidad inmediata, aparente o primera, no muy distinta tal vez de cualquiera de las otras que nos fatigan, y, sin embargo, al modo de la triada dialéctica —en ella misma, en sus texturas, contiene una *realidad segunda*— el *allá* —definido por el modo peculiar de encontrarse el querer hacer europeo, la voluntad europea y su Razón con un alma en que percuten asordadas voces tribales.[9]

En *El reino de este mundo* Carpentier se ocupa de Henri Christophe, el negro haitiano que se declaró a sí mismo rey y emperador y construyó un castillo de mármol a la moda del siglo dieciocho en medio de la selva. Henri Christophe es tal vez la primera manifestación en la obra de Carpentier de su interés en tiranos y dictadores, realizado plenamente en *El recurso*.

El narrador de *Los pasos perdidos* es probablemente un ejemplo más conspicuo de la dualidad de la que se ha venido hablando, pues vive en mundos contradictorios que se excluyen entre sí y sin embargo existen en el mismo continente. El narrador y protagonista se enfrenta a la posibilidad de una vida completamente nueva, natural y plena en Santa Mónica de los Venados, en oposición a la mecanización, alienación y vacío en la moderna ciudad del Norte (supuestamente Nueva York). Santa Mónica de los Venados representa para el narrador al mismo tiempo un futuro paradisiaco y un pasado primitivo y natural. Aquí, la dualidad se vuelve claramente de una naturaleza espacio-temporal. Al final de la novela, Santander cree que el héroe ha logrado "la hazaña

[9] Lastra, pp. 44-5.

de recorrer el antagonismo del *aquí y del allá*. Con su ida de un mundo al otro ha logrado una cosmovisión integradora de la dualidad experimentada, el estrato eminente de la más alta intuición: una concepción del mundo y de la vida".[10] El narrador de *Los pasos perdidos* emerge de su experiencia como una especie de síntesis viva frustrada de esos dos mundos opuestos. Su vida en la ciudad del Norte era vacía y futil, pero.resulta ser demasiado inepto para ajustarse al ritmo de Santa Mónica de los Venados. El punto de vista de Carpentier en torno a esta cuestión habría sido totalmente distinto y, en cierto sentido, utópico, si el narrador hubiera sido capaz de vivir armoniosamente en Santa Mónica. Evidentemente, es demasiado tarde para él: ya carga con el inescapable y pesado fardo de la civilización occidental —hubiera sido ingenuo negar esta realidad. Pese a la fascinación que Santa Mónica ejerce sobre él, Carpentier ciertamente no propone que los latinoamericanos urbanos abandonen sus ciudades en busca de una comunidad primitiva como Santa Mónica; como tampoco plantea que se deba ignorar la existencia de tales comunidades. Se trata más bien de encontrar una síntesis adecuada, una suerte de fusión de ambos mundos sin que ninguno de los dos pierda demasiado.

Esteban en *El siglo de las luces* también vive la atracción hacia dos mundos o dimensiones. Su viaje a Francia primero aparece como una aventura maravillosa, pero, a medida que pasa el tiempo, y como resultado de una serie de desilusiones y de la imposibilidad de una participación activa, empieza a extrañar a su patria.

Parecería que en algunas de las novelas de Carpentier existe una Tierra Prometida hacia la cual se encaminan los personajes. Pero una vez que llegan a ella, o

---

[10] Carlos Santander, "Lo maravilloso en la obra de Alejo Carpentier" en *Homenaje a Alejo Carpentier*, editado por Helmy Giacoman (Nueva York, 1970), p. 143.

bien este paraíso idealizado no alcanza a satisfacer sus 'xpectativas, y la patria se convierte en un ideal perdido, una añoranza por el pasado, o bien ambos procesos transcurren simultáneamente.

Otro escritor latinoamericano importante quien, a partir de su experiencia particular expresa en la literatura, al igual que Carpentier, esta brecha entre Europa y América Latina, especialmente en una novela, *Rayuela*, es, desde luego, Julio Cortázar. Esta novela está abiertamente dividida en dos partes: *del lado de acá* y *del lado de allá*. Esta dicotomía, entre muchas otras cosas, se refiere a París y Buenos Aires. Oliveira, como Cortázar, Carpentier y muchos otros intelectuales y artistas latinoamericanos, parecería, sólo puede entender, aprehender su propio país una vez que lo ha abandonado o, en cualquier caso, después de establecer cierta distancia con la patria. De la misma manera en que para Cortázar *el lado de acá* representa un tipo de pasado arquetípico, el *allá* del Presidente de Carpentier (cuando está en Europa) representa sus orígenes, sus raíces, del mismo modo que *el lado de allá* en *Rayuela* y *acá* en *El recurso* (cuando el Presidente está en París) alude a la tradición entera de la civilización occidental.

Como dice Luis Harss en *Los nuestros*[11] al ocuparse de Carpentier, es como si algunos intelectuales latinoamericanos tuvieran que visitar Europa, experimentarla de primera mano, a fin de descubrir por sí mismos lo que consideran valioso, para desmistificar lo que representa cuando se la ve de lejos, y, finalmente, y probablemente lo que es más importante, para apreciar mejor sus países desde la distancia, para aceptar y percatarse de lo que significa ser un latinoamericano y lo que esto representa tanto en contraste con el contexto europeo como con el propio.

No se trata de descartar completamente a Europa y lo que representa para América Latina: ello sería tanto

[11] Véase Harss, p. 54.

imposible como inútil. Muchos intelectuales de los países en vías de desarrollo se han percatado de ello.[12] En la misma línea de Leopoldo Zea en *Dependencia y liberación*, al hablar de *Los pasos perdidos*, Klaus Muller-Bergh apunta que "El tema no termina en un rechazo completo de la cultura occidental" porque Carpentier "halla la esencia de lo americano en una fusión de diversas corrientes culturales. . . de la que también forma parte la herencia europea".[13] En la búsqueda de la identidad latinoamericana, el estudio de la cultura europea se convierte en un medio, en un fin. La lucha para preservar esta distinción ha sido un elemento constante en Carpentier, como observa Roberto González Echevarría:

> En todos los casos [*Los pasos perdidos, El siglo de las luces, El acoso*] plantea Carpentier el debate central de su obra que es el debate central de su personalidad de creador: el desgarramiento entre sus raíces europeas y su apasionado descubrimiento de un mundo real, auténticamente maravilloso.[14]

Así, el surrealismo, un movimiento eminentemente europeo, le enseñó a Carpentier "a ver texturas, aspectos de la vida americana que no había advertido".[15] No se trata de que los latinoamericanos descarten la cultura europea, entonces, sino de intentar alcanzar un equilibrio sano entre una atención con tendencias a la exageración a la civilización occidental, y una atención insuficiente a nuestra cultura latinoamericana. Carpentier, como José Martí en *Nuestra América*, lamenta profundamente la orientación europea demasiado presente

[12] Véase Leopoldo Zea, *Dependencia y liberación* (México, 1974).
[13] Véase Klaus Muller-Bergh, *Alejo Carpentier* (Madrid, 1972), p. 95.
[14] Roberto González Echevarría, "Ironía y estilo en *Los pasos perdidos* de Alejo Carpentier" en *Asedios a Carpentier*, p. 132.
[15] César Leante, "Confesiones sencillas de un escritor barroco" en *Homenaje a Alejo Carpentier*, p. 15.

en la educación latinoamericana en general. El Primer Magistrado en *El recurso* estudió historia en la escuela y

> francés, con textos donde más lugar ocupaba —era natural— el Vaso de Soissons que la batalla de Ayacucho, más importancia tenía la jaula del Cardenal de La Balue, evidentemente, que la Conquista del Perú, dándose mayor relieve, por fuerza, al San Luis de las Cruzadas que al Simón Bolívar de Carabobo aunque se nos enseñaba, como dato interesante, que su nombre había pasado a designar un sombrero de copa, muy usado en París por los elegantes de principios de siglo pasado (p. 67).[16]

Carpentier es irónico con respecto a los ejemplos relativamente poco importantes de la cultura occidental en oposición a los eventos fundamentales de la historia de América Latina que se han soslayado. Y la ocasión en que se menciona a alguien de la importancia de Bolívar para América Latina, se hace de nuevo con base en un detalle nimio, y siempre en relación con Europa.

Esta desproporción conspicua entre una orientación marcada hacia lo extranjero en la educación latinoamericana y la escasa atención dada a la historia local se incrementó (particularmente después de la Segunda Guerra Mundial), apunta Carpentier, con la influencia expansionista de los Estados Unidos en todos los campos. Además de la consiguiente sustitución del inglés por el francés.

> El Cid Campeador, Rolando, San Luis, la Reina Católica, Enrique IV emigraban de los libros de historia, con tizona, olifante, encina centenaria, joyas empeñadas, gallinas en puchero y todo, siendo ventajosamente reemplazados por

[16] Compárese con José Martí, *Nuestra América* (Buenos Aires, 1939), p. 16: "La historia de América, de los Incas a acá, ha de enseñarse al dedillo, aunque no se enseñe la de los arcontes de Grecia que no es nuestra. Nos es más necesaria".

Benjamín Franklin, con párarrayos y Almanaque del Pobre Ricardo; Washington en Mount-Vernon. . . (p. 213).

Esta colonización cultural afecta lenta pero firmemente a todos los niveles de la vida de la comunidad, incluso en tradiciones de tiempos antiguos como la Navidad: en lugar de los típicos nacimientos, señala Carpentier, se compran y decoran árboles de Navidad, y en lugar de los Reyes Magos, Santa Claus trae regalos a los niños.

Tal vez el *hobby* del Cónsul estadounidense de coleccionar raíces (p. 285) sea una metáfora de Carpentier para ampliar la penetración de pulpo de la influencia de los Estados Unidos en América Latina. Estas raíces coleccionadas por el Cónsul, una vez arrancadas de su habitat natural, pierden vida y significado, de la misma manera que los árboles a los que sostenían y alimentaban, mueren.

En uno de sus momentos chauvinistas, el Primer Magistrado, en plena indignación sobre la ignorancia general en Europa con respecto a América Latina, considera que ello se debe a una indiferencia cuyo origen reside en un sentimiento de superioridad. En consecuencia, el gobernante adopta la siguiente estrategia, en un esfuerzo desesperado de alcanzar, a su vez, una posición semejante —cayendo víctima, por tanto, del mismo defecto que critica a los europeos: "Vírgenes teníamos nosotros, Vírgenes de verdad, y era tiempo que se les quitaran las ínfulas a estas gentes de acá, sumidas en una ignorancia suicida de cuanto no fuese lo propio" (p. 112). Detrás de la indignación del Presidente podemos ver a Carpentier, sonriendo, consciente del hecho de que la cantidad e importancia de las vírgenes *acá y allá* es claramente irrelevante dentro del contexto del problema de la supuesta superioridad europea.

La dicotomía representada por Europa y América Latina podría considerarse tal vez como una ampliación de lo que se expresó durante el Renacimiento y se puso de manifiesto en el descubrimiento para los ojos euro-

124

peos, del llamado Nuevo Mundo, a saber, el "contraste secular entre naturaleza y cultura"[17] como lo llamó Pedro Henríquez Ureña. En un sentido, es también la dicotomía entre civilización y barbarie, como la planteó Domingo Faustino Sarmiento en su Facundo (1845). Tal vez uno pueda considerarlo también como otra manera de expresar el contraste entre lo que se ha identificado con el pensamiento cartesiano, esto es, la Razón, asociada por lo general con el pensamiento occidental, y una manera intuitiva de pensar y actuar, asociada con los países y pueblos "bárbaros".

Civilización y barbarie es una antinomia que se ha explotado desde hace tiempo en la literatura latinoamericana. En tiempos recientes, su principal exponente fue tal vez el venezolano Rómulo Gallegos con su *Doña Bárbara* de 1929. Santos Luzardo encarna la lucha constante entre emociones, intuiciones y la razón, entre un modo de vida urbano y otro rural: "Es necesario matar al centauro que todos los llaneros llevamos dentro"[18], exclama. Luzardo sufre constantemente el conflicto entre su propósito de civilizar, de introducir la razón en el marco rural, y el supuesto llamado de la sangre:

> Ya tenía, pues, una verdadera obra, propia de un civilizador: hacer introducir en las leyes de Llano la obligación de la cerca. Mientras tanto, ya tenía también unos pensamientos que eran como ir a lomos de un caballo salvaje, en la vertiginosa carrera de la doma, haciendo girar los espejismos de la llanura.[19]

El Presidente de Carpentier en *El recurso* tiene presente esta dualidad civilización-barbarie en América Latina. Esta conciencia, sin embargo, no significa necesaria-

---

[17] Pedro Henríquez Ureña, *Las corrientes literarias en la América Hispánica*, tercera edición, (México, 1969), p. 19.
[18] Rómulo Gallegos, *Doña Bárbara* (Caracas, 1964), p. 142.
[19] *Idem*, p. 165.

mente que pueda superarla. El Presidente ve el problema más en términos de un hecho, de un destino inevitable, de una determinación. La adquisición de una rara y valiosa edición del *Facundo* le hace "emitir amargos conceptos sobre el dramático destino de los pueblos latinoamericanos, siempre trabados en combate maniqueísta entre civilización y barbarie, entre el progreso y el caudillismo" (p. 42). No asombra que un miembro del grupo dominante en un país latinoamericano vea el problema en términos de un destino inevitable. Los destinos sólo pueden sufrirse, no cambiarse. Un cambio implicaría tal vez un derrocamiento del régimen existente, esto es, el fin del éxito del Primer Magistrado tanto en términos políticos como económicos (personales). Es interesante observar que esta amargura frente a lo que para el Presidente es un hecho inevitable está acompañada por una admiración, prácticamente un orgullo, en el retraso y carácter salvaje de los países subdesarrollados. Un ejemplo excelente puede apreciarse en el momento en que el Primer Magistrado comenta cuestiones militares, tanto en Europa como en América Latina:

Alabo la compostura y disciplina de un pueblo donde un joven de modesto origen puede, por sus virtudes y laboriosidad, alzarse al plano de los militares que, antes de disparar un cañón, saben, por cálculos y logaritmos, cuáles habrán de ser la trayectoria y alcance un obús. (Mis artilleros, por lo general, determinan el alza y ángulo de una pieza por el método empírico —aunque milagrosamente eficaz en algunos casos, hay que reconocerlo— de "tres manos arriba y dos a la derecha con un dedo y medio de rectificación, hacia la casa aquella del techito punzó. . . ¡Fuego! . . . Y lo mejor es que dan en el blanco (p. 15).

En este párrafo hay una auténtica apreciación del orden, del conocimiento científico, la disciplina y el control y, sin embargo, hay más admiración, amor y entusiasmo por lo que puede pasar en los países subdesarrollados

126

con más intuición que ciencia, con más suerte que conocimiento. Menegildo comparte este mismo orgullo en *Ecue-Yamba-O* frente a los yanquis: "Ante ellos llegaba a tener un verdadero orgullo de su vida primitiva, llena de pequeñas complicaciones y de argucias mágicas que los hombres del Norte no conocerían nunca".[20]

El ejemplo anterior también nos refiere a lo que se ha considerado como una diferencia vital en actitudes entre Europa y los Estados Unidos, esto es, países industriales y América Latina, a saber, que los primeros son evidentemente más avanzados y civilizados de acuerdo con un patrón dado de medida, pero, al mismo tiempo, y probablemente debido a esas mismas razones —en el sentido del "costo" que han tenido que pagar para alcanzar su etapa presente de desarrollo— empiezan a ser sociedades almidonadas, cerradas, petrificadas, mientras que las segundas siguen siendo flexibles. La rigidez de Europa en comparación con la flexibilidad de América Latina se expresa en el siguiente párrafo:

Porque *allá* —ahora allá de *allá*— seguía el puerto marítimo de Basilea en sus quehaceres renanos del Año Mil, en tanto que el Sena de los *bateaux-mouche* seguía medido por los inmutables trancos del Pont-Neuf de los chamarileros y tabarines renacentistas, mientras que aquí, en la hora de ahora, se trepaban las selvas sobre las selvas, se trastocaban los estuarios, mudaban el curso de los ríos abandonando sus cauces de la noche a la mañana, en tanto que veinte ciudades construidas en un día, llevadas del embostado al mármol, de la zahurda al alcázar, de la guitarra payadora a la voz de Enrico Caruso, caían en ruinas, de repente, andrajosas y abandonadas, apenas un salitre cualquiera hubiese dejado de interesar al mundo (p. 45).

Imposible ignorar la apabullante presencia de la naturaleza, su inevitable presencia en la vida de los países

[20] *Ecue-Yamba-O*, p. 65.

latinoamericanos. El progreso, en uno de sus sentidos, tiene que ver precisamente con el control y maestría de la naturaleza para servir las necesidades humanas, dentro de un respeto por la misma. Y es cierto afirmar que, hoy en día, este control requiere de un esfuerzo mayor en América Latina que en Europa, debido a diferencias accidentales y geográficas, así como un menor desarrollo tecnológico. La relación entre hombre y naturaleza en ambos continentes es uno de los elementos que contribuye a establecer un tipo distinto de carácter en cada caso. Esta relación es lo que le hace a Carpentier escribir en *El recurso*:

> Y es que, según él [el académico], por carecer de espíritu cartesiano (es cierto: no crecen plantas carnívoras, no vuelan tucanes ni caben ciclones, en *El discurso del método*. . .) somos hartos aficionados a la elocuencia desbordada, al *pathos*, la pompa tribunicia con resonancias de fanfarria romántica. . . (p. 22).

También hay una referencia en la penúltima cita al juego de política internacional y transacciones económicas. No es raro ver en los países subdesarrollados una dependencia de un solo producto. Así su posición en el mercado internacional, como se ha observado innumerables veces, resulta muy vulnerable en la medida en que su ingreso está controlado, por así decirlo, por fuerzas ajenas a su voluntad. De la misma manera en que una crisis económica puede resultar de la caída en las exportaciones, estos países pueden de pronto experimentar *booms* sorprendentes, como el que experimentó América Latina durante las dos guerras mundiales:

> Nunca había conocido la Nación una época tan próspera ni tan feliz. Con esta Guerra Europea —que, a la verdad, y mejor no decirlo, está resultando una bendición de Dios— el azúcar, el banano, el café, el balatá, alcanzaban cotizaciones nunca vistas. . . (p. 147)

El *boom* económico conllevó un crecimiento en las áreas urbanas. Con respecto al crecimiento de las ciudades en su tiempo, Descartes observó que,

> las obras compuestas de varias piezas y hechas por varias personas, no son tan perfectas como las ejecutadas por una persona. . . .Las antiguas ciudades, que en un principio fueron caseríos y poco a poco han ido transformándose hasta llegar a su estado actual, son mucho más irregulares que esas poblaciones que, creadas por una exigencia más o menos imperiosa o con un fin más o menos importante, se han desarrollado en muy poco tiempo, por obra de los esfuerzos armonizados de una sola generación. Las calles de las primeras, son desiguales y tortuosas, como si fuera el azar, y no la voluntad de los hombres, el que las ha colocado así. Las calles de las segundas, son más simétricas, trazadas con arreglo al mismo plan.[21]

No sólo el Presidente de *El recurso* carece de espíritu cartesiano, sino todo el país, toda América Latina. El crecimiento urbano en este subcontinente no ocurre de modo alguno como Descartes hubiera deseado, a juzgar por la cita anterior; lo que puede suceder en América Latina es que "cada arquitecto, empeñado en la tarea de hacer edificios más altos que los anteriores, sólo pensaba en la estética particular de *su* fachada" (p. 149)

El contraste que hemos venido examinando ha estado presente en toda la obra de Carpentier. En *Los pasos perdidos* hay una alusión particularmente sobresaliente a lo que después se convertirá en una preocupación central en *El recurso*, a saber, la manera en que el pensamiento cartesiano choca con las llamadas culturas bárbaras:

---

[21] René Descartes, *Discurso del método; Meditaciones metafísicas; Reglas para la dirección del espíritu; Principios de la filosofía*, traducción de Manuel Machado (México, 1974), p. 13.

Durante más de veinte años, una cultura cansada había tratado de rejuvenecerse y hallar nuevas savias en el fomento de fervores que nada debieran a la razón. Pero ahora me resultaba risible el intento de quienes blandían máscaras del Bandiagara, ibeyes africanos, fetiches erizados de clavos, contra las ciudades del *Discurso del método*, sin conocer el significado real de los objetos que tenían entre las manos. Buscaban la barbarie en cosas que jamás habían sido *bárbaras* cuando cumplían su función ritual en el ámbito que les fuera propio —cosas que al ser calificadas de "bárbaras" colocaban, precisamente, al calificador en un terreno cogitante y cartesiano, opuesto a la verdad perseguida.[22]

El método cartesiano, afirma Carpentier, no basta para entender culturas basadas en sistemas distintos de pensamiento. Hablar de culturas bárbaras en esta forma sólo trae a la luz el hecho de que el método cartesiano pertenece a los países dominantes que se colocan en una posición de superioridad y miden a las culturas ajenas con su propio rasero.

El contraste entre Europa y América Latina también fue, en un sentido importante, la preocupación central en *El siglo de las luces*. El novelista cubano le dijo a Miguel Roa en una entrevista publicada en *Granma* en 1974:

Cuando publiqué *El siglo de las luces* mis editores se alarmaron, diciendo, "Pero esto no parece una novela. Es más un ensayo sobre el siglo XVIII". Yo les dije, "le puse ese título debido a que la era de la Ilustración, que se considera ejemplo de sentido común, del pensamiento filosófico, paz y tranquilidad y muchas otras cosas fue, de hecho, una de las eras más sangrientas —una economía basada en el esclavismo, represión, castigos, brujerías, masacres de protes-

---

[22] Alejo Carpentier, *Los pasos perdidos*, tercera edición (Argentina, 1973), pp. 250-1.

tantes, etc.— en la historia de la humanidad. Por tanto, se trata de un juego de palabras.[23]

La misma idea básica prevalece a través de *El recurso*. Esta novela, Carpentier le dijo a Miguel Roa en la misma entrevista,

> es el *Discours de la Méthode* de Descartes al revés, porque, en mi opinión, América Latina es el continente menos cartesiano en el que puede pensarse. Así, mi obra se convierte *Le discours de la méthode/Le recours de la méthode*, porque los 22 capítulos están constantemente interrelacionados por una serie de reflexiones de Descartes, tomadas de sus *Discours, Meditaciones metafísicas* y *Reglas para la dirección del espíritu* que, pese al pensamiento rígido detrás de cada una, constituyen la justificación de una serie de acciones simplemente salvajes. En otras palabras, hay un choque constante entre una manera cartesiana de pensar que, aplicada incorrectamente, podría justificar los peores excesos o, en otras palabras, exactamente lo opuesto de lo que pensaba Descartes —algo frecuentemente visto en nuestro hemisferio.[24]

2. EL PAPEL DE LA HISTORIA

Los editores de Carpentier le dijeron que *El siglo de las luces* no parecía una novela; se asemejaba más a un ensayo sobre el siglo XVIII.[25] De la misma manera, *Ecue-Yamba-O* está muy cerca de ser una investigación antropológica sobre las santerías en Cuba y *El reino de este mundo* no está lejos de ser un estudio de un periodo particular en la historia de Haití —todas, no obstante, son al mismo tiempo novelas.

[23] Miguel Roa, "Alejo Carpentier, Recourse to Descartes", *Granma*, Habana, 2 de junio de 1974. La traducción es mía.
[24] *Granma*. El uso de las citas de Descartes se ampliará más adelante.
[25] *Granma*.

Detrás de El recurso, como detrás de las obras de Carpentier, reside una investigación profunda y cuidadosa de un historiador riguroso. Una vez que la etapa de investigación concluye —y fácilmente puede llevarse "diez años de lecturas, de tomar notas, de trabajo"[26] como en el caso de El recurso— prácticamente no existe improvisación. De acuerdo con sus métodos estrictos de trabajo, la versión de Carpentier de un dictador latinoamericano fue cuidadosamente planeada. "Yo sería totalmente incapaz de escribir un artículo sin saber muy exactamente lo que debo decir en él",[27] mucho menos una novela, Carpentier le confesó a César Leante.

Carpentier siempre dio una importancia definitiva al marco histórico en que se desenvuelven las acciones de sus novelas. Para él, la historia, más que un marco, se convierte en ocasiones en el tema principal del libro. En su entrevista con Leante, en torno a El siglo de las luces, el novelista cubano afirmó lo siguiente:

> Me apasiono por los temas históricos por dos razones: porque para mí no existe la modernidad en el sentido que se le otorga, el hombre es a veces el mismo en diferentes edades y situarlo en su pasado puede ser también situarlo en el presente. La segunda razón es que la novela de amor entre dos o más personajes no me ha interesado jamás. Amo los grandes temas, los grandes movimientos colectivos. Ellos dan la más alta riqueza a los personajes y a la trama.[28]

A juzgar por la manera en que esta idea se plantea en las obras de Carpentier, la primera parte de esta afirmación necesita aclararse. A primera vista, decir que "el hombre es a veces el mismo en diferentes edades y situarlo en su pasado puede ser también situarlo en su presente" podría implicar la idea de que el "hombre"

---

[26] *Idem.*
[27] Leante, p. 30.
[28] *Idem*, pp. 29-30.

es, o puede ser, la misma entidad abstracta a través de las eras. Con base en la obra de Carpentier, me parece que este autor cree en una esencia humana abstracta de una manera muy obvia y dentro de un marco limitado; es decir, el hombre tiene ciertas necesidades básicas que demandan satisfacción: la manera en que esto se ha llevado a cabo ha variado a través del tiempo, pero las necesidades permanecen constantes. La obra de Carpentier muestra que no cree que se pueden aislar países, pueblos, ni individuos de sus contextos más amplios históricos, sociales, políticos y geográficos. Para Luis Harss, "Carpentier es sobre todo un cronista. Su mirada se fija por momentos en las figuras individuales, pero sólo para calzarlas dentro del marco histórico".[29] En este sentido, Carpentier pertenecería a la categoría de escritores que, según las palabras de Georg Lukács, tienen "una visión clara de la historia como proceso, de la historia como condición previa, concreta, del momento presente".[30] Así, en este sentido, es cierto que, para Carpentier, hablar del pasado puede significar un comentario sobre el presente. O, en las palabras del propio Carpentier: "Sólo el pasado capaz de seguir viviendo en el presente, por su valor específico de belleza, cuenta para mí."[31]

Algunas veces se ha afirmado que la visión que Carpentier tiene de la historia es la de un ciclo. *Ecue-Yamba-O*, por ejemplo, se inicia con el nacimiento de Menegildo (un niño de una familia campesina pobre) y termina con el nacimiento, en la misma choza, del hijo de Menegildo, poco después de la muerte de éste, y la narración transcurre prácticamente con las mismas palabras. El hijo de Menegildo, uno se inclinaría a pensar, segui-

[29] Harss, p. 63.
[30] Georg Lukacs, *La novela histórica*, traducción de Jasmín Reuter, segunda edición (México, 1971), p. 18.
[31] Alejo Carpentier, *Crónicas* (Habana, 1976), vol. II, p. 473.

rá los pasos del padre. En *El reino de este mundo,* los haitianos sufren un gobierno opresivo que es sustituido por otro de la misma naturaleza. Los latinoamericanos en *El recurso* también experimentan situaciones sucesivas semejantes: una revuelta militar surge y termina, luego otra, sólo para ser suprimida de nuevo. Tanto Galván como Hoffman, los rebeldes militares, de tener éxito, hubieran seguido la misma línea gubernamental del Primer Magistrado. El Presidente en *El recurso* piensa: "La historia, que era la suya puesto que en ella desempeñaba un papel, era historia que se repetía, se mordía la cola, se tragaba a sí misma, se inmovilizaba cada vez" (p. 128). Esto parecería confirmar que Carpentier tiene una visión cíclica de la historia. El hombre, parecería, es una especie de Sísifo moderno, condenado eternamente a empujar la roca hacia arriba, sólo para verla descender una y otra vez. Para el Presidente, todo tiene que permanecer igual. Paradójicamente, para asegurar el *statu quo,* tienen que llevarse a cabo algunos cambios:

> El cuchillo clásico al que cambian el mango cuando está gastado, y cambian la hoja cuando a su vez se gasta, resultando que, al cabo de los años, el cuchillo es el mismo —inmovilizado en el tiempo— aunque haya cambiado de mango y hoja tantas veces que ya resulten incontables sus mutaciones (p. 129)

Esta es la misma idea de Leopoldo di Lampedusa en *El gatopardo*: las cosas tienen que cambiar para permanecer iguales.

Una vez que se establece un ciclo, parecería, se requiere casi de una fuerza sobrenatural para romperlo. Para el hijo de Menegildo, por ejemplo, será prácticamente imposible contemplar un futuro que no sea pobreza, ignorancia y superstición. Rara vez las acciones de un solo hombre bastan para alterar radicalmente el patrón de un ciclo existente.

Dentro del panorama de un ciclo puede decirse, entonces, el tiempo se detiene. En el ciclo establecido por la dictadura del Primer Magistrado en *El recurso*, hay un

tiempo detenido en un cuartelazo, toque de queda, suspensión de garantías constitucionales, reestablecimiento de la normalidad, y palabras, palabras, palabras, un ser o no ser, subir o no subir, sostenerse o no sostenerse, caer o no caer, que son, cada vez, como el regreso de un reloj a su posición de ayer cuando marcaba las horas de hoy... (p. 129)

El estancamiento del tiempo se subraya con los pensamientos del Presidente en torno a su reloj suizo al comienzo de la novela, luego, de nuevo al final del tercer capítulo —prácticamente a la mitad del libro— y, finalmente, en el ocaso de la vida del Presidente, poco antes del cierre del libro.

Una forma evidente de detectar el paso del tiempo es en relación con cambios. En el país del Primer Magistrado hay pocos cambios fundamentales. Y cuando ocurren, siguen un patrón predictible, como en el caso de las revueltas armadas de Galván y Hoffman. No hay una posibilidad real de cambio para el Presidente, y ciertamente él no lo desea. Cualquier alteración en su política básica incluiría incrementar la tensión de todos los hilos de los que depende su gobierno y que dependen de él. La única posibilidad de algún tipo de cambio aparece cuando la tensión de uno de los hilos, o de varios al mismo tiempo, crece tanto que demanda una alteración en el equilibrio. En *El recurso*, esta situación surge después de un largo régimen de represión sostenida bajo el liderazgo del Primer Magistrado. Hay un sentimiento creciente de insatisfacción, expresado en la revuelta dirigida por Miguel Estatua y entre otros grupos, que empiezan a crear una oposición organizada. Esto coincide con el debilitamiento de la vitalidad del Presidente debido simplemente a su edad avanzada, junto con un decremento en el apoyo a su régimen de parte de los Estados Unidos.

Por tanto, más que una visión cíclica de la historia en Carpentier, sería más adecuado hablar de ciclos, sostenidos por la fuerza de cada uno de los elementos componentes. Cambiar de una persona a otra no implica alterar significativamente el diseño básico: los papeles siguen siendo los mismos. El ciclo mismo es el que debe romperse. Esto es precisamente lo que el Estudiante quiere decir en *El recurso* cuando le responde a Julio Antonio Mella:[32] "Y hace cien años que se repite el espectáculo", "hasta que el público se canse de ver lo mismo" (p. 327). Esta misma metáfora del espectáculo político, sugerida al inicio de la novela cuando observamos al Primer Magistrado cuidando su apariencia personal de la misma manera en que lo haría un actor antes de salir a escena (pp. 16-17), se continúa en la conversación entre Mella y el Estudiante:

Tumbamos a un dictador —dijo el Estudiante—: Pero sigue el mismo combate, puesto que los enemigos son los mismos. Bajó el telón sobre un primer acto que fue larguísimo. Ahora estamos en el segundo que, con otras decoraciones y otras luces, se está pareciendo ya al primero (p. 326).

El nuevo gobierno de Luis Leoncio Martínez y el del Primer Magistrado son partes del mismo ciclo. La misma metáfora de permanencia y continuidad se usa en relación con la revuelta de Galván. El Estudiante se percata en ese momento de que el acceso de Galván al poder meramente implicaría una simple sustitución en el mismo juego: "Cambiaban los jugadores en torno al mismo tablero, y se proseguía una inacabable partida empezada hacía más de cien años. . ." (p. 50). No son los jugadores los que necesitan sustituirse para producir un cambio, sino

---

[32] El personaje del Estudiante está inspirado en gran medida en Julio Antonio Mella. Por tanto, ésta es una especie de conversación entre un ego y un alter ego.

que se debe poner fin al juego y comenzar de nuevo. Carpentier sabe que no hay una respuesta simple y universal a la pregunta de cómo puede romperse el ciclo; *El recurso* es, sobre todo, una novela y no un manual; por tanto, no hay indicaciones en el texto del camino que puede seguirse si se desea un cambio radical. Sin embargo, de la posición política de Carpentier y su papel en la política exterior de Cuba, puede decirse que creía que el camino se ubicaba dentro de un marco revolucionario.[33]

Carpentier puede compararse a Sir Walter Scott en el sentido de que en sus novelas "el lector vive la génesis histórica de las figuras históricas señeras, y la tarea del escritor consiste en hacerlas actuar en tal forma que aparezcan como verdaderos representantes de esas crisis históricas",[34] como afirma Lukacs en *La novela histórica.* El novelista cubano coincide con el británico en ver "la caracterización histórica de tiempo y lugar, el 'aquí y ahora' histórico" como "la conjunción y el entrelazamiento de unas crisis en los destinos personales de una serie de hombres como resultado de una crisis histórica".[35]

El escritor cubano evita deliberadamente lo que podríamos denominar una caracterización psicológica a la manera, digamos de Henry James; está preocupado, como le dijo a César Leante, por los movimientos más amplios y generales y por los contextos que, en última instancia, condicionan las vidas individuales. Ve a un individuo en la medida en que es representativo de un grupo más amplio de personas en circunstancias semejantes. Al ver a un individuo particular, le interesa mostrar cómo esos contextos sociales particulares afectan una vida particular.[36] Según Luis Harss, Carpentier:

[33] Esta actitud se confirma en *La consagración de la primavera.*
[34] Lukacs, p. 40.
[35] *Idem*, pp. 42-3.
[36] Esta afirmación sigue siendo cierta con respecto a *La consagración de la primavera.*

137

desprecia lo que llama "la novelista psicológica", calificativo que para él parece definir cualquier libro que contenga situaciones emotivas o pasionales de más interés subjetivo que inmediata pertinencia social. Si su punto de vista parece un poco drástico, no hay que olvidar que lo que le interesa no es la experiencia individual, sino "la sustancia épica".[37]

El propio Carpentier situó su obra dentro del género épico, como resultado de su interés en un tema particular: "donde hay bloques humanos en presencia, en pugna, en ascenso o descenso, en miseria u opulencia, en quiebra o encumbramiento, la materia a tratar, para el novelista, se torna una materia épica".[38] La épica, en el caso de Carpentier, puede definirse en términos de peso.[39] En *El recurso*, Carpentier se ocupa nada menos que de la historia de América Latina en la primera mitad de este siglo.[40] Así, de acuerdo con sus propias ideas, Carpentier, al hablar del pasado reciente de este subcontinente, comenta sobre su estado presente. En este respecto, sus novelas pertenecen claramente al género épico pues se ocupa, según la clasificación de John Erskine, con el destino de una nación o raza.[41]

Aun cuando en un sentido es evidente, me parece importante subrayar que en la cita anterior Carpentier habla de sí mismo; es decir, son sus opiniones tanto como escritor como como hombre. Está más interesado en lo que, siguiendo la terminología de Jean-Paul Sartre, llama contextos:

[37] Harss, p. 75.
[38] Alejo Carpentier, *Tientos y diferencias* (Argentina, 1976), p. 38.
[39] Paul Merchant, *The Epic*, segunda edición (Harmondsworth, 1977).
[40] Este mismo amplio panorama, desde un punto de vista distinto, se continúa en *La consagración de la primavera*.
[41] Citado por René Wellek y Austin Warren en *Theory of Literature*, cuarta edición (Harmondsworth, 1976), p. 228.

Contextos políticos, contextos científicos, contextos materiales, contextos colectivos; contextos relacionados con una disminución constante de ciertas nociones de duración y de distancia (en los viajes, en las comunicaciones, en la información, en los señalamientos...); contextos debidos a la praxis de nuestro tiempo.[42]

Pero no debido a que desprecie el nivel individual o los problemas psicológicos personales, como Harss parece implicar, sino más bien porque cree que puede encontrar una explicación más coherente, completa y plausible de una vida individual si se la ubica dentro de sus contextos específicos. Es en este sentido que debe entenderse la siguiente afirmación de Carpentier, inserta en uno de los ensayos de *Tientos y diferencias*: "No es pintando a un llanero venezolano, a un indio mexicano (cuya vida no se ha compartido en lo cotidiano, además) como debe cumplir el novelista nuestro su tarea, sino mostrándonos lo que de universal, relacionado con el amplio mundo, puede hallarse en las gentes nuestras".[43]

Carpentier cree que un novelista contemporáneo en América Latina debe estar particularmente consciente de su momento histórico, "lo cierto es que si ayer hubo verdades que señalar, hay, en nuestros días nuevas verdades, mucho más complejas que toca al novelista nuestro apuntar en dimensión mayor".[44] El uso de verbos como señalar y apuntar muestra que no cae en la trampa fácil de confundir la literatura con propaganda o con discurso político. De hecho, afirma que "un buen trabajo de economista acerca de la tragedia del estaño en América, con cifras, con fotografías, es mucho más útil que una novela sobre el estaño —novela que sólo será leída, además, en caso de serlo, por los dueños del estaño y de

---

[42] *Tientos y diferencias*, p. 18.
[43] *Idem*, p. 12.
[44] *Idem*, p. 37.

las minas o por quienes viven a su sombra".[45] Yo preferiría señalar que la diferencia entre un estudio científico y una novela no es tan clara. Preferiría considerar el tipo de literatura que escribe Carpentier como complementaria, tal vez incluso como un acompañante necesario a una investigación científica rigurosa —independientemente de su valor propio en tanto que literatura. Es claro, por otro lado, que el propio Carpentier cree que la literatura tiene, o podría tener, algún tipo de efecto distinto al puramente estético sobre sus lectores; de otro modo, es probable que no se ocupara de los mismos temas. Debe apuntarse, sin embargo, que con el tiempo es probable que incluso el propio Carpentier haya abandonado la idea de que la distancia entre un "buen trabajo de economista" y una novela sobre el mismo tema es, o deba ser, tan marcada. En la entrevista ya mencionada con Miguel Roa, publicada diez años después de *Tientos y diferencias,* al hablar de un proyecto de novela sobre la Guerra Civil española —que debe haber sido después *La consagración de la primavera,* a juzgar por sus primeras páginas— declaró: "este aspecto de la lucha en donde participaron combatientes latinoamericanos en la Guerra Civil española —hubo muchos cubanos y mexicanos— apenas ha sido estudiada por medio de la novela".[46] No es accidental que use la expresión "estudiar a través de la novela", con la implicación de que hay distintos niveles de estudios que pueden alcanzar distintos resultados, dependiendo de la manera en que se aborde el problema. Debido a su naturaleza, la literatura, y, para ese caso, el arte en general, llegan a regiones inaccesibles para la ciencia. "La ciencia y el arte" escribe Ernst Fischer, "son dos maneras muy diferentes de dominar la realidad, y toda comparación directa nos llevaría al error. Sin embargo, es indudable que

[45] *Idem,* p. 32.
[46] *Granma.*

el arte también descubre nuevos dominios de la realidad haciendo visible y audible lo que antes era invisible e inaudible".[47]

Antes de la aparición de Carpentier en la escena literaria latinoamericana, la tendencia general era de un regionalismo concentrado, manifestado especialmente en el uso de expresiones locales. Como observa correctamente Harss, "Carpentier fue quizá el primero de nuestros novelistas en tratar conscientemente de asumir la experiencia latinoamericana en su totalidad, por encima de las efímeras variantes regionales y nacionales".[48] Con respecto al tema de las dictaduras y los dictadores en la novela, recordemos que Valle-Inclán intentó abarcar toda América Latina en su novela, a través de la inclusión de diversos regionalismos, mientras que Asturias, a través del énfasis en el cargo y no en la persona, amplió el ámbito de los dictadores a todo el subcontinente.

Pese a tener algunas veces un marco preciso, especialmente en sus primeras novelas, por ejemplo, Cuba en *Ecue-Yamba-O*, Haití en *El reino de este mundo*, Cuba de nuevo, Francia y España en *El siglo de las luces*, desde *Los pasos perdidos*, el novelista se ocupa de manera más general de América Latina en su conjunto. Desde un punto de vista histórico, tanto *El recurso* como *La consagración de la primavera* son sus dos obras más ambiciosas. En *El recurso* se ocupa de la historia de la América Latina en las primeras décadas de este siglo. Más precisamente, en las palabras del propio Carpentier,

la acción de mi novela se inicia en 1913 y sigue con una sincronización de eventos y eras hasta 1927, con alusiones a diversos eventos históricos. Más tarde, hay un periodo que

[47] Ernst Fischer, *La necesidad del arte*, traducción de J. Solé Tura, cuarta edición (Barcelona, 1975), p. 254.
[48] Harss, p. 52.

141

lleva a mi personaje central a los treinta y cuarenta, con un pequeño epílogo de dos páginas llamado "1972".[49]

En su marco histórico preciso, Carpentier siempre da la sensación de redondez y complejidad del trozo de historia que ha elegido, ligado inextricablemente tanto con lo que lo precede como con lo que lo sucede.

En *El recurso* nunca hay una alusión específica a un país en particular, o, mejor dicho, hay muchos datos que se refieren a muchos países. El país de América Latina del Primer Magistrado se presenta como una fusión de todos ellos. Para mencionar sólo uno de los varios ejemplos, a principios del capítulo cuatro, cuando el general Hoffman se hunde lentamente en el fango —imagen tomada, por cierto, del Fierro de Pancho Villa— grita: "Una soga. . .Una reata. . .Una correia. . .Sáquenme de aquí. . . Pronto. . . Una soga. . . Una reata. . . Una cabuya" (p. 136).[50]

3. LA FIGURA DEL DICTADOR

El antecedente directo de la figura del dictador en *El recurso* de Alejo Carpentier puede encontrarse en el personaje de Henri Christophe en *El reino de este mundo*. Esta novela no se ocupa enteramente del dictador haitiano y de hecho no trata primordialmente el tema de los dictadores y las dictaduras. Sin embargo, caben breves apuntes sobre el dictador negro.

La historia de Haití ha sido tan patética como la de Paraguay en lo que respecta a dictadores y pobreza. Haití declaró su independencia de Francia desde 1804. Sólo

[49] *Granma.*

[50] Éste, es un sentido, es el mismo recurso usado por Valle en *Tirano Banderas*, en búsqueda de una universalidad lingüística. Carpentier tiene más éxito debido a su profundo conocimiento de América Latina y el español hablado en ella.

cuatro años después, Henri Christophe inició su periodo en el poder, que se extendió hasta 1820, en la ciudad norteña de Cap-Haitien. Entre otras cosas, la fama de Henri Christophe se debe a la construcción de la ciudad de la La Ferrière en lo alto de una montaña, y de su castillo real Sans Souci. En la novela de Carpentier, la oposición de su pueblo al dictador emana de la traición fundamental a sus compatriotas, a todos los niveles. Adoptó costumbres, modas y vestidos franceses, abandonó los ritos de vudú por la religión cristiana. En *El reino de este mundo* se le presenta brevemente durante la construcción de la ciudadela y en las últimas etapas de su régimen, su suicidio y entierro. La descripción de Henri Christophe: "Chato, muy fuerte, de tórax un tanto abarrilado, la nariz roma y la barba algo hundida en el cuello bordado de la casaca",[51] recuerda la del gran Burundún-Burundá de Jorge Zalamea.[52]

En más de una forma, el centro de *El recurso* está ocupado por la figura del Presidente. Aparte de *Los pasos perdidos*, basado completamente en el narrador-protagonista, ésta es la única otra novela en donde un solo personaje desempeña un papel tan importante. El Primer Magistrado en *El recurso* es un hilo conductor, que da coherencia y sentido, pero también es un personaje en sí mismo, por su propio derecho. El Presidente no es sólo un prototipo, un representante de todos los dictadores latinoamericanos, también es —y esto sin duda es un acierto en la novela— un personaje completo, con gustos, preferencias, temores, cualidades y defectos particulares que contribuyen a la conformación de una personalidad específica. Pese a la posición central del Presidente en la novela, la narración no se hace a todo lo largo a través de su punto de vista, si bien es cierto que es definitivamente su visión la que prevalece. De

---

[51] *El reino de este mundo* (Santiago, 1969), pp. 107-8.
[52] Véase capítulo I, sección "Fantasías satíricas".

hecho, domina la tradicional tercera persona. Cuando aparece la primera persona, siempre se refiere al propio Presidente —con dos excepciones: una, a principios del segundo capítulo, en un pasaje muy breve, donde oímos a uno de los compañeros del Primer Magistrado hablar, probablemente Peralta, su secretario personal, doctor y amigo; y la otra en el cuarto capítulo, donde hay algunas oraciones habladas por la Mayorala Elmira.

En tres ocasiones en la novela el narrador adopta un tono de conversación con el lector. En el capítulo cuarto, hay dos intervenciones del siguiente tipo: "y alacranes que eran 'de un tanto así de largo' (dispensando el modo de señalar)" (p. 135); y, al hablar del General Hoffman, "hallóse casi solo el rebelde, seguido de sus últimos partidarios —y vayan ustedes a saber lo que éstos traían en las cabezas—" (p. 136). Aquí, el narrador busca un contacto más estrecho con el lector. El tercer ejemplo ocurre en el quinto capítulo, cuando el narrador enlista las novedades en juguetes llegadas a América Latina como resultado de la influencia de los Estados Unidos: "artefactos mecánicos, plumas comanches, tablas de *oui-ja* para jugar al espiritismo —¡dígame usted!— y panoplias vaqueras" (p. 222). Aquí, el narrador busca la misma cercanía mencionada antes y la complicidad del lector en su asombro teñido de indignación debido a las sustituciones de viejas tradiciones.

Además de la primera persona en singular, la primera persona en plural es la que le sigue en frecuencia e importancia. De nuevo, puede decirse que en general se refiere al Presidente, como si usara el plural mayestático, cuando habla en tanto que Primer Magistrado de su país, o cuando habla en nombre de su gobierno. Hay otras instancias en las que el grupo detrás del "nosotros" representa ciertas secciones de la sociedad latinoamericana. Por ejemplo, cuando la Gran Guerra está en proceso: "Al fin y al cabo, aquello que pasaba en Europa no lo habíamos armado nosotros. De nada teníamos la culpa. El Viejo Continente había fallado en

144

lo de ofrecerse como un ejemplo de cordura" (p. 167). Otra instancia en la que la voz plural puede identificarse con América Latina aparece en el siguiente pasaje: "Lo teníamos todo: espacio, tierra, frutas, níckel, hierro. Éramos un país privilegiado en Mundo del Futuro" (p. 205). En otro momento en el que se usa la primera persona del plural, se puede detectar detrás del discurso la noción de los dictadores latinoamericanos haciendo declaraciones en torno a uno de sus enemigos comunes y tradicionales: el comunismo: "No eran muchos, por suerte, los partidarios de esa doctrina sin porvenir, ajena a nuestras costumbres. . ." (p. 186). Los comentarios anteriores no están exentos, es claro, de un toque irónico, diseñado tal vez por Carpentier para burlarse de ciertas pretensiones y nociones idealistas con respecto al futuro del sub-continente. En el rubro de lo que se dice poseemos, todo puede clasificarse como "occidental": Carpentier parece implicar que lo que importa no es tanto la existencia de esa riqueza, sino lo que habrá de hacerse con ella. Hay otra observación irónica, usando la misma persona gramatical, con respecto a la guerra, cuando el Primer Magistrado se incluye con los Aliados, colocándose al mismo nivel de participación e importancia que los Estados Unidos, un factor decisivo en la victoria final:

> Los europeos —estaba demostrado— eran incapaces de vivir en paz, y había tenido el Presidente Wilson que atravesar el Atlántico para ir a poner orden en sus asuntos. Pero esta vez había sido la última. Nunca más nos molestaríamos en aportar nuestras jóvenes energías a la defensa de una cultura cuyo eje de gravitación —era tiempo ya de proclamarlo— se había desplazado hacia América.

Hasta ese momento, el Primer Magistrado ha sido deliberadamente ambiguo: uno podría suponer que habla en nombre de América en tanto que continente, pero, después del guión, continúa: "—del Norte, desde luego, en espera de que nosotros, los de más abajo, acabáramos de librarnos de la maldita tradición que nos tenía viviendo en pretérito" (p. 215). En esta segunda parte de la cita el Presidente confiesa y reconoce la distancia entre los Estados Unidos y América Latina.

Uno de los momentos más efectivos en la novela tiene lugar durante la entrevista entre el Estudiante y el Primer Magistrado. Se inicia con la tercera persona, para luego cambiar de un punto de vista al otro, hasta que, en las palabras de Carpentier, "se entabló un contrapunto de voces que no salían de labios para afuera" (p. 236). Presenciamos dos monólogos interiores simultáneos que se intercalan para formar prácticamente una conversación debido a la yuxtaposición literal de pensamientos, así como a la continuación temática entre un conjunto de pensamientos y el siguiente. Este diálogo interior es el espontáneo, el verdadero, en tanto que el exterior es el formal, el de las convenciones.

De la misma manera en que en *El recurso* no hay una indicación específica en cuanto al país en cuestión, el Primer Magistrado es una conglomeración de varios de los innumerables dictadores que ha tenido América Latina. "Mi personaje central", dice Alejo Carpentier, "no tiene nombre: simplemente se le llama el Primer Magistrado. Lo podríamos encontrar aquí, allá, en las islas, en América Central o en América del Sur. El país que gobierna tiene las características geográficas de todos los países en América".[53] El Cónsul estadounidense dice algo semejante en *El recurso*. El pueblo arroja al mar las diversas estatuas del Primer Magistrado después de su destitución. El Cónsul especula que cuando se encuentren las esculturas, en el futuro distante, "se dirá: 'Busto, estatua de *Un Dictador*'. Fueron tantos y serán tantos todavía, en este hemisferio, que el nombre será lo de menos" (p. 293). No obstante, hay ciertos modelos ob-

[53] *Granma*.

vios que inmediatamente vienen a la mente al hablar del Primer Magistrado. Sobre este punto, Mario Benedetti comenta:

> Medio en serio, medio en broma, Carpentier incluso ha llegado a decir, que su novela está construida con un 40% de Machado, un 10% de Guzmán Blanco, un 10% de Cipriano Castro, un 10% de Estrada Cabrera, un 20% de Trujillo y un 10% de Porfirio Díaz, sin perjuicio de reconocer que el personaje tiene, además ciertas características de Somoza y de Juan Vicente Gómez.[54]

En *El recurso* se menciona de hecho a muchos de estos dictadores,[55] además de otros, en una humorística coexistencia de realidad objetiva y literaria. Una instancia en la que esto ocurre aparece muy temprano en la novela, en el primer capítulo, cuando el Primer Magistrado menciona ilustres exponentes entre los músicos contemporáneos como Saint-Saëns, Fauré y Vinteuil, estableciendo así uno de los varios homenajes a Marcel Proust. De la misma manera, vemos al Primer Magistrado en contacto con José Ives Limantour —uno de los ministros de Porfirio Díaz— y con Juan Vicente Gómez. De éste recibe un mensaje transmitido oralmente, "pues el dictador venezolano temía que se mofaran de su ortografía", con respecto a la Gran Guerra, aconsejándole "mantenerse al margen de todo, pues 'chiquito que se mete en zaperoco de grandes siempre sale fregado' "(p. 113). Éste no es el tono que el Primer Magistrado usa al hablar de Díaz, a quien considera más cercano a sí mismo en un nivel más alto de educación y sofisticación que Gómez. Ello no le impide, sin embargo, usar proverbios y coloquialismos como Gómez. Casi siempre

---

[54] Benedetti, p. 11.

[55] Un ejemplo en p. 217: "el Primer Magistrado, puesto en la categoría de los Rosas, del Doctor Francia..., Porfirio Díaz, Estrada Cabrera de Guatemala, y Juan Vicente Gómez, de Venezuela".

los usa, sin embargo, cuando está rodeado de sus colaboradores más cercanos, consciente de que su imagen pública requiere de una retórica mucho más elaborada y sofisticada.

El Primer Magistrado se percata claramente del poder de la retórica. En una etapa temprana de su carrera política, se decía, se trataba de gritar y alzar la voz. Con el debido tiempo, a medida que el poder se hizo más y más seguro, se requirió de un grado más alto de habilidad retórica:

> Muchas burlas debía el Primer Magistrado a los rebuscados giros de su oratoria. Pero . . . no usaba de ellos por mero barroquismo verbal; sabía que con tales artificios de lenguaje había creado un estilo que ostentaba su cuño y que el empleo de palabras, adjetivos, epítetos inusitados, que mal entendían sus oyentes, lejos de perjudicarlo, halagaba, en ellos, un atávico culto a lo preciosista y floreado, cobrando, con esto, una fama de maestro del idioma cuyo tono contrastaba con el de las machaconas, cuartelarias y mal redactadas proclamas de su adversario. . . (p. 48).

Así, el lenguaje se vuelve un arma política. Detrás de su lenguaje hay un alto grado de conocimiento, en oposición a la ignorancia del adversario: lenguaje e información se convierten en armas políticas para controlar y dominar.

Esta tendencia a la grandilocuencia y exhuberancia verbal no es de modo alguno ajena a la naturaleza del español, y se ha dado asimismo en otras lenguas romances. La definición de lo que debe ser la oratoria según el Presidente está en sí misma empapada de retórica: "eficiente para nosotros cuanto más frondosa, sonora, encrespada, ciceroniana, ocurrente en la imagen, implacable en el epíteto, arrolladora en el crescendo. . ." (p. 22).

Hay varias fórmulas que el Primer Magistrado usa en ciertos casos, con pocas variaciones. Estas recetas se repiten una y otra vez, casi como encantaciones mágicas.

148

Así, cuando un cable anuncia la revuelta del general Hoffman, el Presidente le pide a Peralta enviar telegramas diciendo: "una vez más, la ciega ambición de un hombre indigno del grado que ostenta, etc. etc.... Bueno: ya tú sabes" (p. 118), al igual que en el tiempo de la rebelión de Galván, le ordenó a Peralta mandar un telegrama a la Nación "afirmando voluntad insobornable defender Libertad a ejemplo de los Forjadores de la Patria, que... (—'Bueno, tú sabes...')" (p. 33).

El Presidente sabe que repite fórmulas; hay de hecho un momento en el que duda de la efectividad de sus palabras, y empieza a buscar nuevas: "Pero ahora esos términos (solía ser severo crítico de sí mismo) habían cobrado un tal sonido de moneda falsa, plomo con baño de oro, piastra sin rebrinco..." (p. 122). Esta cita, así como la anterior sobre la naturaleza de la retórica, son altamente irónicas. Al mismo tiempo que el Primer Magistrado hace estas reflexiones sobre el exceso de su retórica, no puede dejar de usar precisamente el mismo tono y herramientas retóricas que ahora encuentra huecas.

En fuerte contraste con los discursos del Presidente, están los de Miguel Estatua,[56] una especie de Miguel Ángel latinoamericano que libera figuras aprisionadas en las piedras. Miguel Estatua produce un discurso capaz de levantar al pueblo en contra de la amenaza de los Estados Unidos de invadir el país a menos que haya respeto a los intereses extranjeros. Miguel levanta al pueblo de Nueva Córdoba "por una palabra que sonaba en términos de verdad aunque fuese tosca y malhablada —elocuencia de entrañas, claramente y ruda, más convincente que cualquier arenga de gran estilo" (p. 79). Y no

---

[56] El papel principal de este personaje se desarrolla en el capítulo 2 de *El recurso*, pp. 79-82, donde se hace referencia a él como Miguel Estatua. En el capítulo 7, p. 323, sin embargo, hay una referencia a un escultor conocido como Pedro Estatua, pero ambos personajes provienen de Nueva Córdoba.

sólo se establece un contraste con el Primer Magistrado en lo que respecta a su modo de hablar, sino también en un sentido más importante. El contraste sobresaliente entre estos dos personajes reside en la diferencia entre el trabajo imaginativo y creativo de Miguel y el trabajo fundamentalmente destructivo del Primer Magistrado; se trata de la distancia entre la vida y la muerte, entre la libertad y la prisión. Miguel libera a las figuras dentro de las piedras, mientras que el gobierno del Primer Magistrado se deshace de las víctimas después de una masacre encerrando los cuerpos en cajas de cemento, de modo que "cada uno de esos bloques encerraba un cuerpo disfrazado y enmascarado, moldeado por la dura materia que lo envolvía —perfecta inscripción de una estructura humana dentro de un sólido" (p. 209).

El modo de vida del Presidente es superficial, vacío y egoísta. Carece de nexos profundos con nadie, ni siquiera con su hija Ofelia, tan egocéntrica como él. Su secretario, doctor y constante acompañante Peralta nunca aparece realmente como un verdadero amigo: al final no sorprende que traicione al Presidente derrocado, después de haber colaborado algún tiempo con la oposición, tomando ventajas de su posición privilegiada como hombre de confianza. La Mayorala Elmira es tal vez el ser más fiel al Presidente, pero tampoco es una amiga cercana; su lealtad se asemeja más a la de un perro fiel.

El Primer Magistrado pasa la mayor parte de su tiempo emborrachándose en secreto, teniendo relaciones sexuales con prostitutas, yendo a la ópera de vez en cuando y sofocando movimientos rebeldes. Ha creado una máscara, una fachada externa que se ha convertido en su verdadero ser. Desde hace mucho tiempo ha mostrado una cara imperturbable al mundo, y eso es lo que el mundo ve. Su única ambición es seguir siendo el Primer Magistrado: "Y si me quitaras aquello [su país y gobierno], ¿qué sería yo, qué me quedaría?" (p. 131), le pregunta a Peralta como respuesta a la sugerencia de quedarse en París en lugar de volver a su país para' apagar una de las muchas rebeliones en contra de su gobierno. Irónicamente, pasa poco tiempo en el ejercicio actual de su puesto, ocupado en gozar de las ventajas del poder. Cuando no está en París, pasa una larga temporada en Marbella, un lugar vacacional en su país. Es verdaderamente poco lo que hace realmente por su país. Normalmente, lo vemos combatiendo esta u otra revuelta, ordenando esta u otra masacre —en otras palabras, nada positivo. Cuando su país experimenta un *boom*, es pese a su gobierno, debido a circunstancias externas durante la guerra. Las pocas órdenes constructivas que da son caras e innecesarias, como el diseño y construcción de un Capitolio. En otro momento, lo vemos gozando de un capricho infantil manejando una locomotora. Después de algún tiempo en el poder, ni siquiera está ya interesado en hacer más dinero. Carece de amigos cercanos, y se da cuenta de que se le alaba u honra con base en pura conveniencia y costumbre, pero no parece lamentarlo. La única persona, paradójicamente, a la que le menciona explícitamente su aislamiento es al Estudiante: "soy el Primer Preso de la Nación. Sí. No te sonrías. Vivo aquí rodeado de ministros, funcionarios, generales y doctores, todos doblados en zalamerías y curbetas, que no hacen sino ocultarme la verdad" (p. 240). Estrictamente hablando, esto podría ser cierto, pero la función de esta confesión en ese momento preciso es puramente política, en un esfuerzo de aparecer ante el Estudiante como una víctima y no como el Presidente todopoderoso. Es decir, aun cuando dice la verdad, no es sincero.

4. La política en la literatura

Carpentier distingue entre tres tipos de dictadores: el primero es "simplemente el general de pistola y látigo", "luego está el dictador común y corriente", y "finalmente, hay una tercera figura, más compleja y, tal vez, más

interesante: el tirano ilustrado".[57] El Primer Magistrado de *El recurso* pertenece al tercer grupo.

La carrera política que el Presidente ha seguido hasta el momento en que alcanza el poder absoluto, es fácil adivinarlo, cae dentro de un patrón general no ajeno
a las dictaduras en América Latina. A través de un manifiesto elaborado por los estudiantes nos enteramos que
el Presidente "nabía ascendido al poder por un golpe
de estado; . . . había sido confirmado en su mando por
unas elecciones fraudulentas; . . . sus poderes habían sido prorrogados mediante una arbitraria reforma de la
Constitución; . . . sus reelecciones. . .—en fin, lo de
siempre en tales prosas" (p. 50). Hay un elemento de ironía en la cita anterior, dado que se presenta desde el punto de vista del Presidente, cuya intervención notamos
al final del pasaje. Carpentier hace que su Primer Magistrado voltee la acusación en su contra a los estudiantes. En lugar de aceptarla, el Presidente habla de la monotonía de tales manifiestos, soslayando la monotonía
de tales hechos.

Muy temprano en la novela el Presidente habla de su
carrera política: "un caudillo desmelenado y corajudo
de los que —¡si lo sabré yo!— aullando epinicios pasan de
la vanguardia a la retaguardia si la cosa se pone fea"
(p. 12), confesando así un oportunismo político. Empezó su carrera militar dirigiendo a un grupo de hombres
en contra de unos rebeldes para defender al gobierno
que más tarde derrocó y sustituyó —en la misma forma
en que Peralta habrá más adelante de colaborar con Martínez para tirar al Presidente, después de haber trabajado en su gabinete.

El Presidente recuerda los tiempos "antes de que los
imprevisibles y tormentosos rejuegos de la política me
condujeran a donde hoy me encuentro" (p. 19), sugirien-

---

[57] *Granma.*

do un cierto grado de pasividad de su parte ante un destino prefigurado.

El dictador de Carpentier es un general, como muchos otros dictadores en América Latina. Adquirió el alto rango durante uno de los numerosos movimientos armados en América Latina, particularmente durante las décadas después de la Independencia: "ese título [general] se lo había otorgado él mismo, hacía muchísimos años, en uno de los tempranos avatares de su vida política" (p. 54)

Debido a que las dictaduras a menudo se originan en momentos de emergencia, la persona que toma el mando en esas circunstancias debe tener ciertas cualidades carismáticas que justifiquen y aseguren que aparezca como el único ser humano capaz de resolver el caos existente. En su tiempo, el Presidente de *El recurso* había sido "aceptado antaño por una mayoría de compatriotas como el hombre de la mano enérgica que, en un momento de crisis, de desórdenes, pudo enderezar los destinos del país" (p. 122). Una de las explicaciones más frecuentes que producen los dictadores al tomar el poder consiste precisamente en subrayar el carácter crítico de la situación. Así, el nuevo líder se vuelve una especie de redentor, de profeta, de patriarca que conducirá a su pueblo fuera de la crisis hacia la Tierra Prometida de paz y seguridad. El sentimiento de seguridad que se necesita en tales casos se asocia frecuentemente con figuras paternalistas, con cualidades arquetípicas de rigor, orden, disciplina, decisión y fuerza. El Primer Magistrado

[se] jactaba —eso sí— de que, para mi país, tras un siglo de bochinches y cuartelazos, se había cerrado el ciclo de las revoluciones —revoluciones que no pasaban de ser, en América, unas crisis de adolescencia, escarlatinas y sarampiones de pueblos jóvenes, impetuosos, apasionados, de sangre caliente, a los que era preciso, a veces, imponer una cierta disciplina (p. 26).

153

Es notable la indiferencia que intenta mostrar el Primer Magistrado. Adopta el punto de vista de una persona "civilizada" —no en balde este comentario aparece durante una conversación con el académico francés— observando paternalistamente a la joven, bárbara e impetuosa América Latina.

Esta misma actitud paternalista se muestra con Ataúlfo Galván, el general que, tomando ventaja de una de las prolongadas estancias del Primer Magistrado en París, dirige una revuelta armada para tomar el gobierno. Cuando el Presidente lo sabe, exclama —tan ofendido y dolido como un padre tradicional, convencional y severo lo haría frente a un hijo descarriado, exigiendo total y permanente obediencia, además de una profunda gratitud por lo que ha hecho por él—:

> Ataúlfo Galván, a quien había sacado de la mugre de un cuartel de provincia, cháchara de mierda, sorche de segunda, amparándolo, enriqueciéndolo, enseñándolo a usar tenedor, a halar de la cadena del retrete, haciéndolo gente, dándole galones y charretera, nombrándolo finalmente Ministro de Guerra, y que ahora se aprovechaba de su ausencia... (p. 31)

En la misma página, se insiste en la relación padre-hijo:

> El hombre que, tantas veces, en las recepciones de Palacio, muy metido en copas, lo hubiese llamado benefactor, providencia, más que padre, compadre, padrino de mis hijos, carne de mi carne, se le alzaba así, a la boliviana, remozando los pinches alzamientos de una época ya rebasada, clamando por el respeto a una Constitución que ningún gobernante había observado nunca, desde las Guerras de Independencia... (p. 31).

De nuevo, la herramienta efectiva de Carpentier es la ironía. Además de la cómica asociación de Galván con intenciones laudatorias —que va desde compadre a padrino de mis hijos— está el intento del Presidente de justificar su absoluto incumplimiento de la Constitución sobre la base de que ha sido práctica común desde los días de la Independencia, y por ende, no debe culpársele por seguir meramente una costumbre establecida.

No sorprende que el Presidente tenga la misma actitud paternalista no sólo hacia sus protegidos sino también hacia el país. Lo considera como una gran familia de la cual él es la suprema figura patriarcal, la autoridad absoluta —recordemos *Oficio*. Sus detractores, dice, siempre están listos para destruir "un concepto patriarcal de la vida" que convirtió a su patria y a sus habitantes en

> miembros de una gran familia —pero de una Gran Familia que, por lo sensata y unida, era siempre severa, inexorable para los Hijos Pródigos que, en vez de arrepentirse de sus yerros, como en la parábola bíblica, pretendían incendiar y asolar la Casa Solariega donde, colmados de grados y honores, se habían hecho Hombres. . . (p. 48).

La asociación de familia, patria y orden, como objetos preciados y de veneración tienen asociaciones implícitas deliberadas con el fascismo.

Carpentier presenta no sólo la política interna del país latinoamericano, sino también sus relaciones con países extranjeros, particularmente Francia y los Estados Unidos.

No ha sido raro encontrar en Europa y en los Estados Unidos, en particular, una actitud complaciente, aprobatoria hacia las diversas dictaduras latinoamericanas. En *El recurso*, el europeo que sustenta la opinión de que son necesarios regímenes fuertes para países bárbaros, es el académico, quien afirma que

> México fue grande cuando tuvo a Porfirio Díaz en una siempre renovada presidencia. Y si mi país [el del Primer Magistrado] gozaba de paz y prosperidad era porque mi pueblo, más inteligente, acaso, que otros del Continente, me había reelecto tres, cuatro —¿cuántas veces?—, sabiendo que la continuidad del poder era garantía de bienestar material y equilibrio político (p. 26)

155

Y continúa: "Había casos en que la severidad era necesaria... Además, bien lo había dicho Descartes: *Los soberanos tienen el derecho de modificar en algo las costumbres...*" (p. 26), esgrimiendo al padre del llamado método racional para justificar cualesquier excesos.[58]

La creencia en una mano fuerte para controlar América Latina ha sido frecuente en Europa y en los Estados Unidos, como apunta V. G. Kiernan: "La receta favorecida más frecuentemente como antídoto para las debilidades latinoamericanas era un régimen firme y autoritario".[59] Es del conocimiento común que los Estados Unidos no sólo han apoyado moralmente estos regímenes, sino que los han promovido activamente, jugando un papel determinante en su mantenimiento económico y militar, participando en el entrenamiento de fuerzas represivas y policía secreta. Al hacerlo, garantizan la seguridad de sus numerosas y considerables inversiones económicas en América Latina. Esta alianza entre los gobiernos autoritarios y los Estados Unidos acarrea beneficios mutuos. El Primer Magistrado adquiere armas para sofocar la rebelión de Galván a través de ciertas concesiones a la United Fruit Company. Es sólo natural que el Presidente justifique y apruebe el flujo constante de inversiones extranjeras, de los Estados Unidos, en particular, como "apetencias —inevitables, por Dios, inevitables, fatales, querámoslo o no, por razones geográficas, por imperativos históricos— del imperialismo yanqui" (p. 23). A su vez, el embajador estadounidense, un perro guardián de los intereses de su país, "ofrecía una rápida intervención de tropas norteamericanas para salvaguardar las instituciones democráticas" (p. 72), cada vez que la oposición en contra del gobier-

[58] Véase *Granma*.
[59] V. G. Kiernan, *The Lords of Human Kind* (Harmondsworth, 1972), p. 316. La traducción es mía.

no establecido "cobraba envergadura con asomos de un sindicalismo inspirado en doctrinas foráneas, antipatrióticas, inadmisibles en nuestros países". (p. 72).

Volviendo a la contradicción en la personalidad del Presidente expresada en su excesiva admiración hacia los países "civilizados" así como en sus estruendosos brotes de chauvinismo, vemos al mismo hombre que hizo importantes concesiones a la United Fruit Company a fin de adquirir armas para combatir a Galván, rechazar la "ayuda" del mismo país para combatir a Martínez: "Y hay que mostrar a esos gringos de mierda que nos bastamos para resolver nuestros problemas. Porque ellos, además, son de los que vienen por tres semanas y se quedan dos años, haciendo los grandes negocios. Llegan vestidos de kaki y salen forrados en oro" (p. 72).

Los países "civilizados" que apoyan a las dictaduras frecuentemente se retractan cuando la represión y la violencia se vuelven demasiado conspicuas y exceden los límites de lo "razonable", o ponen en peligro sus intereses. Así, el Primer Magistrado es condenado al ostracismo por sus conocidos parisinos después de la masacre de Nueva Córdoba debido a la violencia terrible, pero sobre todo pública. En una discusión con el académico, Peralta intenta justificar la masacre recordando famosas matanzas en la historia de Europa y particularmente en Francia. En otras palabras, si los países "civilizados" han incurrido en acciones semejantes, por qué debería ser América Latina distinta; otro ejemplo de la misma lógica usada por el Primer Magistrado para defenderse contra la acusación de Galván en el sentido de no haber respetado la Constitución: si nadie lo ha hecho antes, ¿por qué debe de hacerlo él? La respuesta del académico es presentar un contrapeso a las matanzas, recordando los ilustres franceses que han realizado importantes contribuciones a la historia de la humanidad, con la implicación consiguiente de que en América Latina no es posible establecer dicho contrapeso. En otras palabras, según el académico, a un país se le permite una cierta cantidad de episodios sangrientos siempre y cuando pueda equilibrarlos con la contribución de figuras sobresalientes en todos los campos de la actividad humana.

5. Ironía y humor en *El recurso*

El efecto final de la crítica al Primer Magistrado y su gobierno, es decir, a los dictadores y dictaduras en América Latina, no hubiera tenido tanto éxito si Carpentier hubiera usado un tono distinto. El uso magistral de este recurso es definitivamente un factor importante en el éxito de la novela. Al adoptar el punto de vista del Primer Magistrado, Carpentier entró al mundo de la ironía y el humor.

El uso de una ironía y humor sostenidos es una innovación en la obra del cubano. La literatura hispanoamericana en general ha sido relativamente pobre en estas herramientas en comparación, por ejemplo, con la literatura británica. Sólo hasta las últimas dos décadas han empezado los escritores hispanoamericanos a explotar más sistemáticamente esta vena.

Pueden distinguirse tres elementos básicos involucrados en la producción de la risa. Hay un agente que apunta o crea lo cómico; está el objeto al cual se dirige la risa, esto es, la "víctima"; y están los cómplices del agente. A fin de que un público se ría de lo que el agente muestra de una manera cómica, es esencial que se compartan ciertos presupuestos. La apreciación de una afirmación irónica, apunta Wayne Booth, incluye no sólo cuestiones "verbales", sino un "debate sobre cómo debe vivir una persona".[60]

Bergson, por su parte, también observó la naturaleza fundamentalmente social de la risa. La risa, dice, nace de la brecha entre lo que un autor piensa que es la si-

---

[60] Wayne C. Booth, *A Rhetoric of Irony* (Chicago, 1974), p. 38. La traducción es mía.

tuación y lo que piensa que debería ser la situación. Es claro que ello incluye el ejercicio de estándares y valores morales. La risa provocada por una "víctima" es, o al menos tiene la intención de ser humillante. En este sentido, Bergson piensa que hay la intención de criticar y, hasta cierto punto, de corregir.[61] El carácter social inherente de la risa explica por qué "lo cómico se relaciona tan frecuentemente con las costumbres, las ideas —enfrentémonos a la palabra, a los prejuicios de una sociedad.[62] A este respecto, Benedetti escribe que "en *El recurso del método* hay un juicio implícito que planea sobre cada proceder del Primer Magistrado, y ese juicio implícito se llama *ironía*".[63]

En el preciso momento en que estalla la risa, paradójicamente, se requiere que haya una suspensión de una participación emocional profunda con los valores y creencias que están en juego. Sin la existencia de valores compartidos por autor y público, no habría espacio para el efecto cómico.

Lo que hace Carpentier, entonces, en lugar de atacar directamente al dictador, es adoptar temporalmente el punto de vista de su personaje, presentándolo en acción, en monólogos y diálogos dramáticos —valga la repetición. Carpentier no impone sus opiniones al lector sino que, más bien, dirige su pensamiento al apuntar lo absurdo y ridículo del dictador. Así, Carpentier presenta el tema de la dictadura bajo una nueva luz. Esta es, después de todo, una función esencial del arte, como escribe Bergson: "Si la realidad impactara directamente nuestros sentidos y nuestra conciencia, si pudiéramos comunicarnos inmediatamente con las cosas y con nosotros mismos, me parece que el arte sería inútil".[64] Carpentier no persigue una efectividad política con su novela, y se ha manifestado escéptico con respecto a

[61] Henri Bergson, *Le rire* (París, 1969), p. 104.
[62] p. 106. Esta cita y las demás de Bergson son traducciones mías.
[63] Benedetti, p. 21.
[64] Bergson, p. 115.

159

quienes lo intentan (p. 155). Carpentier se percata de que no es a través de una novela como se alterará de manera significativa la situación política, económica y social existente en América Latina. Con pesimismo, expresa esta opinión a través del Primer Magistrado, quien se da cuenta clara de la relativa falta de efectividad del arte:

> Plomo y machete para los cabrones. Pero total libertad de crítica, polémica, discusión y controversia, cuando se trata de arte, literatura, escuelas poéticas, filosofía clásica, los enigmas del universo, el secreto de las pirámides, el origen del Hombre Americano, el concepto de Belleza, o lo que por ahí se ande... Eso es cultura... (p. 155).[65]

En sus novelas, Carpentier no pretende ofrecer soluciones al problema monumental de las dictaduras en América Latina, pero sus simpatías en *El recurso* están con el personaje del Estudiante, en quien coloca su confianza y a través de quien muestra un rayo de esperanza.

Hay una tensión constante en *El recurso* entre la conciencia dolorosa del estado lamentable en el que se encontraban entonces varios países latinoamericanos bajo regímenes dictatoriales, y la máscara cómica bajo la cual se les presenta.

Al crear situaciones absurdas, Carpentier opera dentro de un marco doble. Por un lado, sugiere un elemento absurdo continuo de la realidad latinoamericana y, por el otro, presenta escenas cómicas por su propio derecho.

Uno de los dispositivos que usa es un cambio súbito de tono, usualmente de uno solemne a uno coloquial.

---

[65] El patriarca de García Márquez muestra una actitud semejante en la medida en que considera a los intelectuales y a las personas involucradas en literatura como inútiles; el Patriarca no les permite volver del exilio durante una amnistía porque "tienen fiebre en los cañones como los gallos finos cuando están emplumando de modo que no sirven para nada cuando sirven para algo" *El otoño del patriarca*, p. 108.

Este nuevo tono baja a la tierra la alta retórica de ciertas situaciones. Por ejemplo, después de un discurso pomposo con respecto a la patria y la lealtad que se le debe, donde se emplean muchas fórmulas convencionales de manuales de civismo, el general Hoffman sintetiza la situación militar en contra de Galván en los siguientes términos: "En aquella línea, estaban los cabrones e hijos de puta: aquí, aquí y aquí, los defensores del honor nacional" (p. 48).

Una herramienta fundamental en *El recurso* usada para fines irónicos que menciona Bergson es la coincidencia de dos eventos en una sola situación: "Una situación siempre es cómica cuando pertenece simultáneamente a dos series de eventos absolutamente independientes, y que puede interpretarse a la vez en dos sentidos totalmente diferentes".[66] El mejor uso que Carpentier hace de este recurso es a través de inserciones de epígrafes de Descartes a principios de cada capítulo, y algunas veces a comienzos de cada sección dentro de un capítulo. Así, dice Benedetli, "Carpentier apela, incluso para burlarse cordialmente de Descartes, al *recurso del humor*."[67] Uno de los ejemplos más sobresalientes aparece a principios del tercer capítulo, donde se lee la siguiente cita de Descartes: "Todas las verdades pueden ser percibidas claramente, pero no por todos, a causa de los prejuicios" (p. 90). La cita proviene de *Los principios de la filosofía*, del principio número L,[68] entre los principios del conocimiento humano. La cita en sí misma es ligeramente cómica, si consideramos la certidumbre de la primera parte de la afirmación en contraste con la relatividad de la segunda; pero, aparte de eso, dentro de *El recurso* su papel es eminentemente cómico e irónico. El tercer capítulo se ocupa de uno de los retornos del Primer Magistrado a París, esta vez des-

[66] Bergson, pp. 73-4.
[67] Benedetti, p. 21.
[68] Véase Descartes, *Principios de la filosofía*, p. 150.

pués de la masacre de Nueva Córdoba. Grupos de estudiantes rebeldes del país latinoamericano han hecho pública la masacre en Francia, y el resultado es el ostracismo para el Presidente. En este contexto, entonces, los "prejuicios" de la cita de Descartes adoptan esta forma particular cuando la gente se rehúsa a ver al Primer Magistrado, y a apreciar las "verdades" que subyacen a la necesidad —desde luego, desde el punto de vista del Presidente y su gobierno— de reprimir violentamente a los rebeldes.

Un segundo ejemplo se localiza a principios del quinto capítulo. Proviene de las *Meditaciones*, la segunda, donde se lee lo siguiente: "soy, existo, *esto es cierto. Pero. . . ¿por cuánto tiempo?. . .*" (p. 212). Descartes utiliza la primera persona usada algunas veces en discursos filosóficos que representa, o al menos aspira a representar, al género humano. En *El recurso* esta primera persona se refiere al Presidente e indica la precariedad de su situación particular en ese momento y la inseguridad de su futuro. Un contraste surge en el yo universal de Descartes, así como la naturaleza metafísica y ontológica de su pregunta, y la pregunta muy concreta y egoísta de la permanencia en el poder del Primer Magistrado.

El humor incluye, como se apuntó antes, una cierta distancia entre el público y el objeto que produce la risa. La prueba suprema de humor es la capacidad de reírse de uno mismo. Esto es evidente en *El recurso*. Carpentier se ríe de la retórica del dictador y de la propia. El Primer Magistrado, como prácticamente cualquier personaje inventado por un autor, comparte ciertas características con su creador. El área común en este caso se refiere al uso particular del lenguaje. Carpentier ha sido criticado algunas veces debido a su estilo florido y barroco, tendencia que desde luego no le era desconocida.

En *El recurso* vemos al Primer Magistrado regodeándose en la retórica, siempre consciente de su fuerza. Como figura eminentemente solemne en su papel de Presidente, su lenguaje refleja esta solemnidad. La transcripción escrita de sus discursos se ha llevado a cabo exitosamente: uno puede prácticamente escuchar las inflexiones del tono, las prolongaciones de las vocales, los gestos que acompañan a la oratoria, las pausas planeadas cuidadosamente. Este tono permea gran parte de la novela, dado que está narrada básicamente desde el punto de vista del Presidente. Durante la entrevista con el Estudiante, el Presidente arranca cautelosamente en su uso del lenguaje pero, a medida que avanza la sesión, cae en sus usuales excesos retóricos: "sus correligionarios, sus adjutores, sus adláteres/ *cuidado: he vuelto a caer en el idioma floreado/*" (p. 238). Lo mismo sucede durante el discurso inaugural en el Capitolio. El Primer Magistrado empieza en un tono sobrio que sorprende a quienes "esperaban", con oculta ironía, sus relumbrantes vocativos" (p. 171). La descripción del estilo del líder está en sí misma cargada con los mismos excesos que condena. El Presidente finalmente cae "en diapasón subido y gesticulación abierta, recobrando repentinamente el estilo profuso, ornamental y recargado, que tantas burlas le habían valido de parte de sus adversarios" (p. 171). Con esta autocrítica de Carpentier terminamos este capítulo. *El recurso* se retomará en el último, dentro del contexto de todas las novelas de las que se ha ocupado este trabajo.

capítulo IV

capítulo IV

EL OTOÑO DEL PATRIARCA
DE GABRIEL GARCÍA MÁRQUEZ

1. Punto de vista

Después del inmenso éxito y popularidad de *Cien años de soledad*[1] un gran público esperaba ansiosamente la próxima novela de Gabriel García Márquez. Muchos pensaban que ya no podría añadirse más a la historia de Macondo y la familia Buendía. Hasta *Cien años*, García Márquez se había ocupado básicamente de la misma familia, prácticamente del mismo lugar, y en términos semejantes. El marco de sus cuentos era Macondo o "el pueblo" en *La hojarasca*,[2] *Isabel viendo llover en Macondo*,[3] *El coronel no tiene quién le escriba*,[4] *La mala hora*,[5] *Los funerales de la mamá grande* y *Cien años*.[6] En marzo de 1975, después de nueve años de silencio —excepto por una colección de cuentos bajo el título de *La increíble y triste historia de la cándida Erén-*

---

[1] Gabriel García Márquez, *Cien años de soledad*, décimoquinta edición (Buenos Aires, 1975).

[2] *La hojarasca*, cuarta edición (Barcelona, 1977).

[3] *Isabel viendo llover en Macondo* (Buenos Aires, 1969).

[4] *El coronel no tiene quién le escriba*, vigésima edición (Buenos Aires, 1976).

[5] *La mala hora*, décimocuarta edición (Barcelona, 1977).

[6] Aun cuando los cuentos recogidos bajo el título de *Ojos de perro azul* (1972) fueron escritos antes de *La hojarasca*, entre 1947 y 1952, no se publicaron sino hasta 1972; por tanto, tienen un lugar aparte tanto en el orden cronológico como en términos técnicos, pues en cierta medida pueden ser considerados como ejercicios.

dira y de su abuela desalmada[7] en 1972, García Márquez publicó *El otoño del patriarca*.[8]

A primera vista, *El otoño* parece una novela muy distinta del resto de la obra de García Márquez. Hay, de hecho, como se argumentará en el curso de este capítulo, una relación fuerte y lógica entre esta novela y sus escritos anteriores.

El otoño se presenta al lector como una interminable cadena de oraciones a las que se le pide dar coherencia y significado. Su forma misma la convierte en una obra más difícil que los experimentos previos del colombiano en y con el lenguaje. Con cada obra, García Márquez parece haber incrementado el grado de participación que exige del lector. Carmen Arnau ha escrito en este respecto que,

> G.M. [sic] no cree que se deba sorprender al lector, tenerlo angustiado y pendiente de lo que va a ocurrir..., sino hacerlo partícipe de la narración, hacerlo un poco amigo del autor, adelantarle lo que sucederá para que no le sorprenda. A este respecto me ha dicho que desearía que el lector participara más en sus obras, y que es lo que está intentando en el libro que está escribiendo: *El otoño del patriarca*.[9]

Esto revela la aspiración del colombiano de hacer al lector un poco más consciente de la *manera* en la que cuenta sus historias, en lugar de concentrarse más en el llamado contenido. García Márquez se apasiona por el carácter único de las anécdotas mismas, así como por el acto mismo de contarlas, al igual que con la manera en que organiza y presenta su material. Sin embargo, en *El otoño* hay, tal vez más que en su obra anterior,

---

[7] *La increíble y triste historia de la cándida Eréndira y de su abuela desalmada*, cuarta edición (Barcelona, 1974).

[8] *El otoño del patriarca* (Barcelona, 1975).

[9] Carmen Arnau, *El mundo mítico de Gabriel García Márquez*, segunda edición (Barcelona, 1975), p. 54.

una tendencia a regocijarse en el acto mismo de contar una historia, que lleva al libro a frisar en la virtuosidad literaria.

El otoño podría describirse como una obra abierta, en la terminología de Umberto Eco, más que en *Cien años*. En *Cien años* hay una historia más o menos reconocible sobre la que hay un consenso —al menos a un nivel fundamental— mientras que en *El otoño* se vuelve más riesgoso hablar de tal o cual evento: al final, el lector puede quedar confundido en cuanto a lo que "sucedió" en la novela. La visión que el lector tiene sería la del personaje que podría considerarse a primera vista la figura central de la novela, esto es, el patriarca, es decir, una visión difusa, imprecisa, e incluso contradictoria. Cómo se crea esta imagen nos lleva directamente al problema de la detección del narrador —o narradores— de la novela.

En una afirmación muy amplia tal vez podría decirse que *El otoño* es una novela sobre la vida y gobierno de un dictador inusitadamente longevo. Esta historia no se cuenta desde un solo y constante punto de vista con una perspectiva unificada y coherente. El flujo corriente de pensamientos, opiniones, comentarios y memorias cambia constantemente de una persona de la comunidad en la que se desarrolla la historia a otra, y comprende una larga lista de personas que van desde una jovencita asomada por la ventana, viendo pasar el ejército en las calles, al Presidente mismo. El cambio de una persona a otra es abrupto, disloca la concordancia gramatical en búsqueda de un punto de vista más amplio, capaz de incluir a todo este país tropical situado en alguna parte del mar Caribe. La perspectiva se crea, así, con la suma de un contador de historias que da lugar a otro, algunas veces en la misma oración. El cambio puede apreciarse por momentos, de una palabra a la siguiente, como en la expresión recurrente "su madre de mi vida", siguiendo una técnica polifónica semejante a la que Vargas Llosa usa en *Los cachorros*, en un esfuerzo de ofrecer una visión omni-incluyente, multifacética.

El lector es abrumado por un flujo incesante de palabras, por grupos de oraciones separadas por innumerables comas, brincando de un comentario al siguiente. Se enfrenta a anécdota tras anécdota —algunas veces con alta calidad poética— una característica ya presente en las obras anteriores de García Márquez. Este aspecto de *El otoño* es un elemento constante en la obra del colombiano —aquí tal vez en la cima del desarrollo— como Mario Vargas Llosa apuntó en su estudio de García Márquez hasta *Cien años, Historia de un deicidio*,[10] cuando habla de la influencia que el trabajo de reportero muestra en sus obras: "Es el aspecto aventurero del periodismo lo que le entusiasmó, pues cuadraba perfectamente con un rasgo de su personalidad: la fascinación por los hechos y los personajes inusitados, la visión de la realidad como una serie de anécdotas".[11]

El país hipotético donde se ubica *El otoño* está situado en alguna costa del mar Caribe. No hay otras referencias en la novela que permitan una identificación más precisa con algún país específico en América Latina. Este país literario puede considerarse como una generalización literaria y abstracción de cualquier país latinoamericano.

Aun cuando el patriarca comparte muchos aspectos comunes a los dictadores en la historia, no asombra que prevalezcan las características y anécdotas de dictadores latinoamericanos. En cualquier caso, el origen de la idea original de García Márquez es claramente latinoamericano. Según el propio colombiano, "sé de dónde me vino la idea de escribir el libro sobre un dictador. En Caracas, a principios de 1958, cuando cayó Pérez Ji-

10 Mario Vargas Llosa, *Historia de un deicidio* (Barcelona, 1971).
11 *Idem*, p. 41.

170

ménez".[12] En este sentido, el "nosotros" que predomina en la novela, esto es, los narradores de la novela, correspondería a todos los latinoamericanos vistos en el proceso de contar la muy larga y triste historia de sus dictadores. En otras palabras, *El otoño* podría considerarse como una transposición literaria de los latinoamericanos construyendo su propia relación a partir de los pedazos y trozos de sus propias historias. Cuento e Historia se vuelven sinónimos.

Podría decirse que *El otoño* se basa en la convención de un grupo de testimonios orales contados a un entrevistador invisible. Parecería que la única tarea del reportero en este caso sería la de plantear preguntas —que los lectores nunca escuchamos— y/o estimular una vasta y arbitraria muestra de los habitantes del país caribeño a hablar de su vida bajo el dictador que acaba de morir, y sobre la vida del dictador mismo. En este sentido, uno de los propósitos de García Márquez sería mostrar los efectos de una dictadura, saber cómo se vive bajo un régimen tal, concentrándose en los sobrevivientes, los resultados y consecuencias. Este interés es una de las razones por las que García Márquez no escribe "novelas de violencia, porque lo que me importaba era la raíz de esa violencia y sobre todo, las consecuencias de esa violencia en los sobrevivientes".[13] Las personas nos dicen lo que saben, vieron, oyeron y/o inventaron, o suponen fue cierto. En algunos puntos rompen en memorias líricas frente al supuesto reportero, contándose más bien la historia a sí mismos. El resultado es, entonces, una versión aparentemente informe, exagerada, hiperbólica de lo que supuestamente "pasó"; es una mezcla de eventos a través de los ojos de una comunidad; es una leyenda popular contada a la manera

---

[12] Ernesto González Bermejo, *Cosas de escritores* (Montevideo, 1971), p. 33.

[13] *Idem*, p. 22.

de un corrido, transmitida oralmente, y por ende, en un proceso constante de cambio, siempre vivo. Incluso hay algunas partes que se repiten sistemáticamente en grupos de oraciones, a manera de un coro o refrán de un corrido o canción popular. Originalmente, el autor del corrido, como en el caso de su antecedente, el romance español, es anónimo. A través de esta anonimidad del sentimiento colectivo, se expresa la memoria y conciencia de un país o región particular especialmente en tiempos de crisis o inquietudes, cuando poco o ningún crédito se da a las fuentes oficiales de información, o simplemente cuando éstas no están disponibles. En México los corridos florecieron particularmente durante los primeros años de este siglo, cuando transcurrían en el país las luchas armadas de la Revolución.

De la misma manera que en los corridos, en el campo de la realidad literaria, el narrador de *El otoño* permanece anónimo. Más aún, sería inexacto e injusto hablar sólo de un informante: se trata más bien de una comunidad con muchas voces contándonos su historia, su Historia.[14] Así, la novela se vuelve, usando la frase del propio autor, "una canción sin término a la que todo el mundo hasta los loros le agregaban estrofas", contada por una "voz unánime de multitudes fugitivas" (p. 81). Detrás de este crecimiento constante de la novela yace la idea de la realidad como una acumulación incesante de anécdotas, como ha observado Vargas Llosa.[15]

No obstante, la narración preserva un tono muy personal, debido a que cada uno de los individuos de la colectividad la cuenta, con base en sus experiencias personales o no, pero siempre permeada por sus personalidades particulares. Es al mismo tiempo una historia colectiva porque se ocupa en última instancia de lo que

[14] En Historia están contenidos los dos sentidos de cuento y de historia.
[15] Véase Vargas Llosa, p. 41.

han vivido los individuos de esta comunidad durante una época particular, de lo que han compartido y tienen como antecedentes y experiencia comunes.

La historia en América Latina para García Márquez se vuelve, así, una novela. El novelista, ha dicho el escritor colombiano, "tiene una ventaja sobre el historiador; el historiador tiene que prescindir del aspecto mágico del dictador, y a mí ése es el aspecto que más me interesa".[16] La implicación de esta afirmación es que la historia en América Latina debería tomar en cuenta este "otro" lado de la realidad que es tan importante y "real" como el factual.

Mucho antes de escribir *El otoño*, García Márquez ya se había sentido atraído por este otro aspecto de la realidad, como se puede observar en esta nota sobre *La casa grande* de su amigo Álvaro Cepeda Samudio:

> Esta manera de escribir la historia, por arbitraria que pueda parecer a los historiadores, es una espléndida lección de transmutación poética. Sin escamotear la realidad ni mistificar la gravedad política y humana del drama social, Cepeda Samudio lo ha sometido a una especie de purificación alquímica, y solamente nos ha entregado su esencia mítica, lo que quedó para siempre más allá de la moral y la justicia y la memoria efímera de los hombres.[17]

García Márquez también podría haber estado pensando en su propia obra. Así, como *El otoño*, como "la historia de los Buendía, como la de Amadís o la de Tirant, transcurre simultáneamente en varios órdenes de realidad: el individual y el colectivo, el legendario y el histórico, el social y el psicológico, el cotidiano y el mítico, el objetivo y el subjetivo".[18] No es casual que sea precisamente Varga Llosa quien observa y discute este as-

[16] *Cosas de escritores*, p. 42.
[17] Citado por Vargas Llosa, p. 121.
[18] Vargas Llosa, p. 177.

pecto de la obra de García Márquez. Entre otras cosas, compartieron —al menos en ese punto de sus carreras— el deseo de escribir una novela totalizadora capaz de exponer y tocar todos los aspectos y niveles de la realidad, como Vargas Llosa demostró en su ambiciosa *Conversación en la catedral,* y García Márquez en *Cien años* y luego en *El otoño.* García Márquez le ha dicho al reportero español Miguel Fernández-Braso que una de las diferencias entre la nueva ola de novelistas en América Latina con la generación anterior es que,

> ellos partían de un realismo furibundo con el que creían poder expresar mejor las denuncias, y no se daban cuenta que el realismo les limitaba la perspectiva, y a través de él les era permitido reflejar una de las caras del problema, pero no todas o la mayor parte, que es lo que nosotros pretendemos con este tipo de novela integradora.[19]

Podría decirse que el tipo de historia que García Márquez escribe en *El otoño* se basa en testimonios orales. Muy temprano en su libro *Oral Tradition,* Jan Vansina[20] distingue tres tipos de testimonio oral: la narración del testigo ocular, la tradición oral y el rumor.[21] Las fuentes de *El otoño* caen dentro de estos tres tipos, algunas veces claramente identificables, pero la mayor parte del tiempo tan mezcladas y relacionadas entre sí, que no es una tarea fácil determinar cuál es cuál, cuándo termina una y empieza otra. Sin embargo, en términos generales, puede decirse que es el primer tipo, esto es, la narración de testigos, la que predomina, seguida de cerca por el rumor. La narración del testigo se da a través del canal natural de la primera persona, tanto sin-

---

[19] Miguel Fernández-Braso, *Gabriel García Márquez. Una conversación infinita* (Madrid, 1969), p. 55.

[20] Jan Vansina, *Oral Tradition,* traducción de H. M. Wright (Harmondsworth, 1965).

[21] *Idem,* p. 20.

gular como plural; cuando se mezcla con el rumor, persiste esta persona gramatical, con un uso más frecuente del plural, y en combinación con la forma impersonal "se". Hay, entonces, una insistencia en fórmulas como vi, vimos, encontré, encontramos, etc., que contribuyen a crear la credibilidad de la historia.

Cuando se pide a un informante contar una historia tradicional, puede o no mezclar elementos de distintas tradiciones; si lo hace, puede hacerlo hasta un punto en el que se vuelve muy difícil separarlas. En este caso, el único elemento unificador es, obviamente, el propio informante. En *El otoño* hay al menos dos hilos que operan como elementos unificadores: por un lado, la manera del "entrevistador" de ordenar, editar y presentar el material; y, por otro, el material mismo, esto es, la historia del patriarca y su relación con las historias personales del informante. El entrevistador parece ser la primera "víctima" de la multiplicidad y variedad de las versiones, de modo que su organización es una versión tan confusa, complicada y contradictoria como la que ha recogido.

Vansina menciona que una de las diferencias distinguibles entre los testimonios oral y escrito es el uso de la repetición, que se encuentra más frecuentemente, es natural, en el primer tipo. García Márquez recrea la forma de testimonio oral en su novela mediante la recurrencia de ciertos grupos de oraciones, a manera de un coro, como se mencionó antes. Este efecto también se alcanza con un uso contante de discurso directo y la aposición de fórmulas como señor, mi general, etc., a fin de producir la impresión en el lector de escuchar a alguien contar una historia vívida. Este efecto es patente en algunos de los pasajes dedicados a Bendición Alvarado, la madre del patriarca, construidos en gran medida como una entrevista, como se aprecia en el siguiente ejemplo:

me vistieron con un traje de flores como a una marimonda, señor, me hicieron comprar un sombrero de guacamaya para que todo el mundo me viera feliz, me hicieron comprar cuanto coroto encontrábamos en las tiendas a pesar de que yo les decía que no, señor, que no era hora de comprar sino de llorar porque hasta yo creía que de veras era mi hijo el que había muerto, y me hacían sonreír a la fuerza cuando la gente me sacaba retratos de cuerpo entero porque los militares decían que había que hacerlo por la patria (p. 31).

Obsérvese, asimismo, en el pasaje, la repetición del *que* del discurso indirecto, y el uso constante de las comas, uniendo una idea tras otra.

Ésta no es la primera vez que García Márquez usa este recurso. En *Cien años*, después del diluvio, hay dos páginas escritas en este mismo estilo "oral", narradas desde el punto de vista de Fernanda del Carpio:

Y hasta Amaranta, que en paz descanse, había dicho de viva voz que ella era de las que confundían el recto con las témporas, bendito sea Dios, qué palabras, y ella había aguantado todo con resignación por las intenciones del Santo Padre, pero no había podido soportar más cuando el malvado de José Arcadio Segundo dijo que la perdición de la familia había sido abrirle las puertas a una cachaca, imagínese, una cachaca mandona, válgame Dios, una cachaca hija de la mala saliva, de la misma índole de los cachacos que mandó el gobierno a matar trabajadores, dígame usted. . .[22]

También está presente en uno de los cuentos de *La increíble y triste historia de la cándida Eréndira y de su abuela desalmada*, "El último viaje del buque fantasma", escrito un año después de *Cien años*, así como en "Blacamán el buen vendedor de milagros" de la misma colección. En todos estos casos, García Márquez parece haber tenido en mente el consejo de su amigo y men-

---

[22] *Cien años*, p. 281.

tor intelectual de su juventud, el catalán Ramón Vinyes: "Intenta escribir como hablas. Si hablando te entendemos, lo mismo hemos de entenderte escribiendo".[23]

Los rumores tienen una posición especial en la tradición oral, según Vansina, pues normalmente no se refieren estrictamente al pasado, como el resto de los testimonios orales, sino al presente. Por tanto, los rumores no se transmiten necesariamente de modo vertical como las tradiciones orales, esto es, de generación en generación, sino que pueden transmitirse horizontalmente, en otras palabras, de una persona a sus contemporáneos. Los rumores, al igual que los mencionados corridos, "surgen en situaciones de tensión e inquietud social, cuando los canales ordinarios de comunicación ya no funcionan, o se consideran con desconfianza".[24]

El otoño puede haberse basado en un rumor incierto que ha crecido gradualmente en una avalancha y finalmente arrasa con todo, incluyendo su fuente misma. No es ésta la primera vez que García Márquez explota el rumor en su obra. El mejor ejemplo previo puede situarse en *La mala hora*, publicado por primera vez en España en 1962, en una edición desautorizada por García Márquez, y de nuevo en 1966. Aquí, la expresión concreta de los rumores en panfletos y pasquines se ubica en el centro de la novela. Los pasquines, se repite varias veces, sólo afirman lo que todo mundo ha escuchado antes como chisme: la forma escrita sólo fija su credibilidad a través del valor asociado a la palabra escrita. No importa, en última instancia, si los pasquines dicen o no la verdad: importa que la gente lo cree y acepta, y que su contenido se vuelve parte de la realidad. No hay un solo autor identificable de estos pasqui-

---

[23] Fernández-Braso, p. 42.

[24] Vansina, p. 20. Esta traducción y las demás del libro de Vansina son mías.

nes, dice la adivina Casandra: "Es todo el pueblo y no es nadie"[25] en un conspicuo eco de *Fuenteovejuna*.

En el pueblo de *La mala hora* hay claras y fuertes inquietudes sociales y políticas: los pasquines son al mismo tiempo su expresión y combustible. Wolfgang Luchting escribió un ensayo iluminador sobre el aspecto político de *La mala hora* donde ve a la novela misma como un pasquín cuya función es denunciar y "exponer la corrupción en la administración de la justicia en un gobierno totalmente corrupto. Esta es la 'verdad' que tienen como objetivo los pasquines".[26]

El personaje colectivo de *El otoño* tiene otro antecedente en la comunidad del pueblo en *La mala hora*. Al estudiar esta novela, Vincenzo Bollettino escribió: "En la narrativa de García Márquez no existe un único protagonista que sea una especie de receptor de la ideología del autor. Al contrario de la novela que hacia los años cuarenta-cincuenta se construye en torno a un personaje central, *La mala hora* gira en torno a un personaje colectivo".[27] En *Cien años*, el personaje colectivo podría estar representado, a un nivel, por la familia Buendía, y a otro, por Macondo en su conjunto.

El mismo poder de los rumores fue explorado en el cuento "En este pueblo no hay ladrones" en la colección de *Los funerales*. Como apuntó Vargas Llosa, "el lector queda advertido que el relato no es una narración objetiva sino subjetiva de ciertos hechos, que es una versión deformada de algo que ocurrió y *que ha sido omitido*. Por lo tanto, no cabe ninguna posibilidad de confrontación entre esa versión subjetiva de los hechos y los hechos mismos".[28] Lo mismo puede decirse de *El otoño*. El ru-

[25] *La mala hora*, p. 138.
[26] Wolfgang Luchting, "Lampooning and Literature: 'La Mala Hora' ", *Books Abroad*, volumen 47, número 3 (Oklahoma, 1972), p. 476.
[27] Vincenzo Bollettino, *Breve estudio de la novelística de García Márquez* (Madrid, 1973), p. 91.
[28] Vargas Llosa, p. 401.

mor en el cuento en cuestión se vuelve tan poderoso y convincente, que Ana está pronta para creer en un momento que todo el billar fue desmantelado, y en otro, que Dámaso robó doscientos pesos y que no se lo mencionó. Y no sólo Ana, sino el propio Dámaso, el ladrón, está dispuesto a creer, paradójicamente, que el negro acusado era el verdadero ladrón, y no él mismo.

En *Cien años* el rumor juega más o menos el mismo papel que en *El otoño*, si bien a una escala menor. En *Cien años* los rumores se refieren básicamente a la figura legendaria del coronel Aureliano Buendía: "Informaciones simultáneas y contradictorias lo declaraban victorioso en Villanueva, derrotado en Guacamayal, devorado por los indios Motilones, muerto en una aldea de la ciénega y otra vez sublevado en Urumita".[29] La relación entre este personaje y el patriarca se tratará más adelante.

Debido al papel preponderante que los testimonios orales y rumores, en particular, juegan en *El otoño*, surge el problema de lo cierto y lo falso. En la novela, no hay forma posible de determinar cuándo un comentario es exacto o no. Los testimonios pueden ser confiables en términos del proceso histórico imaginario de este "país caribeño" y de la propia América Latina. Pero no estamos en posición de verificar lo primero, y en cierto sentido, no importa; en lo que respecta a lo segundo, se ha transformado poéticamente de modo tal que ha dejado de pertenecer, por así decirlo, a la realidad objetiva, para volverse realidad literaria. Esto no quiere decir, sin embargo, que las obras de García Márquez no puedan tomarse como un comentario sobre la realidad objetiva. Quiere decir, más bien, que sus obras operan en ambos niveles simultáneamente. Lo que García Márquez trata de hacer, en este sentido, es mostrar la relatividad y subjetividad de la historia a través de la exposición de

[29] *Cien años*, p. 119.

la relación compleja y delicada entre historia y mito, mito y literatura, hecho y rumor, verdad y falsedad. Según Jan Vansina, "la información histórica que puede obtenerse de las tradiciones orales, por tanto, siempre tiene una naturaleza limitada y tiene un cierto sesgo".[30] También apunta que, en última instancia, lo mismo puede decirse de la historia escrita, la cual, inicialmente, tiene sus orígenes en la tradición oral o, en cualquier caso, fue escrita por un individuo social e históricamente condicionado, que en efecto ofrece una interpretación particular. Esto quiere decir, según Vansina, que ningún recuento histórico puede considerarse como absolutamente cierto y objetivo.

Con respecto al problema de la verdad histórica, Vansina también observa que este concepto varía mucho de cultura a cultura. Como ejemplo de la posible amplitud del concepto, menciona a la tribu africana Kuba, para la cual todo lo que acepta la mayoría es verdad histórica, y el pueblo de las islas Trobriand, para quienes el mito es tan verdadero como el hecho.[31] Más adelante afirma que, al usar testimonios orales, "sólo se puede llegar a una aproximación de la verdad".[32] La conclusión que establece finalmente en este punto, estrechamente ligado con el problema de una interpretación sesgada, es que "en la historia sólo se puede llegar a probabilidades —nunca a certezas".[33]

García Márquez valora altamente este "otro" aspecto de la realidad generalmente soslayado por la historiografía. Le dijo a González Bermejo que abandonó la perspectiva más "realista" y "objetiva" que usó en *El coronel no tiene quién le escriba* y *La mala hora* porque "me dí cuenta de que la realidad es también los mitos

---

[30] Vansina, p. 172.
[31] *Idem*, p. 102.
[32] *Idem*, p. 112.
[33] *Idem*, p. 140.

de la gente, es las creencias, es sus leyendas; que no nacen de la nada, son creadas por la gente, con su historia, son su vida cotidiana".[34]

Estrechamente vinculada con las leyendas populares construidas alrededor del dictador y en relación con la sutil delimitación entre mito y realidad, está la versión "oficial" de la historia ofrecida por el gobierno en *El otoño*. Ésta no es la primera vez que este punto aparece en la obra de García Márquez. En *La mala hora* la discrepancia en las versiones se da con respecto al episodio de Pepe Amador: se le captura en posesión de propaganda clandestina en contra del gobierno y se le considera responsable de los pasquines. Torturado hasta la muerte, su cuerpo es luego eliminado silenciosamente. La versión oficial que el alcalde da al doctor y al sacerdote es breve y terminante: "Se fugó",[35] explicación que·nadie cree. Aquí, el proceso por el cual se llega a tal respuesta se presenta abiertamente. En la página anterior al momento de la versión del alcalde, éste explícitamente le dice a los asesinos que trabajan para él, en un tono amenazador: "Y acuérdense de una vaina para toda la vida. . . : este muchacho no ha muerto".[36]

Un ejemplo más complejo y sofisticado —también de mayor magnitud— aparece en *Cien años*. José Arcadio Segundo es uno de los dos únicos sobrevivientes de una masacre en una reunión de tres mil trabajadores.

La versión oficial, mil veces repetida y machacada en todo el país por cuanto medio de divulgación encontró el gobierno a su alcance, terminó por imponerse: no hubo muertos, los trabajadores satisfechos habían vuelto con sus familias, y la compañía bananera suspendía actividades mientras pasaba la lluvia.[37]

[34] *Cosas de escritores*, p. 23.
[35] *La mala hora*, p. 183.
[36] *Idem*, p. 182.
[37] *Cien años*, p. 269.

Frente a la insistencia de José Arcadio Segundo, testigo presencial de la masacre, aparece la respuesta constante: "En Macondo no ha pasado nada, ni está pasando ni pasará nunca. Este es un pueblo feliz".[38] Poco antes de la declaración anterior, y en contradicción con la versión ofrecida previamente, a saber, que los trabajadores se habían dispersado calladamente después de la reunión, durante las investigaciones legales, los hábiles abogados al servicio de la compañía bananera (a quienes García Márquez llama los ilusionistas del derecho), probaron

> que las reclamaciones carecían de toda validez, simplemente porque la compañía bananera no tenía, ni había tenido nunca ni tendría jamás trabajadores a su servicio. . . y se estableció por fallo de tribunal y se proclamó en bandos solemnes la inexistencia de los trabajadores.[39]

En *El otoño*, la capacidad del gobierno de fabricar la versión que más le convenga, constituye uno de los puntos importantes que plantea la novela. La vida privada del presidente parece haberse oscurecido deliberadamente, imposibilitando el rastrear sus orígenes, y dando lugar así a la invención de todo tipo de cuentos e historias. Tres documentos sobre su nacimiento se descubren, en donde se dan tres versiones distintas de su origen. Su genealogía se había hecho deliberadamente confusa por la gente que había "embrollado los hilos de la realidad para que nadie pudiera descifrar el secreto de su origen" (p. 153). Esta ambigüedad y vaguedad deliberadas que permean no sólo el origen del dictador sino toda la novela, serían claramente inaceptables e

---

[38] *Idem*, p. 269.

[39] *Idem*, p. 262. Y está tamién el caso de Mr. Brown, el superintendente de la compañía bananera, quien es declarado muerto en un momento dado en Chicago, y en otro aparece con un nombre y personalidad falsas.

inadmisibles en un estudio de una naturaleza rigurosa, y sin embargo, en la opinión de Vargas Llosa, en literatura se vuelven una virtud: los breves y súbitos destellos de realidad objetiva confieren a la narración una cualidad de leyenda.[40]

El pueblo del país caribeño sabe que se le ha engañado: en la época del paso del cometa, por ejemplo, alguien dice: "habíamos sido víctimas de un nuevo engaño histórico, pues los órganos oficiales proclamaron el paso del cometa como una victoria del régimen contra las fuerzas del mal" (p. 84). La sangre fría del gobierno al hacer tales afirmaciones aparentemente increíbles, se comprende, alienta una actitud de desconfianza hacia todo. La gente estaba segura de que "siempre había otra verdad detrás de la verdad" (p. 47). En cualquier caso, entonces, el gobierno parece estar protegido, incluso cuando de hecho dice la "verdad", pues sabe que la estará ofreciendo a un público altamente entrenado en el escepticismo. Tan a menudo y hábilmente se les ha engañado, que llegan al punto en que incluso dudan de lo que ven con sus propios ojos.

La verdad en sí misma no representa un problema para el gobierno. Se trata simplemente de ciertos efectos que deben producirse, ciertos intereses que deben protegerse, y con esos fines, se toman algunos pasos. Quienes están a cargo de la propaganda gubernamental distorsionan o inventan "hechos" sin esfuerzos, según las necesidades particulares del momento —esta actividad también incluye, naturalmente, el ocultamiento o deformación de otros eventos. Lo que es cierto hoy puede no serlo mañana, y viceversa. En las palabras de García Márquez: "los propios estafetas de los bandos confirmaban que era cierto lo que ellos mismos desmentían" (p. 136). El lector, en consecuencia, se siente tan perdido como los habitantes del país caribeño: totalmen-

---

[40] Vargas Llosa, p. 118.

te incompetente para intentar una reconstrucción precisa del régimen dictatorial, cuando escucha a la gente de la novela decir que "en nuestra época no había nadie que pusiera en duda la legitimidad de su [el patriarca] historia, ni nadie que hubiera podido demostrarla ni desmentirla si ni siquiera éramos capaces de establecer la identidad de su cuerpo" (p. 171). El sistema de propaganda del gobierno es tan poderoso y efectivo, que incluso el cerebro que lo maquinó cae en sus redes. Sin embargo, el presidente no se preocupa por el problema de establecer si los rumores o sus memorias son las verdaderas; "ya verán que con el tiempo será verdad" (p. 173), solía decir.

La validez de una afirmación depende más del número de veces que se repite y de la gente que cree en ella, que de su relación con la realidad objetiva. Confrontado con una maraña tal de información contradictoria, uno se siente inclinado a exclamar, junto con Zacarías —el nombre del Patriarca— que "nos queda mucho tiempo para pensar sin que nadie nos estorbe dónde carajo estaba la verdad en aquel tremedal de verdades contradictorias que parecían menos ciertas que si fueran mentira" (p. 237). Y esto podría ser cierto tanto en relación con la novela como una metáfora en torno a la historia de América Latina.

2. EL PATRIARCA

La ominosa ausencia del dictador después de su muerte se transforma en una presencia dominante en la mente del pueblo, comparable a la de la Mamá Grande en el cuento "Los funerales de la Mamá Grande" en la colección del mismo nombre. En ambos casos, la enorme influencia de los dos gobernantes ha afectado en alguna u otra medida a todos sus gobernados. La vida de las comunidades sobre las que han regido ha girado en torno a su presencia y existencia.

Físicamente, estos dos personajes se parecen. Ambos son muy viejos —la longevidad no es una característica poco común en los personajes de García Márquez: basta pensar en Úrsula Iguarán, Pilar Ternera, la Mamá Grande, el Patriarca, o la mujer en *El otoño* que predice la muerte del dictador.

La Mamá Grande es una matriarca en Macondo. La cualidad de progenitores tanto de ella como del patriarca se materializa en el tamaño extraordinario de sus órganos sexuales: se dice que la Mamá Grande tenía "grandes tetas matriarcales",[41] comparables a los testículos de Zacarías, uno de los cuales es "tan grande como un riñón de buey" (p. 10) y tiene que ser cargado en carretilla.

Ambos son muy poderosos, poseedores de riquezas físicas e intangibles. La Mamá Grande, por ejemplo, "era dueña de las aguas corrientes y estancadas, llovidas y por llover, y de los caminos vecinales, los postes de telégrafo, los años bisiestos y el calor, y que tenía además un derecho heredado sobre vida y haciendas".[42] Añádase su riqueza invisible enlistada en un largo catálogo que incluye:

> La riqueza del subsuelo, las aguas territoriales, los colores de la bandera, la soberanía nacional, los partidos tradicionales, los derechos del hombre, las libertades ciudadanas, el primer magistrado, la segunda instancia, el tercer debate, las cartas de recomendación, las constancias históricas, las elecciones libres, las reinas de la belleza, los discursos trascendentales, las grandiosas manifestaciones, las distinguidas señoritas, los correctos caballeros, los pundonorosos militares, su señoría ilustrísima, la corte suprema de justicia, los artículos de prohibida importación, las damas liberales, el problema de la carne, la pureza del lenguaje, los ejemplos para el mundo, el orden jurídico, la prensa libre

[41] *Los funerales,* p. 133.
[42] *Idem,* pp. 129-30.

pero responsable, la Atenas sudamericana, la opinión pública, las lecciones democráticas, la moral cristiana, la escasez de las divisas, el derecho de asilo, el peligro comunista, la nave del estado, la carestía de la vida, las tradiciones republicanas, las clases desfavorecidas, los mensajes de adhesión.[43]

El Patriarca, a su vez, más modestamente, había sido proclamado "corregidor de los terremotos, los eclipses, los años bisiestos y otros errores de Dios" (p. 12), pero no su poseedor. La Mamá Grande claramente pertenece a las clases económicamente poderosas, privilegiadas, terratenientes, mientras que el Patriarca pertenece a las clases dirigentes, asociadas general pero no necesariamente, con una cierta cantidad de riqueza material.

Figuras de ese calibre perturban la vida cotidiana al morir. De la Mamá Grande se dice que "nadie era indiferente a esa muerte. Durante el presente siglo, la Mamá Grande había sido el centro de gravedad de Macondo. . ."[44] El papel del Patriarca es muy semejante en el país caribeño. Se había predicho que "el día de su muerte el lodo de los cenegales había de regresar por sus afluentes hasta las cabeceras, que había de llover sangre, que las gallinas pondrían huevos pentagonales, y que el silencio y las tinieblas se volverían a establecer en el universo porque aquél había de ser el término de la creación" (p. 129).

Tanto "Los funerales" como *El otoño* comparten un principio común: ambas giran alrededor de la muerte del personaje principal, que tiene lugar antes de que se cuente la historia, y esto se lleva a cabo desde el punto de vista de la comunidad afectada por y partícipe de esa muerte, en un *collage* de realidad objetiva y subjetiva, así como opiniones, mitos y rumores.[45]

[43] *Idem*, p. 137.
[44] *Idem*, p. 129.
[45] Véase Vargas Llosa, pp. 371-99.

Formalmente, *El otoño* se inicia cuando un grupo de personas entra a la casa presidencial para descubrir la muerte y el cuerpo decadente del dictador, y termina con la muerte de hecho del Patriarca. Cada uno de los seis capítulos regresa al momento en el que se encuentra el cuerpo, progresando lentamente hasta que se le prepara para recibir el último homenaje. La novela está llena de referencias a la muerte del dictador. Su muerte, o la de otras personas, siempre están presentes y amenazantes. El título mismo sugiere la inminencia de la muerte en el otoño, que representa, según Northrop Frye, los "mitos de la caída, del dios moribundo. . .del aislamiento del héroe".[46] La siempre inminente muerte del Patriarca pesa sobre el país y sobre sí mismo. Los carros presidenciales se comparan varias veces con carrozas fúnebres. En momentos, todo el país parece muerto o moribundo. El mar, al final de la novela, ya no palpita a las orillas de la ciudad caribeña con sus cualidades proveedoras de vida; en su ausencia yace una planicie estéril, que en vez de unir al país con el resto del mundo, como solía, ahora lo aísla. El régimen ha estado pleno de masacres y asesinatos. La vida personal del dictador está marcada distintivamente por las muertes de quienes lo rodeaban: su doble Patricio Aragonés, su madre Bendición Alvarado, su esposa Leticia Nazareno y su hijo Emanuel, su compadre Rodrigo de Aguilar.

Esta no es la primera vez que García Márquez desarrolla una obra alrededor de una muerte, como hemos visto en "Los funerales". Incluso hay un antecedente más remoto: *La hojarasca,* que gravita alrededor del deceso de un médico. En los tres casos estamos frente a una anécdota común: los preparativos alrededor de un muerto nuevo.

---

[46] Northrop Frye, "Myth and Literature" en *Myth and Literature,* editado por John B. Vickery (Nebraska, 1966), p. 94. La traducción es mía.

El coronel no tiene quién le escriba, también, gira alrededor de un difunto. El sentimiento de solidaridad en el pueblo se expresa cuando alguien muere. Un muerto automáticamente convierte a todo el pueblo en deudos. El funeral descrito en la novela corta, sin embargo, no se refiere directamente a la muerte principal en el libro Como en el *La horajasca,* esta muerte se vuelve una presencia constante y onerosa: aquí, se trata de Agustín, el hijo del coronel asesinado en las peleas de gallos por distribuir panfletos clandestinos en contra del gobierno. La presencia de Agustín se sigue sintiendo en tres formas: en la memoria de sus padres, en el gallo de pelea que les dejó —y aquí el rango de influencia se extiende no sólo a su familia, sino también a sus amigos—, y a través de la transformación de su nombre en contraseña entre la oposición clandestina en contra del gobierno.

Y aún hay otra muerte central en los cuentos de García Márquez que define la anécdota básica: "La siesta del martes". Como en *La hojarasca,* el último homenaje al muerto anónimo en Macondo de parte de su madre y hermana se critica y desaprueba en el pueblo: tanto el muerto de *La hojarasca* como el de este cuento eran personajes marginales; el primero un extranjero, en todos los sentidos, en el pueblo, y el segundo un extranjero que también era un ladrón. Como en *El otoño* y en *La horajasca,* toca al lector imaginar en "La siesta del martes" lo que será de hecho el momento climático del cuento, que no se incluye, pero para el cual se ha construido y preparado cuidadosamente cada oración.

La presencia constante de la muerte en la obra de García Márquez está estrechamente relacionada con un fuerte sentimiento de decadencia y corrupción que abarca todos los niveles de las comunidades en cuestión. A menudo, esta decadencia y corrupción es anticipada y está acompañada de signos; así, según Vincenzo Bollettino, "los ratones de *La mala hora* son los hongos en *El coronel no tiene quién le escriba* y las hormigas rojas en

Cien años de soledad".[47] También podríamos incluir en esa lista los pájaros muertos de "Un día después del sábado" que anticipa a los gallinazos al comienzo de *El otoño*.

Tanto "Los funerales" como *El otoño* empiezan cuando ya todo ha sucedido, bajo una mirada retrospectiva. No hay suspenso, no hay elemento de sorpresa en lo que respecta al desenlace. Los protagonistas de ambas obras ya están muertos cuando se cuentan sus historias. Un paralelo similar puede establecerse entre *El otoño* y *Cien años*. En la segunda hay adelantos de lo que sucedió o no sucedió en la historia. El mismo recurso anticipatorio, incluso con las mismas fórmulas, se usa en *El otoño*. Compárense las ya célebres líneas que abren *Cien años*: "Muchos años después, frente al pelotón de fusilamiento el coronel Aureliano Buendía había de recordar. . ."[48] con "Bendición Alvarado se acordaría toda la vida de aquellos sobresaltos del poder" (p. 55).

Podría decirse que tanto "Los funerales" como *El otoño* se ubican en un momento prehistórico, cuando los testimonios orales y la tradición son aún los medios fundamentales de comunicación e información. Esta impresión está dada básicamente por el uso constante en estas dos obras —así como en *Cien años*— de fórmulas temporales indefinidas y vagas, como "muchos años después", "en aquella época" o "mucho tiempo después".

El narrador de "Los funerales", usando un estilo muy semejante al de un merolico en una feria, dice que es tiempo de "empezar a contar desde el principio los pormenores de esta conmoción nacional, antes de que tengan tiempo de llegar los historiadores",[49] después de haber empezado con la advertencia de "esta es, incrédulos del mundo entero, la verídica historia de la Ma-

---

[47] Bolletino, pp. 78-9.
[48] *Cien años*, p. 4.
[49] *Los funerales*, p. 127.

má Grande".[50] Es decir, mientras aún hay tiempo de rescatar, por así decirlo, la versión original e impoluta de la realidad, toca al hombre de letras la tarea de dar una versión, en cierto sentido, más completa, de la historia, de la que podría producir la historiografía.

El estilo de "Los funerales" con su grandilocuencia, hipérboles y largas listas y catálogos, ya promete el estilo que encontramos más tarde desarrollado en *El otoño*.

La idea del poder absoluto totalmente desarrollada en *El otoño* tampoco es nueva en García Márquez, como el propio novelista le declaró a Germán Darío Carrillo. El rango y límites del poder absoluto y (casi) eterno "ya se hallaban en simiente en el personaje del alcalde de *La mala hora*... y... la mayor muestra de dicha faceta debería verse en el coronel Aureliano Buendía...".[51] Carrillo menciona que la Mamá Grande, "símbolo del obsesionante tema del 'poder absoluto'... es también un anticipo —versión femenina— del desolado tirano de *El otoño del patriarca*".[52] Otro antecedente importante del personaje del Patriarca en *El otoño* puede rastrearse en *Cien años*, en menor medida, en la figura patriarcal del primer José Arcadio Buendía, y en mayor medida en el coronel Aureliano Buendía.

En los inicios del gobierno de Zacarías en *El otoño* se dice que tenía una presencia tangible, en estrecho contacto con el pueblo, como una figura paternal, como un verdadero Patriarca. En este respecto se asemeja al primer José Arcadio, poco después de la fundación de Macondo, cuando "adquirió tanta autoridad entre los recién llegados que no se echaron cimientos ni se pararon cercas sin consultárselo, y se determinó que fuera

[50] *Idem*, p. 127.

[51] Germán Darío Carrillo, *La narrativa de Gabriel García Márquez* (Madrid, 1975), p. 12.

[52] *Idem*, p. 12.

él quien dirigiera la repartición de la tierra".[53] Esta misma autoridad paternal es el tipo que muestra el Patriarca en los inicios de su régimen, cuando,

> se informaba sobre el rendimiento de las cosechas y el estado de salud de los animales y la conducta de la gente, se sentaba en un mecedor de bejuco a la sombra de los palos de mango de la plaza abanicándose con el sombrero de capataz que entonces usaba, y aunque parecía adormilado por el calor no dejaba sin esclarecer un solo detalle de cuanto conversaba con los hombres y mujeres que había convocado en torno suyo llamándolos por sus nombres y apellidos como si tuviera dentro de la cabeza un registro escrito de los habitantes y las cifras y los problemas de toda la nación (pp. 90-91).

Pero esta buena memoria no implicaba necesariamente la capacidad de resolver problemas.

Tanto el coronel Aureliano Buendía como Zacarías reflexionan poco en torno a su carreras, el primero como soldado, el segundo como presidente. Aureliano, se nos dice "no había de entender muy bien cómo se fue encadenando la serie de sutiles pero irrevocables casualidades que lo llevaron hasta ese punto".[54] La misma ignorancia aparece en el Patriarca, quien empieza cada día, "sin saber muy bien para dónde lo arrastraban las ventoleras de la nueva jornada" (p. 11). La carrera política de Zacarías en su fase militar empezó por casualidad: se embarcó en las guerras simplemente porque quería conocer el mar. Este mismo deseo, no es casual, guía al primer José Arcadio Buendía y a un grupo de personas que "atravesaron la sierra buscando una salida al mar".[55] Este grupo, sin embargo, nunca llega al mar, de modo que se establecen y fundan Macondo, lejos de las

[53] *Cien años*, p. 41.
[54] *Idem*, p. 90.
[55] *Idem*, p. 17.

ansiadas aguas. Zacarías, por otro lado, cumple su deseo no sólo de conocer el mar, sino de vivir a sus orillas, esto es, al menos hasta la época crítica del país cuando cede el mar a los Estados Unidos a cuenta de la inmensa deuda externa del país. La ausencia del mar en ese punto es sólo otro de los elementos a través de los cuales se profundiza y subraya la soledad del presidente. Sin el mar, la motivación original de su vida en el poder desaparece: los gringos "se llevaron todo cuanto había sido la razón de mis guerras y el motivo de su poder". (p. 249).

Este punto nos lleva a lo que es tal vez la característica más importante que comparten Aureliano Buendía y Zacarías: la soledad, un estado en el que muchos de los personajes de García Márquez viven y mueren. Durante su larga vida y gobierno, el Patriarca es un hombre extremadamente solo. Así, el autor colombiano continúa con una de sus preocupaciones centrales en su obra: la soledad. El novelista ha afirmado que "en realidad uno no escribe sino un libro. Lo difícil es saber cuál es el libro que uno está escribiendo. En mi caso, lo que se dice es que es el libro de Macondo. Pero si lo piensas con cuidado", le dice a González Bermejo, "verás que el libro que yo estoy escribiendo no es el libro de Macondo sino el libro de la soledad".[56]

El coronel Aureliano Buendía se encierra literalmente en un círculo de tres metros de diámetro cuando regresa a Macondo después de sus treinta y dos derrotas: no deja a nadie, ni siquiera a Úrsula, acercarse más. Desde ahí, "decidía con órdenes breves e inapelables el destino del mundo".[57] El círculo de Zacarías es un poco mayor: la casa presidencial. Varias veces se le describe como un ahogado solitario (p. 191, 253), como un déspota solitario (p. 8) dentro de la casa presidencial, que

.[56] *Cosas de escritores*, p. 18.
[57] *Cien años*, p. 149.

es la casa de la soledad (p. 139, p. 235), un santuario desierto (p. 10), casa de nadie (p. 234) o casa de espantos (p. 235). En el caso de Zacarías, así como en el del coronel Aureliano Buendía, la soledad es, en última instancia, un concepto político, entendido, según el propio García Márquez, como el opuesto de la solidaridad.[58]

Una de las maneras posibles de luchar contra la soledad en la obra de García Márquez es a través del amor. En lugar de luchar, tal vez debería hablarse más bien de mitigar. Así, Aureliano Segundo y Petra Cotes, al igual que Aureliano Babilonia y Amaranta Úrsula son probablemente las dos parejas en *Cien años* que se acercan más a romper la condena de soledad familiar. Pero no así el coronel Aureliano Buendía. Cerca de su muerte, a la propia Úrsula se le ocurre que su hijo el coronel,

> no había hecho tantas guerras por idealismo, como todo el mundo creía, ni había renunciado por cansancio a la victoria inminente, como todo el mundo creía, sino que había ganado y perdido por el mismo motivo, por pura y pecaminosa soberbia. Llegó a la conclusión de que aquel hijo por quien ella habría dado la vida, era simplemente un hombre incapacitado para el amor.[59]

Zacarías también es una víctima de la misma enfermedad, y está dolorosamente consciente de su incapacidad para el amor: "sabía que estaba condenado sin remedio a no morir de amor" (p. 86).

Las veces en que tanto Aureliano como Zacarías se aproximan a una relación amorosa, se trata de una relación unilateral que, en lugar de ayudarlos a salir de su soledad, los empuja finalmente a una mayor profundidad en su destino aparentemente inescapable. Otro punto significativo de contacto entre ambos personajes es el objeto de su amor: se enamoran de jovencitas, casi

[58] Véase *Cosas de escritores*, p. 27.
[59] *Cien años*, p. 218.

niñas. Y ambos ven a estos objetos de su veneración desaparecer súbitamente por una u otra razón: Remedios, la esposa-niña de Aureliano, muere inesperadamente durante su primer embarazo; Manuela Sánchez literalmente desaparece en el aire sin dejar rastros; Leticia Nazareno, aun cuando no es tan joven como las otras dos, también se disuelve en las entrañas de los perros que la devoran junto con el general infante; las escolares con las que el Patriarca gusta jugar desaparecen abruptamente de su alcance mórbido y decrépito.

En todos estos casos se trata de amor no correspondido, si es que puede describírsele como tal. Mercedes, la esposa de Aureliano, es demasiado joven para darse cuenta de lo que representa el amor de este hombre. Simplemente lo acepta con su inocencia infantil, como una imposición, tanto de parte de su familia como de la voluntad del coronel. Manuela Sánchez, a su vez, tolera las visitas del Patriarca con base en su poder y posición privilegiada. Lo describe sin piedad como un hombre con "labios de murciélago, los ojos mudos que parecían mirarme desde el fondo de un estanque, el pellejo lampiño de terrones de tierra amasados con aceite de hiel" (p. 77). El Patriarca está entusiasmado con ella, lleno de un amor platónico y espiritual. Pero Manuela Sánchez se siente incapaz de tolerar al viejo más y logra, misteriosamente, desaparecer sin dejar rastro. La secuestrada Leticia Nazareno también tolera el deseo del Patriarca, calculando los beneficios que puede obtener de su inevitable situación. Hábil y lentamente, logra convertirse en una figura incluso más poderosa que el propio presidente: ella lo gobierna a él y al país. Su relación es más física que emotiva, pero hay un auténtico sentimiento de ternura entre ellos. Leticia Nazareno llega a la vida de Zacarías para asumir, en parte, el papel que Bendición Alvarado debió haber jugado como madre, guía y enfermera. El presidente no recibe amor de estas mujeres, a excepción tal vez de una de las niñas de la escuela cercana con las que le gustaba jugar. Esta niña se enamora de él, pero se ve obligada a abandonar el país presionada por los militares y su familia, cuando se percatan de sus juegos con el presidente. Su vida se vuelve miserable debido a la separación. Se lamenta de que el presidente haya muerto

> sin haber sabido que yo me pasé el resto de la vida muriéndome por él, me acostaba con desconocidos de la calle para ver si encontraba uno mejor que él, regresé envejecida y amargada con esta recua de hijos que había parido de padres diferentes con la ilusión de que eran suyos, y en cambio él la había olvidado al segundo día en que no la vio entrar (p. 223)

Sin embargo, su fuerte afecto por él, debe decirse, emana de una muy evidente atracción sexual, y se combina con los tiernos sentimientos que él le demuestra. La incapacidad para el amor no está divorciada de una intensa actividad sexual en Zacarías ni en Aureliano Buendía. Siempre es muy claro que sus relaciones sexuales no se asocian con el amor. El Patriarca al final de su vida sabe, por ejemplo, "que lo que entonces le faltaba y le había faltado siempre en la cama no era honor sino amor" (p. 265). Ambos son padres prolíficos. Sabemos que Aureliano concibe al menos diecisiete varones, todos bautizados con su nombre. De Zacarías, en un patriarcado hiperbólico, se dice que tuvo "más de cinco mil hijos, todos sietemesinos" (p. 50) de "más de mil mujeres" (p. 6). Zacarías parece más consciente y afectado por su soledad y la brecha en su vida entre el sexo y el amor que Aureliano. Frecuentemente se le ve llorando desconsoladamente después de haber violado a una mujer, despertando sentimientos de piedad en ellas, en las aproximaciones más cercanas al amor que habrá de conocer.

Éste es tal vez un momento adecuado para hablar del papel de las mujeres en las obras de García Márquez. Ernesto Volkening ha apuntado que

La inconsistencia, el capricho, la fantasía, la debilidad, el desconocimiento de las férreas leyes que rigen al mundo y el hábito de prestar oído a las efímeras sugerencias del instante, en fin, todas las virtudes y flaquezas que, desde tiempos inmemoriables suelen atribuirse en la sociedad de cuño patriarcal a la mujer, ahí [en García Márquez] se proyectan sobre el hombre. En cambio, las mujeres de García Márquez son portavoces de la cordura, almas de buen temple, cuya fuerza reside, precisamente, en la circunstancia de que, privadas del don de deslizarse a fantásticas regiones, sólo conocen un mundo...[60]

Esto también es cierto de *El otoño*. El paralelo de Úrsula puede encontrarse en Bendición Alvarado, y en un menor grado en Leticia Nazareno.

Úrsula y Bendición son fuertes figuras matriarcales. La crítica de *Cien años* ha observado varias veces que Úrsula es el centro terrenal que une a la familia, junto con la matriarca extra-familiar de Pilar Ternera. Una cualidad que el análisis de Volkening implica es la habilidad de las mujeres de García Márquez de vivir el lado práctico de la vida, despreciado por los hombres que las rodean. Cuando Zacarías y su madre llegan por primera vez a la casa presidencial, reina un caos absoluto. Bendición Alvarado intuitiva e inmediatamente toma el mando de la situación y lo ve todo en términos prácticos: "arrancó una cortina para envolverme y lo dejó acostado en un rincón de la escalera principal mientras ella barrió con la escoba de las ramas verdes" (p. 255). Después de haber establecido cierto orden, le aconseja a su hijo:

no te dejes acoquinar por este desorden, hijo, es cuestión de comprar unos taburetes de cuero de los más baratos, yo misma los pinto, decía, es cuestión de comprar unas ha-

---

[60] Ernesto Volkening, "Gabriel García Márquez o el trópico desembrujado" en *Homenaje a Gabriel García Márquez*, editado por Helmy F. Giacoman (Madrid, 1972), p. 84.

macas, porque en una casa como ésta deben llegar muchas visitas a cualquier hora sin avisar, decía, se compra una mesa de iglesia para comer, se compran cubiertos de hierro y platos de peltre para que aguanten la mala vida de la tropa, se compra un tinajero decente para el agua de beber y un anafe de carbón y ya está (pp. 255-6).

Este es ciertamente el mismo instinto práctico que inspira una Úrsula frágil y casi ciega a exclamar: " 'Hay que hacer carne y pescado', ordenaba a las cuatro cocineras. . . 'Hay que hacer de todo —insistía— porque nunca se sabe qué quieren comer los forasteros' ".[61]

La autoridad matriarcal que estas mujeres se han ganado les otorga el derecho de gobernar sobre sus hijos en todo momento, independientemente de su posición y edad. En *Cien años*, cuando Arcadio se ha embarcado en un régimen de terror y violencia en Macondo, nadie excepto Úrsula se atreve a detenerlo, con gran firmeza, interrumpiendo un escuadrón de fusilamiento: "Antes de que Arcadio tuviera tiempo de reaccionar, le descargó el primer vergajazo. . . Azotándolo sin misericordia, lo persiguió hasta el fondo del patio, donde Arcadio se enrolló como un caracol".[62] Esta misma autoridad patriarcal se expresa cuando Úrsula, frente al tribunal encabezado por el coronel Aureliano Buendía que ha condenado al coronel José Raquel Moncada exclama: "No olviden que mientras Dios nos dé vida, nosotras seguiremos siendo madres, y por muy revolucionarios que sean tenemos el derecho de bajarles los pantalones y darles una cueriza a la primera falta de respeto".[63] Pero, pese a la intervención de Úrsula, el coronel Aureliano Buendía fusila al coronel Moncada. De igual manera, Bendición Alvarado es impotente frente a ciertos aspec-

[61] *Cien años*, p. 202.
[62] *Idem*, p. 99.
[63] *Idem*, p. 143.

tos de la vida de su hijo. Esto nos trae a otra faceta de la soledad que comparten el coronel Aureliano Buendía y Zacarías, subrayada especialmente en *El otoño*: la soledad del poder. A medida que estos personajes ascienden en la escala del poder, parecen perder gradualmente el asidero de la realidad. Llegan a un punto más allá del poder mismo, por así decirlo, donde ya no tienen siquiera que emitir órdenes; las órdenes se completan y cumplen antes de ser expresadas e incluso en ocasiones antes de ser formuladas mentalmente. Las órdenes de Aureliano "se cumplían antes de ser impartidas, aun antes de que él las concibiera, y siempre llegaban mucho más lejos de donde él se hubiera atrevido a hacerlas llegar".[64] Éste ya es un indicio de la futilidad del poder, desarrollado y exagerado en *El otoño*. Casi con las mismas palabras, el Patriarca se vuelve "un inválido de palacio incapaz de concebir una orden que no estuviera cumplida de antemano" (p. 100), y él mismo se percata de haberse convertido en una figura inútil: "ya no soy más que un monicongo pintado en la pared de esta casa de espantos donde le era imposible impartir una orden que no estuviera cumplida desde antes" (p. 234).

Para Zacarías el poder es claramente una de las causas de su aislamiento y soledad; solía anunciar su propia llegada gritando "que se aparten cabrones que aquí viene el que manda" (p. 117), provocados en un sentido por él mismo. Zacarías representa otra etapa en la jerarquía del poder en la obra de García Márquez, como el propio autor le ha dicho a Germán Darío Carrillo: el colombiano "piensa que si el coronel hubiera ganado una sola de las treinta y dos guerras habría sido el dictador más sanguinario y desolado de toda la historia americana".[65] El poder está estrechamente relacionado en estos dos personajes con su incapacidad de amar, como

[64] *Idem*, p. 149.
[65] Carrillo, p. 12.

ya se mencionó. Al haber fallado en su esfuerzo de superar la soledad a través del amor, el único camino que les queda es la adquisición de poder. García Márquez, escribe Carrillo, "sostiene que el apetito del poder es un sustituto de la incapacidad para amar".[66] Estos dos personajes se percatarán de que el poder meramente los empuja a otro tipo de aislamiento e incomunicación, que es, en última instancia, una cara distinta de la misma vieja soledad tan familiar.

Zacarías y el coronel Aureliano Buendía adquieren el *status* de figuras legendarias, parte del folklore popular. Están dotados, en la mente popular, de cualidades sobrenaturales. La principal que comparten es una capacidad sorprendente para predecir el futuro además de una extraordinaria intuición. Así, por ejemplo, en la misma forma en que Aureliano se salva milagrosamente de varios intentos de asesinato, el Patriarca es capaz de descubrir a través de una súbita epifanía que su compadre de toda la vida, Rodrigo de Aguilar, ha organizado un golpe de estado contra su gobierno. En ambos casos, estas cualidades sobrenaturales habían sido anticipadas ya desde el vientre materno. En los textos oficiales escolares, a Bendición Alvarado se la había atribuido "el prodigio de haberlo concebido sin concurso de varón y de haber recibido en un sueño las claves herméticas de su destino mesiánico" (p. 51), al igual que Aureliano, quien "era silencioso y retraído. Había llorado en el vientre de su madre y nació con los ojos abiertos".[67] Este aspecto de la personalidad de Zacarías se retomará en la siguiente sección.

Otro personaje literario que viene a cuento al hablar de Zacarías es el Pedro Páramo de Juan Rulfo. Jill Levine ha comparado *Cien años* con *Pedro Páramo*. En ambas obras, dice, hay una "búsqueda de la identidad no

[66] *Ibidem.*
[67] *Cien años*, p. 20.

sólo familiar e individual sino también nacional o cultural".[68] La misma búsqueda puede encontrarse en *El otoño*, tomando como base al Patriarca, que es una figura dominante tanto política como social en su comunidad, al igual que Pedro Páramo en Comala. En ambos casos, la historia tiene lugar cuando ya todo ha ocurrido, cuando los principales protagonistas han muerto. Los personajes son parte de un mundo muerto y decadente. Juan Preciado, uno de los hijos de Pedro Páramo, como los hombres que entran a la casa presidencial en *El otoño*, va a Comala en busca de sus orígenes, a intentar entender una explicación de su propia vida a través de la de su padre. En *El otoño* como en *Pedro Páramo*, muchos hombres pueden decir, junto con Abundio Martínez: "Yo también soy hijo de Pedro Páramo".[69] Al hablar del ejército, Zacarías proclama su superioridad a través de su paternidad: "Yo, que los parí a todos" (p. 116). Y más adelante, cuando sirve en la mesa a su compadre asado, piensa que lo hizo "para que nadie se quedara sin saber cómo terminan los que levantan la mano contra su padre" (p. 123).

La ya mencionada prolífica vida sexual de Zacarías encuentra un paralelo en el mexicano Pedro, como bien sabe el padre Rentería después de escuchar múltiples secretos de confesión: " 'Me acuso padre de que ayer dormí con Pedro Páramo'. 'Me acuso padre que tuve un hijo de Pedro Páramo'. 'De que le presté mi hija a Pedro Páramo' ".[70]

Hay una diferencia básica entre los personajes femeninos de García Márquez y los de Rulfo —un reflejo tal vez de los distintos papeles que juegan las mujeres en Colombia y en México. Según Levine, "García Már-

[68] Jill Levine, "*Pedro Páramo y Cien años*, un paralelo" en *Homenaje a Gabriel García Márquez*, p. 283.
[69] Juan Rulfo, *Pedro Páramo* (México, 1965), p. 14.
[70] *Idem*, p. 83.

quez se burla del machismo y reafirma la vitalidad de la raza humana a través de la fuerza terrenal de sus mujeres. Las de Juan Rulfo son sumisas y pasivas".[71]

De la misma manera en que Comala y Macondo —y con mayor precisión la hacienda de Pedro Páramo y la casa de los Buendía en *Cien años*— son los centros espaciales de las novelas, la casa presidencial en *El otoño* es un microcosmos del país caribe en el que está situado. El estado del país, por ejemplo, parece ser un reflejo del estado de la casa. Al igual que hay desinformación dentro, la hay afuera; al igual que es casi imposible detectar dentro la presencia de la autoridad, en "aquel palacio de puertas abiertas dentro de cuyo desorden descomunal era imposible establecer dónde estaba el gobierno" (p. 11), lo mismo sucede afuera.

El problema del poder también está presente en *Pedro Páramo*. A un nivel, el personaje central, según Julio Ortega, "Pedro (piedra) Páramo (desierto) simboliza. . . la muerte y el deterioro que suscita el poder. Es a partir del poder, primer nivel de la historia, que esta novela va penetrando o destruyendo otros niveles de una realidad que se quiere acusar".[72] Éste es el caso también en *El otoño*. Pedro Páramo y Zacarías nunca son objeto de una descripción completa y precisa en términos realistas. Le toca al lector construir un cuadro de sus personalidades a partir de los trozos y pedazos recogidos aquí y allá. Antonio Sacoto Zalamea ha apuntado con respecto a *Pedro Páramo* que "lo que de él conocemos lo conseguimos a través de los ecos, de los ruidos, de los puntos de vista de los otros personajes y de los pedazos vividos por el mismo Pedro Páramo".[73] Como se vio en la primera sección de este capítulo, la figura

---

[71] Levine, p. 284.

[72] Julio Ortega, "Pedro Páramo" en *Homenaje a Juan Rulfo*, editado por Helmy F. Giacoman (Madrid, 1974), p. 144.

[73] Antonio Sacoto Zalamea, "El personaje y las máscaras en *Pedro Páramo* de Juan Rulfo", en *Homenaje a Juan Rulfo*, p. 378.

de Zacarías en *El otoño* se construye de la misma manera, a través de la visión —distorsionada o no— de la comunidad que ha vivido bajo su régimen.

3. Un presidente mítico

En *El otoño* se describe a Zacarías como un presidente improbable, un señalamiento preciso en ambos sentidos del término: por un lado, improbable se refiere a la naturaleza remota de la existencia misma del presidente, y, por la otra, a la imposibilidad de probar su existencia. Todas las afirmaciones acerca de su vida —y no se debe descartar completamente esa posibilidad— bien pueden no ser otra cosa que el producto de la imaginación de la conciencia colectiva de la gente para explicarse a sí misma su propio mundo: en otras palabras, un mito. El presidente podría funcionar entonces como una invención necesaria de la gente a fin de mantener funcionando al país; el centro creado de todo odio, admiración, envidia, amor, veneración y respeto, el Patriarca alcanza las esferas divinas.

David Bidney ha escrito que "en toda acción mítica el sujeto del rito se transforma en un dios o demonio".[74] En *El otoño* se habla del patriarca como si fuera un semi-dios, con poderes y cualidades sobrenaturales.

En los inicios de su gobierno, se dice que el presidente tiene una presencia más tangible, que estaba en contacto estrecho con su pueblo. Uno se pregunta si, tal vez, durante esa época, de hecho existió. Pero, a medida que pasa el tiempo y se desarrolla el complejo aparato de estado, a la gente le es más fácil vivir sin la presencia inmediata del presidente, y más con la simple idea de que

[74] David Bidney, "Myth, Symbolism and Truth" en *Myth and Literature*, p. 7. La traducción es mía.

debería estar ahí, pues su nombre bastaba para dar la seguridad de su existencia. Lo que importa en este punto es que la gente de hecho cree en él, y no que de hecho existe.

Para el aparato de estado, por otro lado, el presidente se convierte en un instrumento útil y necesario, usado como figura de chivo expiatorio, como el funcionario público responsable del destino del país. Al mismo tiempo, se le presenta como el benefactor sabio y protector, como El Patriarca. Así, la personalidad del presidente entra al reino de la mitología, pues su imagen se va estereotipando, abstrayendo, y convirtiéndose más en lo que la gente quiere creer, se les hace creer, que en lo que en realidad es. Es difícil, desde luego, hablar de "lo que es", dado que su personalidad se crea, por así decirlo, a partir de factores externos en lugar de sus propias potencialidades personales. Se vuelve lo que el aparato gubernamental quiere que sea, dejando lugar para idiosincrasias menores, que algunas veces le atribuyen la imaginación del pueblo. Vargas Llosa ayuda a arrojar luz sobre esta situación al discutir los mitos en *Cien años*; para el peruano, "las leyendas y los mitos resultan del encuentro de dos elementos real objetivos: hechos 'históricos' y fantasía colectiva".[75]

Quienes encuentran el cadáver del presidente nunca lo habían visto; ni siquiera sus padres —sólo una generación antes— lo conocían; habían oído hablar del Patriarca pero nunca habían llegado a verlo. Quienes entran a la casa presidencial sólo habían visto "copias de copias de retratos considerados infieles" (p. 8) del Patriarca. La imagen original se había deformado tanto que se había vuelto prácticamente indistinguible.

El Patriarca es, pese a su cualidad abstracta —o tal vez precisamente debido a ella— la fuerza motriz de la vida del país. Todos creen en él porque se les ha ense-

---

[75] Vargas Llosa, p. 402.

ñado a hacerlo, casi como un acto de fe que excluye el análisis racional. Varias veces en la novela se subraya la dependencia del pueblo del Patriarca. La certeza de que está vivo es la premisa necesaria de su existencia misma: si no hubiera existido, razonan, entonces tampoco ellos existirían. La idèa detrás de esto no está lejos de la conclusión a la que Aureliano Babilonia llega al final de *Cien años*, como Emir Rodríguez Monegal ha apuntado: "Aureliano de la ciudad de los espejos es un fantasma soñado por otro, que está atrapado en un laberinto de palabras escritas, cien años antes y en sánscrito, por el mago Melquíades".[76] Éste es un claro eco del cuento de Jorge Luis Borges "Las ruinas circulares" en *Ficciones*. En *El otoño*, aun cuando podamos estar persuadidos de la existencia del Patriarca, bien puede ser, como se apuntó antes, sólo una invención colectiva. Pero la invención es recíproca: una vez establecida, la gente, a su vez, no cree en su propia existencia independientemente de la del presidente a quien probablemente ellos inventaron. La relación entre la casa presidencial y el país opera, entonces, en dos maneras: por un lado, el pueblo ve al dictador en muchos momentos como una idealización, un ser etéreo, un concepto abstracto. Por otro, la misma naturaleza abstracta se aplica al modo en que el presidente ve a su pueblo en una etapa posterior de su régimen. En los inicios del gobierno, tanto el líder como el pueblo eran más concretos, seres más tangibles uno para otro. Con el tiempo, la brecha entre ambos se incrementa gradualmente, y el dirigente se aísla cada vez más dentro de las paredes de la casa presidencial. En ese punto, llega a considerar a la gente de la misma manera en que ellos lo ven a él: como una abstracción, un concepto hueco, una generalización vaga: "el pueblo" o "esta gente". Este concepto,

---

[76] Emir Rodríguez Monegal, "Novedad y anacronismo en *Cien años*" en *Homenaje a Gabriel García Márquez*, p. 37.

sin embargo, vago y general, de hecho da una razón y un significado a la vida de Zacarías: ¿Cuál es el sentido de un presidente sin pueblo? En los momentos de crisis —frecuentes y graves— el presidente siempre se siente confiado y respaldado porque está seguro de que "esta gente me quiere" (p. 19). Cuando todos los demás lo han traicionado, piensa "todavía me queda el pueblo" (p. 239) o "la gente está conmigo" (p. 120). La historia del Patriarca, aun cuando la cuenta el pueblo, está contada también desde el punto de vista de Zacarías; esto recuerda de nuevo el cuento de Borges, "Las ruinas circulares": ¿el Patriarca inventa al pueblo? ¿El pueblo inventa al Patriarca? La respuesta parecería ser afirmativa en ambos casos.[77]

En los principios del primer capítulo de la novela se dice que el Patriarca se sienta a la derecha de la Santa Trinidad. También hay varias referencias a la creación de su país caribeño a su imagen y semejanza. Se dice, asimismo, que gobernaba en persona, en todo tiempo y lugar; tenía, es decir, los dones extraordinarios de ubicuidad e infinitud. Más adelante se afirma que fue concebido por gracia del Espíritu Santo. En los textos gubernamentales oficiales, se atribuye a su madre la hazaña de "haberlo concebido sin concurso de varón y de haber recibido en un sueño las claves herméticas de su destino mesiánico" (p. 51). La contraparte de esta versión oficial es irónica: por un lado, Demetrious Aldous, durante la investigación llevada a cabo para establecer la supuesta santidad de Bendición Alvarado, descubre que es imposible establecer la identidad del padre del dictador porque su madre era en esa época prácticamente una prostituta; por otro, después de que el lector correlaciona los datos contradictorios disponibles en la novela a fin de intentar reconstruir el gobierno del Pa-

77 Véase Rama, *Los dictadores latinoamericanos*, p. 63.

triarca, Zacarías está lejos de ser un líder carismático y mesiánico.

Además de los huecos con respecto a los orígenes del Patriarca, corren diversos rumores sobre distintos aspectos de su vida privada, que aspiran a cubirir las brechas causadas por ignorancia y/o mala información. Cuando se encuentra el cuerpo, los hombres descubren un abrigo con marcas de balas que lo atraviesan. Esto les hace pensar que "era cierta la leyenda corriente de que el plomo disparado a traición lo atravesaba sin lastimarlo, que el disparado de frente rebotaba en su cuerpo y se volvía contra el agresor, y que sólo era vulnerable a las balas de piedad disparadas por alguien que lo quisiera tanto como para morirse por él" (p. 49).

Otro rumor sobre su vida privada era que había crecido hasta cumplir cien años, y que cuando llegó a los ciento cincuenta había experimentado una tercera dentición. Su longevidad es en sí misma una exageración que tiene su base probable en un avanzada edad inusual combinada con el sentimiento del pueblo de un régimen terriblemente largo, más en términos psicológicos que cronológicos: la gente siente que Zacarías ha estado en el poder desde mucho antes de la llegada de los españoles a América.

Como cualquier héroe mítico, y como un dios, el Patriarca posee cualidades sobrenaturales, algunas de las cuales ya se han mencionado en comparación con el coronel Aureliano Buendía. Se hacen varias referencias en la novela a los misteriosos poderes curativos del presidente, así como a su capacidad de hacer florecer los árboles, crecer los animales y terminar la lluvia. En otras palabras, su poder se extiende, según una creencia popular, al reino natural. Durante uno de los frecuentes ciclones en el Caribe, se dice que restauró la vida a los animales muertos y ordenó al agua bajar de nivel. Ésta es, una vez más, una observación irónica, si oponemos las gallinas revividas del Patriarca con el Lázaro de Cristo. Sus poderes divinos llegan a un clímax cuando todos los que lo rodean lo proclaman como la persona capaz de poner fin a los terremotos, eclipses, años bisiestos y otros errores de Dios (p. 12). Esta tendencia a exagerar tiene su raíz, según Vargas Llosa, en un deseo de "aumentar, hiperbolizar hasta convertir lo probable en improbable, lo ordinario en extraordinario".[78] Según Vargas Llosa, este uso de la exageración en García Márquez "no es una manera de alterar la realidad, sino de verla".[79] Ariel Dorfman, a su vez, al hablar de los doscientos vagones llenos de trabajadores asesinados en *Cien años*, piensa que tal vez García Márquez "no exagera lo suficiente. Doscientos vagones son pocos para todos los trabajadores asesinados en América".[80]

En lo que respecta a la apariencia física del presidente, se le compara con elefantes, halcones, toros, corderos, armadillos, bisontes, tigres y perros. Henry Murray cree que "una entidad antropocéntrica puede tener una anatomía natural (animal o humana), una anatomía prenatural (gigantesca, extraña, alguna combinación de características animales y humanas), o carecer de una anatomía diseñada (una psique incorpórea, el Espíritu Santo, Dios)".[81] El Patriarca puede ubicarse en las tres clasificaciones: se le asocia con animales, tiene unos genitales gigantescos y se cree que es casi un ser divino e invisible con poderes sobrenaturales. Acorde con la cualidad animalesca del presidente, se describe la casa presidencial como "la guarida del poder".

Al ser una persona inusual, no asombra saber que el futuro del Patriarca no podía predecirse de formas "nor-

[78] Vargas Llosa, p. 465. Está hablando de "Los funerales" y de *Cien años*.

[79] *Idem*, p. 81.

[80] Ariel Dorfman, *Imaginación y violencia en América* (Santiago de Chile, 1970), p. 175.

[81] Henry Murray, "The Possible Nature of a 'Mythology' to come" en *Myth and Mythmaking*, editado por Henry Murray (Nueva York, 1960), p. 323. La traducción de la cita es mía.

males" como lectura de cartas, palmas, posos de café, etc. Sólo había una mujer capaz de predecir su futuro y el tiempo y circunstancias de su muerte (p. 86) —esto era lo que más le preocupaba sobre el futuro— observando las aguas en una tinaja. El Patriarca, aparentemente, no muere como predice la mujer, pero, irónicamente, quienes lo encuentran muerto lo colocan en la posición exacta en que se dice moriría, cumpliéndose así la profesía. La profesía de la vieja que lee las aguas ya había sido cumplida artificialmente una vez, por el propio Patriarca, cuando muere Patricio Aragonés —el tiempo que se conoció como la primera muerte del presidente— y vuelve a cumplirse con su propia muerte. Ésta es una instancia particularmente adecuada para observar el juego de García Márquez con el rumor y la verdad: teóricamente, la predicción de las circunstancias de la muerte del presidente eran desconocidas excepto para él mismo —él mismo asesinó con su propia mano a la pitonisa para garantizar el secreto— sin embargo, hay constantes referencias a esta predicción a través de la novela. Así, es muy difícil decir si la profesía fue de hecho inventada por la gente —o bien antes o poco después de su muerte— o si, de alguna manera, el secreto se había vuelto un secreto colectivo. Este incidente es de la misma naturaleza que el enterramiento accidental de los gemelos José Arcadio y Aureliano, uno en la tumba del otro, para corregir la equivocación inicial que los confundió, en *Cien años* —aparentemente sus nombres se habían cambiado en la infancia. El mismo juego se da en *El otoño*, pues no se puede detectar si la historia de Zacarías de hecho le sucede a él o a su doble Patricio Aragonés: hay evidencia para dudar, por lo menos, de quién actúa en el episodio con Manuela Sánchez.

Cuando surge Patricio Aragonés en la vida de Zacarías, se le entrena inmediatamente para convertirlo en su doble exacto. La extraordinaria semejanza trasciende los límites de la mera apariencia personal: ambos sólo engendran hijos sietemesinos. En una de esas ocasiones en que Patricio Aragonés fue obligado a aparecer en ceremonias públicas, conoció a la reina del carnaval, Manuela Sánchez. A partir de ese momento, le confía al presidente, "no encontraba la puerta para salir de aquel recuerdo, porque era la mujer más hermosa de la tierra, de las que no se hicieron para uno mi general, si usted la viera" (p. 16). Esta observación resulta ser válida también para Zacarías, si es cierto que él también se enamora más adelante de Manuela Sánchez; su desaparición confirmará el comentario de Patricio Aragonés. Zacarías le ofrece dos soluciones a Patricio: secuestrarla de modo que su doble pueda usarla sexualmente, o permitirle usar a sus concubinas como si fuera él mismo. Para Patricio Aragonés la identificación con el presidente ha alcanzado las etapas de la soledad y el desamor característicos de Zacarías: "Patricio Aragonés no quería tanto sino que quería más, quería que lo quisieran" (p. 16).

Más adelante en la novela, cuando se describe el cortejo a Manuela Sánchez, el narrador parece haber olvidado por completo a Patricio Aragonés y su supuesto amor por la reina del carnaval, y se cuenta la anécdota como si fuera claro y evidente que el protagonista era Zacarías y nadie más. Compárese el siguiente pasaje:

y Patricio Aragonés se sumergió de buena fe en aquel cenegal de amores prestados creyendo que con ellos le iba a poner una mordaza a sus anhelos, pero era tanta su ansiedad que a veces se olvidaba de las condiciones del préstamo, se desbraguetaba por distracción, se demoraba en pormenores, tropezaba por descuido con las piedras ocultas de las mujeres más mezquinas, les desentrañaba los suspiros y las hacía reír de asombro en las tinieblas, qué bandido mi general, le decían, se nos está volviendo avorazado después de viejo (p. 16).

El pasaje, como se indica al inicio, se atribuye a Patricio Aragonés, en tanto que el siguiente dice:

se sumergía en el cieno de los cuartos de las concubinas tratando de encontrar alivio para su tormento, y por primera vez en su larga vida de amante fugaz se le desenfrenaban los instintos, se demoraba en pormenores, les desentrañaba los suspiros a las mujeres más mezquinas, una vez y otra vez, y las hacía reír de asombro en las tinieblas, no le daba pena general, a sus años (p. 74).

Esto se atribuye a Zacarías, prácticamente usando las mismas palabras. Se pueden mencionar al menos tres posibilidades con respecto a este incidente. Uno: Patricio Aragonés se enamoró de Manuela Sánchez, y ambos pasajes se refieren a él; el "reportero" atribuye erróneamente el segundo pasaje a Zacarías, probablemente debido a cierta confusión en los testimonios de la gente. Dos: Patricio Aragonés se enamoró primero de Manuela Sánchez, pero después Zacarías la conoció y también se enamoró; esto querría decir que el primer pasaje se refiere a Patricio y el segundo a Zacarías. Y, tres: toda la historia de Manuela Sánchez es, de nuevo, una invención popular, atribuida al Patriarca por la gente, y no importa si el actor fue Patricio o Zacarías.

Si la primera posibilidad es la "correcta", entonces nosotros, como lectores, estamos totalmente perdidos en la novela, pues sería virtualmente imposible saber cuál episodio fue representado por Patricio y cuál por Zacarías. La segunda opción es sólo una suposición, pues no hay indicaciones en la novela que den cuenta del encuentro de Zacarías con la reina del carnaval —aparte del de Patricio. La tercera es la versión más segura, pero también la más inasible: todo pasó en la mente de la gente, pero es tan real como si hubiera sucedido de hecho.

4. Un gobierno increíble

Hay mucha ignorancia y desinformación en el país caribeño de *El otoño*, tanto dentro de la casa presidencial como fuera de ella. Esto ayuda a explicar el papel dominante de los rumores entre la población. La ignorancia y la mala información no se limitan al pueblo; llegan a niveles más altos, y tocan incluso al propio presidente, como ya se ha mencionado.

Frecuentemente se dice en la novela que el dictador ignoraba lo que sucedía en el país que se supone dirigía. De hecho, parece gobernar muy poco. Ni siquiera en la época de su primer y aparentemente mejor periodo gubernamental, al que a menudo se hace referencia como tiempos mejores, parece tener el mando absoluto de su régimen: se dice que tiene el poder, pero nunca el mando. El poder, en otras palabras, se ubica a un nivel tan etéreo en la novela que pierde su efectividad y se convierte en una noción inútil y abstracta.

Primero, su compadre de toda la vida, Rodrigo de Aguilar, está a cargo de la maquinaria gubernamental. Más adelante, Leticia Nazareno, su esposa, surge como una mediadora auto-designada entre el presidente y sus ministros —durante ese periodo, por tanto, hay bases para creer que meramente pretendía transmitir las órdenes del presidente, cuando de hecho era ella quien las emitía. Después, José Ignacio Saenz de la Barra, con la autorización del presidente, crea un reino de terror durante el cual adquiere más control y mando que la cabeza misma del estado. Eso, sin mencionar los periodos intermedios en la historia del país caribeño en los que potencias extranjeras como los Estados Unidos o la Gran Bretaña controlan el país. El poder en la novela se vuelve para el presidente un concepto vago y abstracto y, lo que es tal vez más importante, inútil.

El poder para el Patriarca no es un instrumento para alcanzar algo, llega a ser un fin en sí mismo. A menudo, el poder en la novela se menciona en asociación con connotaciones negativas y obscuras: "los buques ilusorios de las tinieblas del poder" (p. 131), "las tinieblas de su poder insondable" (p. 174), "se hundía sin asideros en las arenas movedizas de su poder" (p. 213), sólo para mencionar tres ejemplos. El poder no le acarrea placer ni felicidad al Patriarca, por el contrario, le produce problemas y preocupaciones: "Los sobresaltos del poder" (p. 55), "la zozobra del poder" (p. 61), "los tropiezos del poder" (p. 80). Se vuelve un fardo que hace exclamar a la gente: "mírenlo cómo va que ya no puede con su poder" (p. 174).

Es cierto que el poder del Patriarca es inmenso —"su poder sin límites" (p. 174), "su poder absoluto" (p. 170), "su poder inmenso" (p. 130)— pero de nuevo, esta vastedad no lo hace necesariamente útil. El poder no ayuda al Patriarca a vivir, por el contrario, parece apartarlo de la vida: "la realidad lo volvió a sorprender con la advertencia de que el mundo cambiaba y la vida seguía aún a espaldas de su poder" (p. 242), "no lo engañaban para complacerlo. . . sino para mantenerlo cautivo de su propio poder" (p. 242).

José Saenz de la Barra le dice al Patriarca: "usted no es el gobierno, general, usted es el poder" (p. 214). Esta idea puede relacionarse con el carácter ya mencionado de abstracción del propio Patriarca. El Patriarca puede ser el poder, pero esto no lo conduce necesariamente a nada. García Márquez se ocupa aquí de un concepto del poder más allá de proporciones humanas, que ha perdido su asidero con la realidad: el poder se vuelve para el Patriarca una noción absoluta pero inútil.

El gobierno de Rodrigo de Aguilar convierte al Patriarca en un presidente títere, vagando en su inmensa y solitaria mansión. En los tiempos de Leticia Nazareno, se emiten órdenes, como en la época de Aguilar, sin el consentimiento del presidente y algunas veces sin su conocimiento. Ella establece un gobierno dentro del gobierno de modo que el presidente resulta una figura redundante. Queda aislado en su propia casa, incapaz de romper la barrera creada por Leticia Nazareno entre él y sus ministros, entre él y el pueblo. La presidente —inspirada posiblemente en el papel que jugó en la política argentina Evita Perón— coloca a sus protegidos y parientes en posiciones importantes y privilegiadas, favoreciendo

212

al mismo tiempo a la iglesia católica, de la que alguna vez formó parte como monja. Su intervención en el gobierno tiene una influencia "positiva": en aras de la piedad, por ejemplo, introduce la silla eléctrica en las ejecuciones. Irónicamente, para no mencionar el problema mismo de las sentencias a muerte, resulta un método incluso más cruel debido a la debilidad y escasez de corriente eléctrica en el país. Leticia permite el retorno del exilio al clero para restablecer el culto. El presidente se ve obligado a consentir el retorno de los curas, e incluso compensarlos por la expropiación de sus propiedades cuando fueron a arrojarlos del país. Durante el gobierno de Leticia, se abole el matrimonio civil al igual que el divorcio y la educación laica estatal. La Nazareno también hace que el presidente proclame una amnistía para los prisioneros políticos; por ella, el presidente "había desocupado los calabozos y autorizó de nuevo la repatriación de sus enemigos y promulgó un bando de pascua para que nadie fuera castigado por divergencias de opinión ni perseguido por asuntos de su fuero interno" (p. 192). Importa recordar que la presencia misma de Leticia Nazareno en la vida del Patriarca es resultado de una orden que nunca dio (p. 163), al igual que el encuentro con Manuela Sánchez tuvo lugar por iniciativa de su compadre Rodrigo de Aguilar y el ministro de Salud (p. 67).

Durante el reinado de José Ignacio Saenz de la Barra dentro del gobierno de Zacarías, su aislamiento se ahonda aún más. Aparentemente, el Patriarca ignora los acuerdos secretos entre Saenz de la Barra y los gobiernos extranjeros. El Patriarca no sabe que los programas que ve en la televisión fueron producidos especialmente para él, y que el periódico que lee ha sido impreso sólo para él. El servicio secreto instalado por el aristócrata Saenz de la Barra es tan efectivo que incluso puede grabar pensamientos; así, el Patriarca de pronto se ve a sí mismo dando un discurso en la televisión que de hecho nunca ha dado, con base en las cintas de sus procesos mentales. Físicamente aislado, el Patriarca se sentía "más solo que nunca bajo la vigilancia feroz de una escolta cuya misión no parecía ser la de protegerlo sino de vigilarlo" (pp. 227-8). De nuevo, como con Rodrigo de Aguilar y Leticia Nazareno, se siente como un "monicongo pintado en la pared de esta casa de espantos donde le era imposible impartir una orden que no estuviera cumplida desde antes" (p. 235). Al presidente "apenas si le daban ocasión de intervenir en los consejos de los nuevos ministros nombrados a instancias de alguien que no era él, seis doctores de letras de levitas fúnebres y cuellos de paloma que se anticipaban a su pensamiento y decidían los asuntos de gobierno sin consultarlos conmigo" (p. 214). Lejos de un presidente, Zacarías actúa más como el conserje de la casa presidencial, vigilando que se ordeñe a las vacas, y verificando cada noche que todas las puertas estén cerradas y las luces apagadas.

Es interesante observar que el reino de Saenz de la Barra comparte las mismas características de abstracción e irrealidad que el del Patriarca. Saenz de la Barra establece "un servicio invisible de represión y exterminio que no sólo carecía de una identidad oficial sino que inclusive era difícil creer en su existencia real pues nadie respondía de sus actos" (p. 210), pero, al mismo tiempo, "era una verdad pavorosa que se había impuesto por el terror sobre los otros órganos de represión del estado" (p. 210). El joven aristócrata es un hombre solitario sin vicios conocidos fuera de una adicción enfermiza a comprar ropa. El poder en ambos casos está estrechamente vinculado con la soledad y la falta de amor.

Aparentemente, debido a que la gente que rodea al presidente —como Rodrigo de Aguilar, Leticia Nazareno y José Saenz de la Barra— Zacarías no puede gobernar. Sin embargo, durante esos breves periodos en los que no hay agentes externos que le impidan hacerlo, sigue mostrándose como el más desinformado de los habitantes de su país. Sabe poco y lo que sabe —como la existencia del altamente desarrollado sistema de represión de Saenz de la Barra, y la dudosa vida de su madre antes de su nacimiento— prefiere hacer creer a la gente que lo ignora. La misma actitud toma con respecto al comportamiento de Leticia Nazareno: "él dejaba prosperar la creencia que él mismo había inventado que era ajeno a todo cuanto ocurría en el mundo que no estuviera a la altura de su grandeza" (p. 182).

En ciertos momentos, Zacarías parece aceptar que él no es el gobierno, como declara varias veces, sino sólo un poder inútil. Uno de los comerciantes a los que Leticia Nazareno le debe dinero —pues tomaba lo que le gustaba del mercado gritando "pásenle la cuenta al gobierno"— visita al presidente para solicitar el pago de la deuda. Zacarías concuerda en que debe pagarse la deuda y le da al comerciante la indicación que ya ha oído antes: "que le pasen la cuenta al gobierno" (p. 189). Este incidente, entre otros, apunta la calidad abstracta del gobierno. O, para citar a García Márquez: "nadie sabía quién era quién ni de parte de quién en aquel palacio de puertas abiertas dentro de cuyo desorden descomunal era imposible establecer dónde estaba el gobierno" (p. 11).

García Márquez ha reflexionado sobre la cuestión del aparato estatal y del papel que juegan los individuos dentro del mismo, como lo muestra esta declaración a González Bermejo, mucho tiempo antes de publicar *El otoño*:

> la novela es una meditación sobre el poder; el poder por el poder. Ahora el gran problema de conciencia que tengo yo es el temor de que toda esta meditación absuelva al dictador, en el sentido de que aparezca como víctima de unos aparatos y de un conjunto de circunstancias, cosa que no creo que sea históricamente cierta. Entonces ese equilibrio es el que hay que encontrar.[82]

[82] *Cosas de escritores*, p. 43.

Ciertamente puede decirse que en la novela hay el intento de alcanzar este equilibrio, especialmente en la primera mitad. Sin embargo, a medida que el libro avanza puede detectarse una cierta indulgencia hacia el personaje de Zacarías que finalmente se vuelve simpatía, comprensión e identificación. Tal vez la importancia del aparato gubernamental en cuanto tal está sobre-enfatizada: en última instancia, Zacarías, tal vez pese a las intenciones conscientes de García Márquez, tiende a estimular en el lector el mismo sentimiento de piedad y simpatía que el propio autor llega a sentir por su personaje.

La ignorancia del presidente se extiende por momentos a su propia vida. Sobre épocas previas, la gente dice que "ni él mismo hubiera podido precisar sin lugar a dudas si de veras eran recuerdos propios o si los había oído contar en las malas noches de calenturas de las guerras" (p. 73).

Zacarías parece estar en control de su gobierno en ciertos momentos. Durante esos periodos, asombrosamente, sus órdenes son futiles, infantiles e incluso abiertamente irracionales. Saenz de la Barra, acorde con su fría inteligencia y cálculos, seguramente elige a los miembros del gabinete después de cuidadosas consideraciones; en contraste, el Patriarca nombra a sus colaboradores con base en una inspiración momentánea y el estado de su digestión. Durante las intervenciones de Rodrigo de Aguilar, Leticia Nazareno y Saenz de la Barra, al Patriarca se le impide prácticamente estar presente en las reuniones; en contraste, en la época en que supuestamente era libre de presenciarlas, pone muy poca atención a lo que ahí se discute. El Patriarca se queja de que no se le permite tomar decisiones cuando estos tres personajes tienen el mando; cuando no lo rodean, Zacarías exclama en uno de los consejos: "hagan ustedes lo que quieran que al fin y al cabo yo soy el que manda" (p. 66) como si el estado de ser "el que manda", independientemente de cualquier práctica que pudiera acompañarlo o no, le fuera suficiente. Frente al restablecimiento de parte de Leticia Nazareno de la observancia religiosa en el país, el presidente, en tiempos de "independencia", le dice a un sacerdote: "para qué me quiere convertido si de todos modos hago lo que ustedes [la iglesia] quieren" (p. 23). El presidente se lamenta de que no se le permite dar órdenes; sin embargo, cuando puede hacerlo, lo escuchamos murmurar: "lo que tiene jodido a este país es que nadie me ha hecho caso nunca" (p. 257) después de mandar que se levante una barda dentro de la casa presidencial para impedir que las vacas suban al primer piso. Gente como Saenz de la Barra, su compadre y su esposa le imponen su voluntad, pero, cuando él puede ejercer la propia, solía delegar "su autoridad en funcionarios menores" (p. 85). En contraste con su disgusto ante la crueldad de Saenz de la Barra, ordena la muerte de su compadre y otros funcionarios, así como otras masacres. Debe introducirse un matiz en este punto. Supuestamente el Patriarca es responsable de la muerte ejemplar de su compadre, pero no tiene nada que ver con la ejecución misma, y de hecho en la novela ni siquiera aparece impartiendo la orden, aun cuando queda claro del contexto que, en última instancia, fue su voluntad. La misma aclaración puede hacerse con respecto a eliminaciones en diversos momentos de altos miembros de las fuerzas armadas. El supremo ejemplo de su habilidad para desafanarse de la violencia es el caso de los niños asociados con la lotería. En esa ocasión sí vemos al Patriarca ordenando su desaparición, pero una vez que han cumplido sus instrucciones, manda ejecutar a los hombres a cargo, "porque hay órdenes que se pueden dar pero que no se pueden cumplir, carajo, pobres criaturas" (p. 116). De manera semejante, con Saenz de la Barra, el Patriarca no hace nada para detener la ola de violencia creada por el joven aristócrata; permanece ajeno e inocente ante los ojos del pueblo, incluso un poco escandalizado. Planeada o no, esta actitud le rinde frutos, pues el pueblo lincha a Saenz de la Barra y no al presidente. Igualmente, Rodrigo de Aguilar y Leticia Nazareno logran gobernar el país y dententar el poder, pero todos mueren violentamente, mientras que el Patriarca los sobrevive a todos y sigue siendo presidente del país.

Las órdenes que escuchamos impartir al presidente no son ni significativas ni prácticas. Muchas son nimias, como el cambio de una silla o una puerta de lugar, la inversión de los colores de la bandera nacional, la introducción del dragón al escudo nacional de armas, levantar una torre dos metros más. Luego, estarían las órdenes de una "mayor" magnitud como la restauración de los juegos florales en marzo, la reinstitución de los concursos anuales de belleza, el permiso de volar papalotes de nuevo. Hay un tercer tipo de órdenes que incluye cambios de modo que todo permanezca igual, para canalizar la energía de la gente y distraerlos, dando la impresión de que el gobierno "hace" cosas por ellos y por el país. En este grupo encontramos la construcción del estadio de fútbol más grande del mundo y la fundación de una escuela libre para aprender a barrer. En una cuarta categoría de órdenes ubicamos los caprichos del presidente para satisfacer sus intereses personales, como la modernización del transporte en el barrio donde vive Manuela Sánchez, la modificación de todo el vecindario alrededor de su casa, así como la súbita y misteriosa desaparición de sus amigos y pretendientes. Hay un grupo más que podría clasificarse como decretos extraordinarios y sobrenaturales. Aquí, hay instrucciones como borrar la luna, apagar las estrellas, buscar al almirante de la mar oceana, o la invención de un cometa o un eclipse para impresionar a la reina del carnaval.

Entre los decretos solemnes del presidente tenemos, por ejemplo, la declaración de la catedral de la capital como la más bella del mundo y la declaración de guerra al Vaticano ante la negación de canonizar a su madre. Otro decreto ordena la construcción de una villa junto al mar para recibir a dictadores derrocados de otros países latinoamericanos.

Así, el presidente parece cumplir una función más psicológica y formal que práctica. La vida en el país caribeño parece transcurrir automáticamente, siguiendo un impulso cuyo origen y causa se ignoran. Es en este sentido en que la inercia se vuelve una palabra clave para caracterizar al país.

La inercia implica, hasta cierto punto, la presencia del destino y la suerte. La carrera política del presidente parece haber empezado accidentalmente. Se nos dice que se embarcó en las guerras simplemente porque quería conocer el mar. Cuando terminaron las guerras, es designado jefe del país, "comandante supremo de las tres armas y presidente de la república por tanto tiempo como fuera necesario para el restablecimiento del orden y del equilibrio económico de la nación" (p. 254). Aparentemente, este momento nunca llega: el Patriarca ocupa la silla presidencial por un periodo de más de doscientos años.

Hay una fuerte tendencia en el país literario de América Latina a dejar las cosas seguir su propio curso. Hay una incapacidad para el cambio tanto de parte del presidente como del pueblo. El pueblo dice que Zacarías "no es presidente de nadie ni está en el trono por sus cañones sino que lo sentaron los ingleses y lo sostuvieron los gringos" (p. 29). Cuando los gringos se van no abandona su puesto: se auto-define como un soldado y, en cuanto tal, está habituado a obedecer órdenes. Bendición Alvarado opina que "tú no eres más que un general, así que no sirves para nada sino para mandar" (p. 65), otra orden que él ha intentado obedecer a lo largo de toda su vida. La inercia afecta su existencia misma: está tan acostumbrado a estar vivo que lo más simple es seguir viviendo, y logra hacerlo durante un periodo de cerca de doscientos años. Su vida, su carrera y, en consecuencia, el gobierno, caen bajo el imperio de la inercia: "el régimen no estaba sostenido por la esperanza ni por el conformismo, ni siquiera por el terror, sino por la pura inercia de una desilusión antigua e irreparable" (p. 247). Cerca del final de la novela, poco antes de la muerte del Patriarca, Zacarías parece confesar que siempre se ha percatado de su posición exacta dentro del gobierno y de los límites y posibilidades de su situación. Precisamente debido a esta conciencia, porque "había sabido desde sus orígenes que lo engañaban para complacerlo, que le cobraran para adularlo, que reclutaban por la fuerza de las armas a las muchedumbres concentradas a su paso" (p. 27) ha descubierto "que la mentira es más cómoda que la duda, más útil que el amor, más perdurable que la verdad" (p. 270). Llega, finalmente, "a la ficción de la ignominia de mandar sin poder, de ser exaltado sin gloria y de ser obedecido sin autoridad" (p. 270). Zacarías meramente había "tratado de compensar aquel destino infame con el culto abrasador del vicio solitario del poder" (p. 269), del cual se vuelve prisionero y víctima. Aquí parecen haberse invertido los valores. En lugar de tener el poder pero no el mando, tiene el mando pero no el poder, exaltación sin gloria, y orden sin autoridad. En cada caso hay un lado fundamental del binomio que falta; su tragedia es su incapacidad de poseerlos al mismo tiempo.

La inercia alude a un sentimiento de estancamiento y repetición. La banda del pueblo se mantiene a través de la sustitución de "otros músicos viejos [quienes] reemplazaban en la banda a los músicos muertos" (p. 9). El país escucha en la radio "las arengas repetidas todos los años desde hacía tantos años en las fechas mayores de las efemérides de la patria" (p. 65).

El tiempo en el país del Caribe, en consecuencia, no parece pasar, es estacionario. El efecto es una versión elástica del tiempo alargado y prolongado indefinidamente en un solo y eterno momento. Al igual que las bandas que siguen tocando, en el barrio donde vivía Manuela Sánchez antes de que el presidente se enamorara de ella, "todos los perros del barrio estaban peleando en la calle desde hacía muchos años sin un instante de tregua" (p. 67). Este tiempo estancado también dota al país caribeño de un cierto aire intemporal. Hay pasajes en la novela en donde el tiempo no sólo no avanza, sino que parece retroceder. El presidente ordena adelantar dos horas todos los relojes. Bendición Alvarado piensa que su hijo ha envejecido tanto que ella se siente su hija: "a Bendición Alvarado le parecía que estaba más viejo que ella, que la había dejado atrás en el tiempo" (p. 55). El mejor ejemplo del tiempo que retrocede aparece al final del primer capítulo, cuando el presidente, mirando el mar, "vio el acorazado de siempre que los infantes de marina habían abandonado en el muelle, y más allá del acorazado, fondeadas en el mar tenebroso, vio las tres carabelas" (p. 46); en otras palabras, los infantes de marina estadounidenses habían partido mucho antes de que Colón llegara a América.

Los periódicos contribuyen en gran medida a esta impresión de tiempo estático. Las fotografías —en sí mismas una suspensión del tiempo— del Patriarca están en los periódicos "a diario en el tiempo estático de la primera plana" (p. 129) donde se le muestra encabezando "actos solemnes que se habían celebrado en el siglo anterior" (p. 130). Este tiempo eternamente estático debe llegar a un final junto con la muerte del centro del país, Zacarías, al igual que se llega al fin del tiempo de la novela, cuando "el tiempo incontable de la eternidad había por fin terminado" (p. 271).

capítulo v

LA SERIE DE NOVELAS
SOBRE DICTADORES Y DICTADURAS

EN ESTE CAPÍTULO final se reconsiderará la serie de las novelas desde sus inicios, explicitando las contribuciones particulares de cada una de las novelas incluidas en este trabajo a dicha serie. Esta evaluación se intentará a través del seguimiento de varios puntos que aparecen con diversos grados de regularidad e intensidad en las novelas examinadas. Estos puntos son: los modelos de la realidad objetiva, los países involucrados, la presencia del militarismo, el punto de vista del autor, la presencia constante de víctimas y muertes en las novelas, las proyecciones al futuro cuando terminan las novelas, los gobiernos de los dictadores literarios, la presencia de la dependencia externa en algunos aspectos. En una sección final, se apuntarán las contribuciones particulares de cada novela a la serie.

1. ALGUNAS FECHAS

Iniciaremos considerando las fechas de publicación:

Amalia	1851
Tirano Banderas	1926
La sombra del caudillo	1929
El señor presidente	1946
El gran Burundún-Burundá ha muerto	1952
La fiesta del rey Acab	1964
El recurso del método	1974 (abril)
Yo el Supremo	1974 (junio)

El otoño del patriarca	1975
Oficio de difuntos	1976
Casa de campo	1978

Vale la pena observar la alta frecuencia de novelas sobre el tema de dictadores y dictaduras en los setenta, cuando aparecieron cinco, cuatro en cuatro años. Puede decirse que en esta década la intensidad se da no sólo en cantidad sino en calidad.

2. MODELOS

Los dictadores en estas novelas, desde *Amalia* hasta *Casa de campo*, tienen un modelo o modelos más o menos detectables en la realidad objetiva, como se mencionó en las secciones correspondientes. La excepción sería *Burundún-Burundá*, que carece de un modelo detectable en la realidad objetiva. Físicamente, podría haberse inspirado en el rey haitiano Jean Christophe. Puede decirse que Zalamea apuntó su sátira en contra de todos los dictadores y dictaduras, pero tal vez más específicamente en contra de Laureano Gómez, presidente de Colombia desde 1950 a 1953, cuyas inclinaciones tiranoides fueron bien conocidas. Recogiendo la información de los capítulos anteriores, tenemos la siguiente lista:

Amalia: Juan Manuel Rosas

Tirano Banderas: Porfirio Díaz, Álvaro Obregón, Primo de Rivera (en España)

La sombra del caudillo: Álvaro Obregón, Plutarco Elías Calles

El señor presidente: Manuel Estrada Cabrera

La fiesta: Rafael Trujillo

El recurso: Gerardo Machado, Antonio Guzmán Blanco, Cipriano Castro, Manuel Estrada Cabrera, Rafael Trujillo, Porfirio Díaz, Anastasio Somoza, Juan Vicente Gómez.

Yo el Supremo: José Gaspar Rodríguez de Francia

El otoño: Todos los ya mencionados más Gustavo Rojas Pinilla y el español Francisco Franco

Oficio: Cipriano Castro y Juan Vicente Gómez

Casa de campo: Augusto Pinochet.

Los dictadores de la realidad objetiva son transformados, en mayor o menor medida, para formar parte de la realidad literaria. Sólo José Mármol preserva explícitamente el nombre de su modelo de dictador. Roa Bastos, aun cuando nunca menciona el nombre del Doctor José Gaspar Rodríguez de Francia, le da a su dictador el nombre del Doctor Francia: el Supremo. Otros novelistas bautizan a sus dictadores con nombres literarios como Valle (Tirano Banderas), Lafourcade (César Carrillo), Uslar Pietri (Carmelo Prato y Aparicio Peláez) y Zalamea (Burundún-Burundá). De éstos, algunos sugieren su modelo (Carrillo-Trujillo) y otros la naturaleza de su *status* como líderes (Tirano Banderas). Finalmente, hay un tercer grupo de novelistas que no nombran a sus dictadores y así subrayan la importancia de la función y papel por encima de su identidad personal (el Señor Presidente, el Caudillo, el Supremo, el Primer Magistrado, el Patriarca y el Mayordomo).

3. Países

Por lo general, el país donde se ubica cada novela es detectable y coincide con el país natal del novelista:

227

José Mármol	Argentina	*Amalia*
Martín Luis Guzmán	México	*La sombra*
Miguel Ángel Asturias	Gua-	*El señor*
	temala	*presidente*
Augusto Roa Bastos	Paraguay	*Yo el Supremo*
Arturo Uslar Pietri	Venezuela	*Oficio*
José Donoso	Chile	*Casa de campo*

De esta lista, todos los autores, excepto Roa Bastos, han sido de hecho contemporáneos de los modelos de sus dictadores literarios. Roa Bastos no vivió, es claro, en el tiempo del Doctor Francia, pero su experiencia personal se basa en una dictadura posterior, la de Alfredo Stroessner.

Tirano Banderas, El recurso y *El otoño* tienen una variedad de países como modelos, todos claramente latinoamericanos. En *Tirano Banderas,* como se mencionó en la sección respectiva, tal vez México sea el país dominante, al igual que Cuba y el Caribe lo son para *El recurso* y, de nuevo, los países caribeños, particularmente Colombia, en *El otoño.* Esta indeterminación intencional aspira a una universalidad que abrace a toda América Latina.

Burundún-Burundá también podría ubicarse en cualquier parte de América Latina, pero especialmente en un país tropical. Un caso en el que el país de la novela no coincide con la nacionalidad del escritor —aparte, naturalmente, de *Tirano Banderas*— es *La fiesta* del chileno Enrique Lafourcade, ubicada en la República Dominicana.

La variedad de dictadores en estas novelas, que comparten algunas características fundamentales pero no obstante poseen rasgos individuales, sugiere el hecho de que América Latina puede considerarse como una unidad para ciertos fines, si bien teniendo en mente que, dentro de sus límites, hay muchas Américas Latinas o, para ponerlo en las palabras de Ángel Rama: "América

Latina es una y múltiple, acechada por formas semejantes, padeciendo sufrimientos similares, pero viviéndolos dentro de culturas regionales específicas, claramente delimitadas".[1]

4. LOS MILITARES

La mayoría de los dictadores en las novelas abordadas en este trabajo están vinculados con los militares. Las excepciones son Rosas en *Amalia*[2], el Presidente en *El señor presidente* y el Supremo en *Yo el Supremo*. No se menciona nada al respecto en la sátira de Zalamea, pero puede uno suponer que tambén es civil. En *Casa de campo* el Mayordomo no es un miembro de las fuerzas armadas, pero el cuerpo de sirvientes opera como una metáfora de los militares, dada la parte importante jugada entre ellos por los uniformes, una estricta disciplina y jerarquía.

De los dictadores asociados con los militares, seis de los siete casos no son soldados de carrera: el Caudillo en *La sombra*, Carrillo en *La Fiesta*, el Primer Magistrado en *El recurso*, el Patriarca en *El otoño*, y Carmelo Prato y Aparicio Peláez en *Oficio*. El otro caso es Tirano Banderas en la novela del mismo nombre. No queda claro si Tirano Banderas es un soldado auto-desginado o no, pero sabemos que peleó durante las guerras de independencia lo cual incrementaría la lista de soldados improvisados.

El Primer Magistrado en *El recurso* y el Patriarca en *El otoño* comparten un cierto grado de pasividad en lo que respecta a su participación para llegar a la cabeza de sus países. Este punto estaría asociado con la ima-

---

[1] Ángel Rama, *Los dictadores latinoamericanos*, p. 19.
[2] Rosas participó en muchas expediciones militares antes y durante su gobierno, pero en *Amalia* aparece más en su papel de presidente que en el de caudillo.

gen de sí mismos que algunos dictadores gustan ofrecer, en el sentido del cumplimiento de un destino. Este elemento de predestinación también aparece en *Oficio*.

5. Relación entre autor y personaje

Todos los novelistas que escriben sobre los dictadores tienen una actitud particular hacia sus personajes, como cualquier escritor hacia los suyos. En principio, los autores incluidos en este trabajo se oponen a los dictadores y sus regímenes en la realidad objetiva. Este punto se ampliará al considerar los gobiernos presentados en cada novela. Aquí se considerará la relación entre los escritores y sus dictadores literarios.

En términos generales, los escritores incluidos en este trabajo presentan a sus dictadores bajo una luz desfavorable, si bien los matices varían. Una de las críticas hechas a estos dictadores apunta al tipo de vida que llevan —especialmente cuando tienen tendencias sibaríticas. Los tres aspectos de las vidas privadas de los dictadores que se critican típicamente se relacionan con sus excesos en comida, bebida y sexo. Los ejemplos más conspicuos son Carmelo Prato en *Oficio*, Carrillo en *La fiesta*, el Primer Magistrado en *El recurso*, el Presidente en *El señor presidente* y el Patriarca en *El otoño*. A los tres primeros les gusta beber; Prato y el Primer Magistrado gozan con regularidad de la compañía de prostitutas; se dice que Carrillo y el Pirmer Magistrado también gustan de comer bien y abundantemente. Aparicio Peláez en *Oficio*, aun cuando lleva una vida frugal en lo que se refiere a alcohol y comida, es conocido por tener varias amantes y muchos hijos ilegítimos, igual que el Patriarca antes de la época de Leticia Nazareno.

Otro punto en el que se ataca comúnmente a los dictadores —y para el caso, a aquellas personas relacionadas con la administración pública— es la alta frecuencia con la que adquieren fortunas personales considerables, a través de un abuso de sus posiciones de poder: este es el caso de Aparicio Peláez, el Primer Magistrado, tal vez el Patriarca y Carrillo. En *La sombra,* aun cuando no se hace una acusación directa de este tipo en contra del Caudillo, no sería descabellado considerarlo de la misma forma, dado el clima general de deshonestidad entre los políticos de la novela.

La desaprobación expresada por los novelistas va desde el claro y repetitivo ataque de Mármol en contra de Rosas, a todos niveles, pasando por la presentación relativamente tibia de Gómez de parte de Uslar Pietri, al sentimiento de piedad y compasión que García Márquez parece sentir por su Patriarca. Mármol y Asturias, al igual que Zalamea, no admiten matices ni medias tintas al tratar con sus dictadores: son personajes crueles, violentos, despreciables. Mármol siempre mantiene a Rosas a una escala humana, mientras que Asturias lleva a su Presidente a niveles míticos al establecer una identificación entre él y el dios Tohil de la cultura maya.[3] Otros novelistas también han sugerido la existencia de poderes sobrenaturales en sus dictadores: tal es el caso del Patriarca de García Márquez[4], el Tirano Banderas de Valle[5] y Aparicio Peláez en la novela de Uslar Pietri.[6]

Donoso, a su vez, pinta al Mayordomo bajo una luz muy desfavorable: no sólo es el sirviente de los Ventura sin iniciativas personales, sino también una criatura malévola y primitiva:

> ¿Cómo no haber notado antes su mandíbula salvajemente cuadrada y su nariz de tubérculo? y su tez cetrina, sudada, y la bajeza de su frente. ¿Cómo no haberse fijado en la gloria de sus ojos de seda, en cuya blandura de joyero anida-

---

[3] Véase *El señor presidente,* pp. 61, 260.
[4] Véase capítulo IV, sección 3.
[5] Véase *Tirano Banderas,* pp. 13, 99, 125.
[6] Véase *Oficio,* pp. 216, 325.

ban las alhajas de la inescrupulosidad total, la temeridad total, la simpleza total, que sumadas significaban la eficiencia absoluta?[7]

Aquí, la eficiencia del Mayordomo, lejos de ser un término de alabanza, se vuelve precisamente lo opuesto: una habilidad fría e inhumana para desempeñar las actividades más bajas y viles.

Guzmán le atribuye al Caudillo las características de un tigre agudo y astuto,[8] un animal depredador capaz de matar para sobrevivir en lugares donde el enfrentamiento a una fuerte competencia por territorio y alimento son partes de la vida cotidiana. García Márquez también dota a su Patriarca de características animalescas, que van desde elefantes a perros. Zalamea, a su vez, describe a Burundún-Burundá en los siguientes términos:

> el personaje fue patizambo, corto de muslos, de torso gorilesco, cuello corto, volumniosa cabeza y chocante rostro. Tenía al sesgo la cortadura de los párpados y globulosos los saltones ojos. El breve ensortijado del cabello y la prominencia de los morros, le daban cierto cariz negroide. Y cuando hubiese querido presumir de romano por el peso de la nariz y el vigor de la mandíbula, quién sabe qué internos humores le abullonaron la frente, le agrumaron la carne en las mejillas, le desguindaron la nariz y le tornaron vultuoso todo el rostro.[9]

Carpentier se ocupa de su Primer Magistrado, como ya se observó, con un alto grado de humor, retratándolo como una especie de cínico profesional en tanto que se percata del uso común de puertas secretas, clichés y un estilo general asociado con políticos, y sin embargo pretende ser sincero y auténtico. La presencia constante

[7] *Casa de campo*, p. 273.
[8] Véase *La sombra*, pp. 54, 162.
[9] *Burundún-Burundá*, p. 27.

de ironía en *El recurso* apunta a una distancia necesaria entre escritor y personaje, que crea un espacio para el humor. García Márquez parece haber iniciado con su Patriarca con una intención humorística semejante; pero a medida que progresa la novela, se involucra crecientemente con su personaje, y llega a verlo finalmente con ojos de simpatía, compadeciéndolo como a un viejo solo.

El humor y la ironía alcanzan niveles intensos en Zalamea y Lafourcade, llegando a la sátira. Zalamea se ocupa del grotesco y ridículo Burundún-Burundá cuyo cadáver se sustituye con un papagayo de papel. Lafourcade deja que su desprecio por Carrillo sea visible en su descripción del dictador, particularmente cuando lo presenta durante un ataque de mala digestión después de una comida excesiva,[10] o durante la cena de aniversario, bebido, agresivo y vulgar.[11] En esta misma línea pueden mencionarse dos personajes más: Tirano Banderas como uno de los esperpentos de Valle, y el Presidente de Asturias especialmente cuando, en estado de ebriedad, vomita sobre Cara de Ángel en una bandeja cuyo fondo está adornado con el escudo nacional del país.[12]

La descripción física de Rosas aparece muy temprano en *Amalia*: "era un hombre grueso, como de cuarenta y ocho años de edad, sus mejillas carnudas y rosadas, labios contraídos, frente alta pero angosta, ojos pequeños y encapotados por el párpado superior, y de un conjunto, sin embargo, más bien agradable, pero chocante a la vista".[13] Mármol describe a Rosas como cruel y malvado, pero siempre lúcido y consciente de sus acciones. Además de numerosos arrestos y asesinatos, el argentino lo presenta divirtiéndose incluso a expensas de

[10] *La fiesta*, p. 34.
[11] *Idem*, pp. 222-3.
[12] Véase *El señor presidente*, pp. 222-4.
[13] *Amalia*, p. 36.

su propia hija, al obligarla a aceptar un beso de un sacerdote lujurioso y repulsivo.[14]

Otro aspecto incluido normalmente en estas novelas es el matrimonio aparentemente inevitable entre el poder y la soledad. El mejor ejemplo es claramente *El otoño*. García Márquez explora los efectos de una enorme cantidad de poder en un hombre y su incidencia en la soledad. El Primer Magistrado está tan aislado y solo como el Patriarca, pero no parece importarle tanto como al protagonista de García Márquez. No tiene amigos cercanos ni amantes de planta. Ve su propia vida como otros la ven: desde el lado público. Hay poca información sobre su relación con su esposa Hermenegilda, pero el lector se queda con la impresión de que nunca contó mucho. Con respecto a otras mujeres, su principal manera de relacionarse con ellas es usándolas como objetos sexuales. La excepción es su hija Ofelia, pero tampoco su relación con ella parece basarse en el afecto.

El paralelo entre el aislamiento del Primer Magistrado y el del Patriarca es más evidente en momentos críticos como cuando el gobierno del Primer Magistrado atraviesa una etapa difícil de huelgas, fuerte deuda interna y externa e inquietudes sociales:

> Todo esto iba confinando al Primer Magistrado en una isla, isla con atalayas, miradores, muchas rejas y simétrico adorno de palmas, que era el Palacio Presidencial a donde llegaban tantas noticias revueltas, contradictorias, falsas o ciertas, optimistas o teñidas de negro, que ya era imposible hacer un recuento claro, general, cronológico, de lo que realmente ocurría.[15]

Este párrafo parecería estar tomando de *El otoño*, donde tal confusión y dudas son lugares comunes. El Primer Magistrado, entonces, como el Patriarca de García

---

[14] *Idem*, p. 41.
[15] *El recurso*, p. 248.

Márquez, se vuelve un prisionero en el palacio presidencial. Se percata de que cualquier información externa le llega en forma censurada, pero normalmente no parece preocuparle, pues lo considera como parte normal de su puesto.[16]

Otros dictadores conscientes de la soledad del poder son el Supremo, Carrillo y Aparicio Peláez. Carrillo no confía en nadie sino en su hijo Carlitos, e incluso el niño no puede ser una verdadera compañía para él.[17] Aparicio Peláez se da cuenta de su inevitable aislamiento y lo acepta como parte de su vida.[18] El Supremo también se percata de su aislamiento del pueblo.[19] *Grosso modo,* debido a los medios normalmente violentos de acceso y preservación del poder de parte de los dictadores, carecen del apoyo de la mayoría de la gente, e incluso en ocasiones ni siquiera de todos sus subordinados. Según García Márquez, esta falta de solidaridad implica automáticamente soledad.[20]

6. REPRESIÓN

En prácticamente todas las novelas incluidas en este trabajo los gobernantes son responsables, directa o indirectamente, de encarcelamientos, torturas, injusticias y muertes.

Mármol insiste una y otra vez en el intenso clima de terror bajo el que vivieron los argentinos bajo Rosas, entre cuyas víctimas se localizan los héroes de la novela (Eduardo, Daniel y Amalia). En *Tirano Banderas,* las cárceles están llenas de opositores al régimen y al menos

---

[16] *Idem,* p. 240.
[17] Véase *La fiesta,* p. 73.
[18] Véase *Oficio,* pp. 307, 308.
[19] Véase *Yo el supremo,* pp. 47, 384.
[20] Véase *Cosas de escritores,* p. 27.

hay una muerte significativa: la del hijo de Zacarías como resultado de la acción policiaca del dictador.[21] También *El señor presidente* está lleno de muertes, aprisionamientos y torturas; de igual manera, una de las más sobresalientes es la muerte del bebé de Fedina. La anécdota central que genera *La sombra* es la masacre de Huizilac. Por su parte, Burundún-Burundá ha constituido sus fuerzas represivas de zapadores, territoriales y policía para ocuparse de la oposición.

Lafourcade incluye una escena en la que Carrillo ordena personalmente que se queme vivo a su crítico Jesús Galíndez. Aparicio Peláez en *Oficio* aprisiona y envía a los disidentes al exilio, eliminando a algunos cuando es necesario. El Mayordomo y los sirvientes en *Casa de campo* torturan a los niños indisciplinados por la noche; más adelante, mientras los Ventura están fuera y los sirvientes han vuelto a Marulanda, hay una opresión más abierta que ocasiona la muerte de algunos de los niños además de la de algunos nativos y del propio Adriano Gomara en la operación de recuperación de la *Casa de campo*. En *El recurso* al menos hay una masacre en Nueva Córdoba, además de las muertes de Galván y Hoffman, otros rebeldes al régimen, y encarcelamientos, tortura y asesinatos. El periodo más represivo y sangriento en *El otoño* ocurre bajo el régimen gubernamental extra-oficial de Saenz de la Barra.

Amalia presenta al mundo de la dictadura en términos de una dicotomía entre opresores y oprimidos. Aquí, aquéllos alrededor de Rosas, y obviamente él mismo, son bárbaros y malvados, mientras que quienes se le oponen son nobles, educados y valientes. Es difícil preservar una obra verosímil con una visión tan maniquea de la realidad sin llegar a convertirse en una caricatura. Mármol deja lugar para una ligera excepción: es relativamente considerado con Manuela Rosas, quien algunas veces

---

[21] Véase *Tirano Banderas*, p. 75.

pasa a formar parte de las víctimas de la crueldad y vulgaridad de su padre.

No hay tanto consenso entre los autores incluidos en cuanto a presentar a quienes se oponen a los dictadores como los poseedores de la verdad y lo correcto, como lo hay en presentar al dictador como vil, grotesco, cínico, cruel o ambicioso. Escritores como Asturias, Zalamea, Lafourcade, Valle y Gúzmán no admiten matices en el retrato del dictador.

En *El señor presidente*, Cara de Ángel pierde el favor del presidente casi a pesar de sí mismo, y está lejos de ser en verdad un opositor político; lo mismo puede decirse con respecto a Canales. En *La sombra*, si bien las simpatías de Guzmán residen con Aguirre, lo muestra como parte del mismo juego político del Caudillo y Jiménez; en ese sentido, Aguirre no es el antagonista del Caudillo. Puede hablarse de opositores más honestos y verdaderos en los casos de Filomeno Cuevas en *Tirano Banderas* y Cosme San Martín en *La fiesta*.

La publicación en 1974 de *El recurso* y *Yo el Supremo* y en 1975 de *El otoño* abrió una nueva perspectiva en la serie de novelas sobre dictadores y dictaduras. En estas tres novelas el dictador aparece muy de cerca. Antes, el dictador, más frecuentemente, aparecía como una figura remota, misteriosa, como en *El señor presidente* o *La sombra*. Ángel Rama en *Los dictadores latinoamericanos* se refiere a la distancia entre escritor y dictador en los siguientes términos: "En los textos de Asturias y Zalamea es visible esta lejanía que los obliga a contemplar desde fuera a esas figuras enigmáticas, introduciéndose tímidamente en la intimidad del palacio presidencial".[22] Es cierto que Lafourcade empezó a acercarse a su dictador y que la cantidad de atención que le dedica es considerablemente mayor que en novelas anteriores, pero, en cualquier caso, el personaje si-

---

[22] *Los dictadores latinoamericanos*, p. 15.

gue siendo en gran medida unilateral y relativamente simple. Gran parte del mérito de Carpentier, García Márquez y Roa Bastos consiste en presentar a los dictadores como seres mucho más sofisticados y complejos de lo que se había hecho hasta ese momento: sus dictadores son capaces de inspirar una variedad de sentimientos que van desde respeto —como en el caso del Supremo— pasando por la simpatía y piedad —como el Patriarca de García Márquez— hasta terminar en total desaprobación frente a sus acciones represivas —como en *El recurso* y *El otoño*.[23]

Los dictadores en estas tres novelas han dejado de ser máscaras, como Tirano Banderas y el señor presidente, caricaturas como Burundún-Burundá y en *La fiesta*. Los dictadores creados por Carpentier, Roa Bastos y García Márquez son más multifacéticos, más complejos y sofisticados que cualquiera de sus predecesores. Su complejidad puede considerarse como, en parte, una consecuencia de la cercanía de perspectiva. A una distancia tan corta, la actitud del escritor hacia el dictador se vuelve más sutil y compleja. Ya no es tan fácil, como en las novelas anteriores, afirmar que los dictadores son condenados total y absolutamente, sin matices. En última instancia, sigue aplicándose el hecho de que existe una crítica a dictaduras y dictadores, pero esta desaprobación es mucho más sutil y mediata, toma en cuenta una gama más amplia de factores, y deja lugar para una variedad y riqueza de reacciones, lejos de una condena pura.

---

[23] Véase Benedetti, *El recurso del supremo patriarca*, p. 16: "tanto el Primer Magistrado, de Carpentier, como el Supremo Dictador, de Roa, son seres complejos, crueles, de ácido humor, pero con fases afectivas y hasta generosas". Para Benedetti el Patriarca de García Márquez no alcanza esta complejidad por quedarse con lo que él llama una "pétrea condición". Nos permitimos diferir.

En estas novelas, la presencia y participación política del "pueblo" es prácticamente inexistente, dado que tienden a centrarse en quien o quienes detentan y ejercitan el poder.

En *Amalia*, para Mármol la Argentina bajo Rosas se divide en dos grupos antagonistas: unitarios y federales. El primer grupo, como se mencionó en la sección correspondiente, está constituido por la aristocracia y las clases acomodadas, mientras que la espina dorsal de los segundos eran los sirvientes y grupos sociales más bajos. De ahí que el pueblo, entendido como las capas más bajas de la sociedad, participe con Rosas y lo apoye, alentado y sobornado por los rosistas.

En *El señor presidente*, también, hay varios reclutados de la policía del dictador de entre las clases más bajas, incluso entre aquellos que han sido afectados personalmente por la arbitrariedad del régimen, como Rojas, padre del bebé muerto. Los pordioseros son un grupo siniestro y degradado, muestra de los peores efectos de un régimen de este tipo, con una vida marginal a nivel de subsistencia.

En *Tirano Banderas*, el pueblo está representado por el personaje del campesino Zacarías, quien, como Rojas, sufre en carne propia los abusos de la dictadura pero quien, a diferencia de Rojas, decide unirse al movimiento rebelde en contra del gobernante.

Guzmán intenta introducir al pueblo en *La sombra* como un auténtico apoyo activo a favor de Aguirre, al hablar de "la opinión pública" que simpatiza más con el ministro de Guerra que con los hilaristas. Pero el desarrollo general de la novela apunta a un juego político entre los grupos dominantes luchando por el poder sin una participación significativa del pueblo. La escena en la Cámara de Diputados ilustra este punto. Teóricamente, la sesión se resuelve en una confrontación entre aguirristas e hilaristas, pero de hecho es una *mise en scène* organizada, donde los partidarios del candidato del Caudillo son mercenarios que apoyan a quien se les ordena. Este incidente subraya el punto planteado anteriormente, en el sentido de que el pueblo en cuanto tal está ausente, no participa en la política, carece de educación política y por tanto de intereses o acceso al nivel en la sociedad en la que el poder real se detenta y ejerce.

Zalamea en *Burundún-Burundá* se ocupa básicamente del aparato represivo del dictador muerto y el pueblo aparece como el grupo a cuyas expensas continúa el régimen. El pueblo se ve como un grupo inocente y alegre, opuesto naturalmente al dictador. Aquí opera la dicotomía simplista dictador—malo/pueblo—bueno.

Rosita, la joven elegida en *La fiesta* para ofrecerle a Carrillo el ramo de flores que oculta la bomba que habrá de matarlo, puede considerarse como parte del pueblo. Ha sufrido en su propia familia los crueles efectos del régimen y ello, como en el caso de Zacarías en *Tirano Banderas*, la ha convencido de aceptar una parte en el plan de Cosme contra Carrillo. Una transformación importante tiene lugar cuando algunos de los miembros del pueblo participan activamente en la oposición: a partir de ese momento, se desligan de la masa anónima y pasiva para volverse actores.

En *Yo el Supremo* el pueblo permanece tan distante y ajeno al gobernante como él de ellos; éste también es el caso en *El otoño*. El pueblo aparece como parte de las especulaciones filosóficas del Supremo en torno a la naturaleza de su gobierno, pero nunca en una forma concreta.

En *El recurso* hay un movimiento contra el Primer Magistrado que no se origina entre el grupo dominante, como las rebeliones de Hoffman y Galván. Este efímero levantamiento tiene una base popular bajo el liderazgo del personaje ejemplar e ideal de Miguel Estatua. Este movimiento es sofocado en la masacre en Nueva Córdoba, donde el escultor se suicida cuando su derrota es inminente.

Tal vez es en *El otoño* donde el pueblo en tanto que grupo se escucha con mayor claridad. Aquí, el pueblo, la gente, es para el Patriarca poco más que una abstracción al igual que él es una idea para ellos. Pero se mencionó en la sección correspondiente que la gente es la que en verdad parece narrar la historia. Así, al mismo tiempo, son protagonistas y narradores de sus historias y de su Historia, y en cuanto tales hacen posible la novela; son, parafraseando a Shakespeare, la materia de la que está hecha la novela. Es cierto, sin embargo, que la novela también puede considerarse como la propia historia del dictador, como el Patriarca solitario recordando su vida e imaginando al pueblo. En este sentido, *El otoño* es una novela borgesiana: queda al lector tomar la decisión final en cuanto al sentido final que se le atribuya. ¿Quién inventa a quién en la novela? ¿El Patriarca inventa a la gente o viceversa?

Pese a que la acción principal tiene lugar al nivel de los grupos con alta influencia política, en todas estas obras el "pueblo" tiene una importancia innegable, dado que, en cierto sentido, son el papel sobre el que estas novelas, la historia de las dictaduras, se escribe. Benedetti va un paso más allá cuando afirma: "De alguna manera estas tres novelas [*El otoño, El recurso, Yo el Supremo*] han sido escritas por los pueblos y García Márquez, Carpentier y Roa Bastos sólo son los *particulares* (o más bien las partículas del pueblo) que, al leerlas con su mirada testigo, las restituyen a la comunidad que les dio origen".[24]

8. Los dictadores y la muerte

Los dictadores en las novelas de este trabajo pueden clasificarse en grupos de acuerdo con la manera en que

---

[24] *El recurso del supremo patriarca*, p. 30.

mueren. Algunos mueren de muerte natural, en su puesto, permaneciendo dictadores hasta el final: es el caso de *Yo el Supremo*, *El otoño*, *Oficio* y *Burundún-Burundá*. Estos cuatro dictadores mueren aparentemente de causas naturales: el Supremo muere de edad avanzada, como consecuencia de un enfriamiento; el Patriarca muere muy anciano; Aparicio Peláez, ya viejo, muere de una enfermedad renal; en lo que respecta a Burundún-Burundá, sabemos que muere en el poder, pero no se menciona la causa.

El segundo grupo de dictadores sólo tiene un elemento: el dictador muere como resultado de un plan organizado para destituirlo. Es el caso de *La fiesta*. Esta novela termina cuando Carrillo está a punto de ser asesinado. El asesinato es inminente, pero la muerte misma no ocurre en el texto. Carrillo permanece ajeno a su destino, aún conmovido por el *Te Deum* para celebrar su cumpleaños.

Tirano Banderas, una excepción en más de un sentido, muere combatiendo a Filomeno Cueva y su grupo, sabiendo que su derrota es inevitable. Otros dictadores siguen en su puesto cuando la novela termina, como Rosas[25] en *Amalia*, el Presidente en *El señor presidente*, el Caudillo en *La sombra*, el Mayordomo en *Casa de campo*. En *El señor presidente*, se recordará, la visión de Asturias no es muy optimista y tiende de hecho a una especie de resignación religiosa y pasiva. El panorama de Guzmán de la escena política mexicana también está lejos de ser optimista. Las últimas páginas de *Casa de campo* muestran a los sobrevivientes en Marulanda apenas vivos, apenas respirando.

La última categoría contiene sólo una novela: aquí el dictador muere en el exilio. Esto es lo que le sucede al

---

[25] Rosas fue destituido al año siguiente de la publicación de la novela de Mármol: 1852.

Primer Magistrado en *El recurso,* quien muere viejo en París.[26]

Interesa notar que en aquellas novelas en las que el dictador muere —o morirá— como resultado directo de una acción emprendida por un grupo opositor —como en *La fiesta* y *Tirano Banderas*— el futuro del país permanece incierto. En *La fiesta,* como se apuntó en la sección correspondiente, Cosme San Martín y su grupo no son muy homogéneos y carecen de un programa político constructivo. En *Tirano Banderas,* el futuro también es dudoso, pero ligeraménte más optimista: Filomeno Cueva es un hombre de buena voluntad, es honesto, pero la prueba crucial para sus cualidades y buenas intenciones habrá de llegar una vez que posea el poder.

Las posibilidades de cambio después de que un dictador ha desaparecido —ya sea que muera de muerte natural o sea derrocado— dependen, en las novelas, hasta cierto punto, de la manera en que los autores consideran las dictaduras. Mármol veía el problema en términos de la existencia de un solo hombre: en otras palabras, estaba convencido de que los problemas de la situación prevaleciente en Argentina en esa época se resolverían automáticamente una vez que se hubiera destituido a Rosas por ser, desde su óptica, la fuente de todo mal, terror y crueldad. Mármol reconoce, sin embargo, que Rosas no hubiera podido funcionar efectivamente sin la ayuda de quienes contribuyen activamente a la preservación de su régimen. La única otra novela en la que la personalidad del dictador se vuelve un factor fundamental y determinante para el régimen es en *Yo el Supremo,* y ello se debe en gran medida a la personalidad del modelo, el Doctor Francia. En su caso excepcional, el régimen ciertamente parece depender enteramente de un solo hombre, quien toma todas las decisiones —mayores y menores— en todo momento.

[26] Rosas murió viejo y solo en Southampton, Inglaterra, en 1877.

Las demás novelas presentan el problema de la dictadura como un sistema en donde el papel del dictador importa pero en grados distintos. Una vez en el poder, los dictadores tienen que depender particularmente de un apartado represivo que ayudará a asegurar su sobrevivencia. Ése es el caso claramente presentado en *Burundún-Burundá*, donde el gobernante ha creado un aparato sofisticado y amplio de represión para protegerse a sí mismo y a su régimen. Además de este aparato, el dictador en *Tirano Banderas* cuenta con el apoyo moral y económico de la colonia comercial española en su país. Otro elemento importante interno de apoyo, en algunos casos indispensables, es el respaldo de los militares, cuya lealtad debe asegurarse el dictador en todo momento. En *El recurso*, precisamente entre los militares surgen dos de las tres revueltas en la novela.

Guzmán ve el problema político en *La sombra* como una concentración excesiva de poder en un solo hombre: el Caudillo. Debido a ello —además del asesinato de Serrano y su grupo— el ataque de Guzmán se vuelve una advertencia. El hecho de que no se nombre al Caudillo —además de la razón obvia de que el asunto de Huizilac estaba aún muy fresco en la memoria de los mexicanos, de modo que no se necesitaban los nombres de los participantes para saber de qué estaba hablando Guzmán— probablemente apunta a la relativa falta de importancia del individuo particular en el poder, y subraya la permanencia del poder asociado con la presidencia misma.

Carrillo en *La fiesta* está constantemente nervioso y temeroso de ser traicionado, precisamente debido a la variedad de personas y departamentos en los que descansa su poder. En particular, debe mantener un ojo en Kurt von Kelsen, el jefe austriaco que encabeza la policía, en Josafat —la cabeza del ejército— y también en cualquier posible intervención de parte de los embajadores franceses y estadounidenses.

En *Oficio*, el sistema opera más o menos de la misma forma, tanto bajo Prato como bajo su sucesor, Peláez, tal vez con mayor eficiencia y eficacia bajo el segundo.

La metáfora de la dictadura de Donoso en Chile también presenta una visión de las dictaduras como sistemas complejos y elaborados. Aquí, el acento está colocado en la burguesía industrial local, reduciendo al dictador, cuya individualidad particular importa poco, al *status* de un sirviente.

Carpentier y García Márquez también consideran a las dictaduras como sistemas complejos en donde el dictador es un factor entre muchos. Desde su punto de vista, los cambios particulares introducidos en un régimen dictatorial por individuos particulares son importantes, hasta cierto punto, para establecer el estilo del régimen, pero no su naturaleza última. Para ellos, hay muchos factores —económicos, sociales, históricos, geográficos, políticos, educativos— que deben tomarse en cuenta a fin de intentar comprender qué es una dictadura y cómo opera. En estos casos, el dictador es un elemento más de este marco amplio.[27]

Así, en *El recurso* no es casual que dos de los movimientos armados en contra del Primer Magistrado sean lanzados por miembros de su gabinete, cuya intención es meramente sustituir al presidente por sí mismos, pero siempre dentro del mismo tipo de régimen. También es significativo que, una vez que se ha destituido al Primer Magistrado, el sistema permanece, con alteraciones menores, fundamentalmente intacto[28] —uno de los signos de esta continuidad es la traición de Peralta y otro el gobierno de Luis Leoncio Martínez. Así, aun cuando se destituye al Primer Magistrado de Carpentier, ello no implica el advenimiento de una nueva era. La posibilidad de un nuevo sistema no parece residir en el golpe que

[27] Véase la cita al final de *El recurso*, antes del epílogo, en la p. 369: "la enredadera no llega más arriba que los árboles que la sostienen".
[28] Véase *El recurso*, p. 326.

derrocó al presidente sino en el personaje de el Estudiante. Este personaje implica la existencia de un grupo de personas conscientes entre la población latinoamericana en el que Carpentier parecería colocar gran parte de su confianza y esperanza en la búsqueda de un tipo de cambio más esencial. Como en el caso de la universalidad deliberada buscada por Carpentier con respecto a su dictador y país latinoamericano, nunca nombrados, el Estudiante parecería representar el papel crítico que los estudiantes han desempeñado en algunos puntos históricos de América Latina. Otro personaje que se levanta a una estatura casi heroica en contra del Primer Magistrado es Miguel Estatua.[29]

García Márquez ocupa una posición directamente opuesta a la de Mármol puesto que, para el segundo, la personalidad del dictador es fundamental en el régimen. García Márquez, en contraste, subraya intensamente la importancia general de todo el sistema dictatorial. Un medio ambiente kafkiano y misterioso rodea al Patriarca y el lector, incluso el gobernante mismo, sólo captura destellos de algunos de sus miembros más destacados —Rodrigo de Aguilar, Leticia Nazareno, José Ignacio Saenz de la Barra. Por turnos, estas personas están a cargo del gobierno, relegando al Patriarca a un estado de absoluta soledad. Aquí, se ubica gran parte de la fuerza del Patriarca: a los ojos del pueblo, él nunca es responsable de las equivocaciones del gobierno, sino quienes lo rodean. El sistema dictatorial, por así decirlo, toma gradualmente el gobierno del país caribeño junto con el Patriarca quien se convierte, en última instancia, en otra víctima de su maquinaria. En este sentido pueden entenderse las crecientes simpatías de García Márquez por su personaje. El Patriarca, aun cuando haya sido directamente responsable de buena cantidad de las represiones y asesinatos, resulta ser un

[29] Véase *El recurso*, pp. 79, 209.

peón más al servicio de un poder vasto y misterioso. Hay pocas indicaciones en la novela en cuanto a lo que habrá de suceder después de la muerte del Patriarca. Zacarías, como muchos otros dictadores, no se molestó en nombrar sucesor, "si al fin al cabo cuando yo me muera volverán los políticos a repartirse esta vaina como en los tiempos de los godos, ya lo verán, decía, se volverán a repartir todo entre los curas, los gringos y los ricos".[30] Ésta es una profecía factible. Hay, sin embargo, una chispa optimista con la participación de la gente en la estructura misma de la novela, en el sentido de que se trata de una voz plural que cuenta su historia, y al contarla se encamina a entenderla, lo cual queda corroborado por la primera oración de la novela: "y en la madrugada del lunes la ciudad despertó de su letargo de siglos con una tibia y tierna brisa de muerto grande y de podrida grandeza".[31] El pueblo, la gente, sabe al final de la novela quiénes son, y que "el tiempo incontable de la eternidad había por fin terminado".[32]

9. Los gobiernos

Ni el Primer Magistrado ni el Patriarca gobiernan mucho. El Patriarca da pocas órdenes positivas con respecto a su país, más preocupado por sus caprichos —como en el enamoramiento de Manuela Sánchez— con la fachada ornamental de su gobierno —como la introducción del dragón el escudo nacional— o con la preservación del *statu quo* —como la creación de la escuela para barredoras.[33] A primera vista el Primer Magistrado pare-

---

[30] *El otoño*, p. 171.
[31] *Idem*, p. 5.
[32] *Idem*, p. 271.
[33] Hay una época, sin embargo, en la que actúa verdaderamente como un patriarca de un pueblo pequeño, cuando sí ayuda a la gente, pero siempre a nivel individual, a pequeña escala: curando un toro, componiendo una vieja máquina de coser.

ce más "activo" en su gobierno, especialmente cuando retorna para sofocar los movimientos armados en su contra. Cuando su país goza de una rara bonanza económica, ello se debe en gran medida a elementos externos, y es independiente de su administración, como resultado del progreso relativo que experimentó América Latina durante la Primera y Segunda Guerras Mundiales. Otros pasos de una naturaleza más "positiva" que toma el Primer Magistrado incluyen la construcción del muy lujoso y caro Capitolio del país. Debe mencionarse también su iniciativa para establecer una estación de ópera anual, siguiendo el ejemplo de Brasil y Argentina quienes, a su vez, tenían como modelos las capitales europeas. En otras palabras, la temporada de ópera del Primer Magistrado es una copia de una copia.

En ambas novelas, entonces, los principales esfuerzos que vemos hacer a los dictadores en tanto que cabezas de sus respectivos gobiernos, están lejos de relacionarse con el desarrollo económico y social de sus países, dado que están ocupados la mayor parte del tiempo en deshacerse de sus opositores, mejorar la imagen de sus regímenes o satisfacer sus caprichos personales.

De manera semejante, los dictadores en otras novelas aparecen realizando el mismo tipo de actividades; entre las más sobresalientes y constantes se encuentran un control sistemático y eliminación de opositores. Mármol subraya el papel que juega en ese sentido la terrible "mazorca" de la cuñada de Rosas.

En *Tirano Banderas* presenciamos una escena en donde el dictador solicita ayuda económica de uno de los españoles más prominentes del país; también lo vemos ordenando el arresto del soldado indisciplinado Domiciano de la Gándara cuando se entera de que ha dañado el puesto en el mercado de una mujer, y ésta es una de las escasas órdenes que da un dictador en estas novelas. No hay nada positivo que pueda registrarse del presidente de Asturias: sus órdenes se caracterizan por su maldad y crueldad.

248

El Caudillo en *La sombra* aparece fundamentalmente como el responsable de la masacre del grupo de Aguirre, al igual que las órdenes de Burundún-Burundá son totalmente destructivas y negativas.

Carrillo en *La fiesta* considera su deber de gobernante comer, beber, repartir condecoraciones, destruir conspiraciones y firmar alianzas.[34] Cree firmemente que ha hecho más que suficiente por su pueblo, según nos enteramos en el *Te Deum*. Entre sus obras, hay medidas no lejanas de la escuela para enseñar a barrer del Patriarca: desfiles, fiestas, juegos pirotécnicos; también hay algunas carreteras y escuelas, pero estas últimas, sin embargo, no las considera parte de su gobierno, sino como un regalo generoso de él hacia su país. Entre sus obras, también cuenta su lucha constante contra el comunismo —un recordatorio de sus nexos estrechos con los Estado Unidos. Como parte de la destrucción de las conspiraciones lo vemos dirigiendo un pelotón de fusilamiento y quemando a Galíndez.

Uslar Pietri muestra a Aparicio Peláez en *Oficio* embarcado durante su gobierno en una lucha constante en contra de sus opositores, tanto a nivel individual como de grupos, ya sea encarcelándolos o luchando en contra de ellos. Según Uslar Pietri, la contribución más positiva de Peláez a su país parece haber sido una administración adecuada de modo que, en lo que respecta al petróleo, no hizo que Venezuela dependiera sólo de un comprador, sino que dividió las ventas entre varios clientes. Esta contribución viene junto a la imposición de un periodo relativamente largo de paz en el país después de un periodo de muchas disputas armadas internas, pero siempre dentro del marco de un control estricto de cualquier tipo de oposición.

El Mayordomo en *Casa de campo* tiene poco espacio para iniciativas personales, por depender de las órdenes

---

[34] Véase *La fiesta*, p. 33.

de los Ventura. En tiempos normales su contribución personal reside en la creación de técnicas sofisticadas para castigar a los niños sin dejar rastros visibles. Más adelante, cuando él y el resto de los sirvientes retoman Marulanda, tiene carta relativamente blanca para reimponer el orden. Su actuación entonces, como antes, permanece asociada la tortura y la represión.

Las contribuciones del Supremo al Paraguay son más difíciles de evaluar, tanto en términos de la novela como en la realidad objetiva. Por un lado, logró preservar su país como una nación independiente frente a las amenazas de España, Argentina y Brasil. El Doctor Francia estableció una sociedad más igualitaria y próspera que la que existía en el periodo colonial. Pero todo esto, si bien es importante, tuvo lugar en un virtual aislamiento y como resultado de la prohibición casi total del ingreso de libros, cartas y viajeros. La extrema concentración de poder del Supremo en lo que respecta a la toma de decisiones contribuyó a la atrofia de la capacidad de juicio y elección en los paraguayos, sumiéndolos en una suerte de infancia política, incapaces de pensar y decidir por sí mismos.

10. Dependencia

Una de las características de América Latina ha sido su dependencia de potencias extranjeras —una dependencia política, económica y cultural. Esta dependencia se inició desde la llegada de colonizadores españoles, franceses, británicos y portugueses a América y se ha preservado en América Latina hasta nuestros días bajo formas distintas, con la importante adición de los Estados Unidos a la cabeza hoy en día de los países dominantes. El grado de dependencia ha variado en cada país en sus aspectos culturales y económicos, en algunos casos ha mostrado signos de decrementos pero, en términos generales, sus efectos se sienten aún con claridad. La presencia de esta dependencia puede apreciarse en las novelas incluidas en este trabajo, con diversos matices.

El papel hegemónico de los Estados Unidos en América Latina es particularmente notable en aquellos países donde prevalecen regímenes dictatoriales, y por ende, en las novelas incluidas aquí. Con base en los vastos intereses económicos estadounidenses, especialmente manifiestos en inversiones, así como en préstamos financieros y asesorías militares, ha habido acuerdos más o menos explícitos entre los regímenes dictatoriales latinoamericanos y la potencia del Norte. El dictador se compromete a luchar en contra del comunismo,[35] a proteger el capital estadounidense en el país,[36] y a hacer ciertas concesiones,[37] en tanto que, a su vez, los Estados Unidos ofrecen entrenamiento militar, asistencia económica, además de apoyo armado en caso de ser necesario[38] para sostener al dictador. Este tipo de tratados tienen variaciones y sutilezas que van desde la inversión económica hasta el establecimiento de bases militares.[39]

En América Latina hay una dependencia cultural que es tan amplia e intensa como la económica, y existe bajo diversas formas. De nuevo, los Estados Unidos son los que desempeñan el papel principal, con una enorme cantidad de exportaciones culturales en la forma de información, programas de televisión, películas, música, revistas, cuentos de historietas. Los medios masivos estadounidenses alientan la adquisición de bienes y cultura del Norte, a través de un impresionante y efectivo programa de propaganda. Carpentier alude a esta influencia en *El recurso* en la época navideña cuando súbitamente, la

[35] Este punto se plantea en *La fiesta*, p. 262.
[36] Este punto se plantea en *El recurso*, p. 37.
[37] Este punto aparece en *El otoño*, p. 108.
[38] Este punto aparece en *El otoño*, p. 29.
[39] Este punto se plantea en *La fiesta*, p. 134.

tradicional celebración cristiana se altera con la presencia de pinos adornados con nieve artificial y la presencia de Santa Claus, en lugar de los Reyes Magos.

Para proteger sus intereses económicos en América Latina, los Estados Unidos desean asegurar un cierto grado de estabilidad política. Por tanto, tienden a interferir de diversas maneras con respecto tanto a las políticas internas como externas de América Latina. Incluso las rebeliones tienen que ser sancionadas por los Estados Unidos a fin de asegurarse una posibilidad de éxito. Al levantarse en contra del Primer Magistrado, Ataúlfo Galván en *El recurso*, consciente de la influencia estadounidense en su país, tiene buen cuidado de anunciar que al llegar al poder, ciertamente se seguirán protegiendo los intereses de la potencia del Norte.[40] El apoyo estadounidense juega un papel importante para sostener a un dictador en el poder, como podemos observar, de nuevo, en *El recurso*. El Primer Magistrado cae debido a una combinación de diversos factores internos y externos, uno de los cuales es el retiro del apoyo estadounidense.

Europa sigue teniendo una fuerte influencia en América Latina, especialmente en lo que respecta a cuestiones artísticas. *El recurso* es tal vez el ejemplo más conspicuo entre las novelas consideradas en este trabajo en donde puede apreciarse en su plenitud la influencia europea, que recibe una forma específica en el profundo conocimiento y admiración del Primer Magistrado por la civilización francesa.

Francia es también una poderosa presencia en *La fiesta*, ubicada en una ex-colonia francesa. Los gustos de Carrillo, en lo que respecta a comida y vinos, son preponderantemente franceses. En la novela de Lafourcade, la *Société Générale*, bajo la dirección del embajador francés, que lleva una vida disipada, tiene una fuerte in-

---

[40] Véase *El recurso*, p. 37.

fluencia económica y política en el país caribeño. Después de la presencia francesa en el país de Carrillo, está la estadounidense, manifiesta en una base militar en la isla, y la actuación de su embajador, quien juega una parte no despreciable en el juego de alianzas en la política del país.

En *El señor presidente* también hay una referencia que apunta al gran prestigio que Francia tiene en América Latina. Cara de Ángel, intentando halagar al Presidente, le dice que sus cualidades como gobernante son suficientemente sobresalientes para permitirle gobernar varios grandes países europeos, pero particularmente Francia.[41]

Europa en su conjunto también es un ejemplo y modelo constante que emulan los unitarios y sus simpatizadores en *Amalia*, en oposición al salvaje y bárbaro Rosas.

En *El otoño*, donde toda anécdota asume proporciones hiperbólicas, el Patriarca se ve obligado a dar el mar a los Estados Unidos como parte de su deuda externa. Muy temprano en la novela también se menciona que llegó al poder con el apoyo británico y que lo preservó con la ayuda de los Estados Unidos.[42] La influencia de España fue sustituida en América Latina por la de los Estados Unidos, y este hecho es evidente en un pasaje que describe la llegada de los conquistadores a América, narrada desde el punto de vista de los nativos, en una humorística mezcla de escalas temporales que incluye simultáneamente la presencia estadounidense a través de sus infantes de marina en la bahía caribeña. España aparece como un factor importante en *Tirano Banderas*, donde desempeña un papel económico activo para sostener al dictador.

José Donoso también registra la influencia de las potencias extranjeras en América Latina. En *Casa de cam-*

[41] Véase *El señor presidente*, p. 37.
[42] Véase *El otoño*, p. 29.

po explora la relación entre los Ventura y los extranjeros —cuya nacionalidad nunca se explicita, pero se menciona que son altos, rubios o pelirrojos y vienen del Norte, así como que sus costumbres, hábitos y valores son muy distintos de los de los Ventura.[43] Su relación es puramente comercial, si bien una de las familias del clan de los Ventura ha tenido cuidado de mandar a sus hijos a escuelas donde puedan alternar con los hijos de los extranjeros. En términos generales, sin embargo, los Ventura en su conjunto desprecian a los extranjeros (como desprecian a cualquiera que no comparta sus valores), pero los necesitan y no pueden descartarlos como normalmente hacen con cualquiera que no los satisfaga. Los extranjeros compran el oro laminado de los Ventura y son también compradores potenciales de Marulanda. Hay poca comunicación entre los Ventura y los extranjeros durante la visita de inspección a la casa de campo, pues cada grupo vive y piensa de acuerdo con sus propios valores. El Mayordomo percibe la importancia de los visitantes y los trata acorde, sirviéndolos tan bien como es capaz, descuidando incluso su deber hacia los Ventura.

En *Yo el Supremo* la cuestión de dependencia se plantea de otra manera. Uno de los puntos importantes del gobierno del Doctor Francia fue la creación y más adelante la consolidación de la independencia del Paraguay frente a España primero, y luego Argentina y Brasil. Pero la educación y formación del propio Supremo era europea —francesa en particular.

En *Burundún-Burundá* no se plantea el problema de la dependencia. En *La sombra* hay sólo un detalle que apunta al prestigio otorgado a la posesión de objetos extranjeros: el carro de Aguirre es un Cadillac, normalmente asociado con un alto *status* económico y social, y con él abre y cierra la novela.

43 Véase *Casa de campo*, p. 419.

conclusiones

CADA UNO de los escritores incluidos en este trabajo partió de un tema común: las dictaduras y los dictadores. Cada uno de ellos lo enfrentó y resolvió a su modo, según sus experiencias particulares, información, preocupaciones, intereses y habilidades literarias.

La serie de novelas sobre dictadores y dictaduras arranca en la América Hispánica con *Amalia* de José Mármol. Ésta es la primera novela en la literatura hispanoamericana en donde un dictador identificable y específico se toma como base para una obra literaria, en yuxtaposición con personajes totalmente literarios. El ataque de Mármol a Rosas es bastante claro: introduce al dictador y a su familia en la novela con sus nombres reales. En contraste con Rosas, produce tres personajes que son las antítesis del dictador: Amalia, Eduardo y Daniel. A través de ellos, Mármol critica y ataca el carácter salvaje, la falta de nobleza y crueldad de Rosas, alabando las cualidades opuestas en los protagonistas. Y no sólo a través de ellos: Mármol continuamente subraya su ataque a Rosas a través de comentarios autoriales directos. Al retratar a sus héroes como personajes ideales, Mármol invita a su lector a indentificarse con éstos y por tanto oponerse a Rosas y los federales. Otra extensión importante del método de Mármol para alcanzar este efecto aparece en la introducción del romance entre Amalia y Eduardo. La "mazorca" de Rosas ataca la casa de Amalia y mata a todos unos minutos después de su boda con Eduardo. El patrón de ataque a Rosas es por tanto relativamente simple: presenta tres personajes en abierto contraste con el dictador, hace al dictador cometer todo tipo de injusticias y abusos, e introduce una historia de amor que se interrumpirá por las acciones de Rosas.

El incidente en la novela *La sombra* de Guzmán es el único cuya contraparte de la realidad objetiva coincide casi en su totalidad con su versión literaria. El mundo de la política mexicana descrito por Guzmán viene de primera mano. Desde luego, hay una cantidad de transformación literaria, pero los eventos fundamentales son verídicos. Aquí, en la valentía de Guzmán y su habilidad literaria para presentarlo, reside gran parte de su fuerza, reforzada por una notable economía que deliberadamente intenta acercar su estilo al de un documental —en el sentido positivo del término. *La sombra* tal vez no sea su mejor obra, pero hay algunos capítulos —como la escena en la Cámara de Diputados— que son redondos y muy efectivos. Interesa notar que aun cuando Guzmán haya partido de la idea de denunciar a Calles y Obregón, teniendo como base el incidente de Huizilac desde una visión relativamente objetiva, termina presentando, tal vez pese a sí mismo, un cuadro muy desalentador y pesimista de la imposición brutal de la fuerza como un estilo dominante en la política mexicana de esa época en donde el grupo de Serrano, con el que él estaba asociado, jugaba de acuerdo con las mismas reglas del Caudillo. La masacre de Huizilac, vista desde fuera, apunta a un claro caso de asesinato, pero, desde dentro, sólo muestra a Serrano como el perdedor de una batalla particular en la lucha por el poder dentro del juego de la política.

La sombra es la primera novela hispanoamericana en donde, pese a su base documental e histórica, se amplía el ámbito de la trascendencia del dictador, al subrayar el puesto y no la persona.

La contribución de Asturias a las novelas de estos temas no es nada despreciable. *El señor presidente* es una importante novela hispanoamericana en este siglo, una marca para todas las que siguieron. Es cierto que las nuevas producciones en la misma línea implican naturalmente una revaloración de las predecesoras, y, bajo esta luz, me parece que la novela de Asturias siempre tendrá un lugar importante, pero también me parece que pierde parte de su fuerza frente a novelas más recientes sobre el tema, particularmente el gran trío de Carpentier, Roa Bastos y García Márquez. Entre los aciertos de Asturias en esta novela, en relación con las demás, podemos mencionar la creación de una atmósfera de terror y miseria bajo la dictadura y la fusión del nivel mítico de las culturas precolombinas con las latinoamericanas actuales. Como Mármol, Asturias introduce varias víctimas del régimen del dictador, entre las cuales se encuentra la conmovedora muerte del bebé de Fedina. Hay, además, brillantes pasajes poéticos como el memorable inicio de la novela, de gran sonoridad. Asturias, como Guzmán antes, da un paso más adelante que Mármol. El argentino condena violentamente al dictador Rosas. Asturias, a través de su dictador anónimo —aun cuando el modelo haya sido Estrada Cabrera— alcanza un rango mayor en su condena que toca a las dictaduras y los dictadores en general en este subcontinente.

Pese a no ser una novela estrictamente, *Burundún-Burundá* encontró un lugar en este trabajo debido a su fuerza y originalidad. Este poema satírico es sobresaliente en su uso poderoso de la ironía. La insistencia en la verdad rigurosa de lo que se cuenta ayuda a crear una imagen del régimen del finado Burundún-Burundá. Zalamea, como Mármol y Asturias, no acepta —ni le interesa hacerlo— matices al ocuparse de su dictador. Para Zalamea, una dictadura es un régimen terrible, destructivo e inhumano que aspira a controlar todas las áreas y rincones de la vida social e individual. El fiero ataque de Zalamea se lleva a cabo a través de la sátira y un humor cáustico que tienen una base muy seria. El tono hiperbólico que prevalece a través de la obra, junto con la fuerte condena y denuncia del gobierno de Burundún-Burundá es una respuesta a, y la negación del plan del dictador de abolir el lenguaje articulado. Burundún-Burundá deseaba domesticar a la gente al suprimir sus hábitos de "hablarse entre sí, la de comunicarse sus cobardes temores, sus ineptas imaginaciones, sus torpes ideas, sus enfermizos sentimientos, sus engañosos sueños, sus inciertas aspiraciones, sus imperdonables quejas y protestas, su torpe sed de amor".[1] La obra de Zalamea expresa precisamente todo lo que en la cita anterior es visto con desprecio por el dictador. Es evidente que Zalamea está del lado de quienes creen que el lenguaje debe usarse para comprender la realidad y mejorarla, para comunicarse entre sí.[2]

El enfoque de Lafourcade a la dictadura es semejante, en cierta medida, al de Zalamea. Usa una cantidad considerable de humor y sátira, si bien su novela tiene la intención muy seria de exponer y condenar a través del uso del ridículo. Lafourcade ve a Carrillo como un monstruo patético. La serie de escenas con una forma muy dramática dan una imagen rápida y caleidoscópica efectiva de una dictadura.

Yo el Supremo es una de las novelas más complejas, difíciles y ricas de esta serie. Roa Bastos ofrece una gran cantidad de información histórica entremezclada con la realidad literaria en un intento de escribir además, historia, biografía y ensayo, cuestionando constantemente los límites y posibilidades de estas cuatro formas. Podría describírsela como una novela cubista en la manera en que presenta al Supremo simultáneamente desde varios ángulos.

La primera incursión sostenida en el campo del humor de Carpentier resultó altamente exitosa. Su Primer Magistrado es un retrato brillante y exacto del dictador ilustrado decimonónico. Su personalidad presenta la dualidad de un hombre culto, de mundo, al lado de un temperamento salvaje y chauvinista latinoamericano. Como siempre en Carpentier, la ambientación —aquí desde fines del siglo diecinueve y parte del veinte— ha

---

[1] *Burundún-Burundá*, p. 30.
[2] *Idem*, véase pp. 34-5.

sido recreada cuidadosa y precisamente, tanto en París como en el país literario de América Latina.

La versión de García Márquez de la dictadura es también sobresaliente. Reconstruye la vida del dictador desde las historias (tal vez inventadas) de la gente, presentando al mismo tiempo el punto de vista del Patriarca. La máquina dictatorial gradualmente se apodera del país, del gobierno, e incluso del propio Patriarca. Al mismo tiempo, el novelista colombiano sigue explorando su tema fundamental de la soledad, aquí en relación con una vasta cantidad de poder, tan vasta, que se diluye en un concepto abstracto e inútil. Los hilos de historia tras historia, de anécdota tras anécdota, de oración tras oración —muchas con alta calidad poética— sugieren una corriente interminable de aventos, una mezcla de lo que sucedió con lo que se cree sucedió, apuntando simultáneamente hacia la imposibilidad de una total objetividad.

Después de *Yo el Supremo*, *El otoño* y *El recurso* parece difícil abrir nuevas posibilidades en el mismo tema. Estos tres novelistas adoptan una perspectiva desde *dentro* del problema, dejando atrás visiones unilaterales y maniqueas.

La contribución de Uslar Pietri al tema es decorosa, pero en modo alguno sobresaliente. Como en sus novelas anteriores, adecua el estilo y tono al tema. Su estructura y desarrollo son relativamente directos y lineales a medida que presenta la vida y gobierno de Aparicio Peláez: una carrera continua y predictible. Uslar Pietri sugiere un aspecto positivo de la dictadura de Peláez: el haber logrado establecer un periodo considerablemente largo de paz en su país durante el cual pudo empezar a darse un desarrollo económico. Hay ciertos momentos en la historia de ciertos países —el Paraguay bajo el Doctor Francia podría ser otro caso— donde parecería, según Uslar Pietri en *Oficio*, que el desarrollo de un ámbito de un país —aquí el económico— se logra a expensas de otro: la creación y el ejercicio de la conciencia y participación política.

Finalmente, José Donoso produjo una versión altamente idiosincrática de la dictadura.[3] Inspirado en su Chile de origen, subraya la relación entre un dictador y la burguesía local. Donoso no hace sobresalir las acciones de un solo hombre en el papel de dictador como una característica dominante, sino más bien pone énfasis en la concatenación particular de alianzas entre diversos grupos en el poder. Ve el advenimiento de un régimen tal en la casa de campo de los Ventura como un resultado, en parte, de debilidades internas y cambios más bien imprácticos de una naturaleza demasiado radical bajo el liderazgo de Gomara, además de la oposición abierta de los Ventura, con la complicación de los intereses e influencia de los extranjeros.

Todas estas novelas en su conjunto, arrojan luz a diversas facetas del tema de las dictaduras y los dictadores en América Latina, cada una desde un punto de vista particular, cada una solucionando los problemas que se impone en su forma particular, siempre dentro del campo rico, complejo y vasto de la literatura.

---

[3] Es interesante observar que para Carpentier, Roa Bastos, García Márquez y Donoso, sus novelas sobre el tema de la dictadura y los dictadores representan un nuevo giro, de alguna manera, dentro del marco de su propia obra.

bibliografía

Textos referidos en el trabajo

Abreu Gómez, E. *Martín Luis Guzmán.* México, 1968.
Anderson Imbert, E. *Historia de la literatura hispanoamericana.* 2 vols. México, 1974.
Andreu, J., Bareiro Saguier, R., et al. *Seminario sobre "Yo el Supremo" de Augusto Roa Bastos.* Poitiers, 1976.
Arnau, C. *El mundo mítico de Gabriel García Márquez.* Barcelona, 1975.
Asturias, M. A. *Latinoamérica y otros ensayos.* Madrid, 1968.
_____. *El señor presidente.* Buenos Aires, 1969.
_____. *América. Fábula de fábulas.* Caracas, 1972.
Bellini, G. *Il mondo allucinante.* Milán, 1976.
Benedetti, M. *El recurso del supremo patriarca.* México, 1979.
Bergson, H. *Le rire.* París, 1969.
Bermejo, M. *Valle-Inclán: Introducción a su obra.* Madrid, 1971.
Blasi Brambilla, A. *José Mármol y la sombra de Rosas.* Buenos Aires, 1970.
Bollettino, V. *Breve estudio de la novelística de García Márquez.* Madrid, 1973.
Booth, W. *A Rhetoric of Irony.* Chicago, 1974.
Books Abroad, vol. 47, número 3, verano de 1973, Oklahoma, 1973.
Brushwood, J. S. *Mexico in its Novel.* Texas. 1966.
_____. *The Spanish American Novel. A Twentieth-century Survey.* Texas, 1975.
Carballo, E. *Diecinueve protagonistas de la literatura mexicana del siglo XX.* México, 1965.

263

CARPENTIER, *Tientos y diferencias*. Buenos Aires, 1967.

————. *El reino de este mundo*. Santiago de Chile, 1969.

————. *El siglo de las luces*. México, 1969.

————. *Los pasos perdidos*. Barcelona, 1972.

————. *Ecue-Yamba-O*. Buenos Aires, 1974.

————. *El recurso del método*. Segunda edición. México, 1974.

————. *Crónicas*. 2 vols. Habana, 1976.

————. *El arpa y la sombra*. Madrid, 1979.

————. *La consagración de la primavera*. Madrid, 1979.

DARÍO CARRILLO, G. *La narrativa de Gabriel García Márquez*. Madrid, 1975.

DESCARTES, R. *Discurso del método; Meditaciones metafísicas; Reglas para la dirección del espíritu; Principios de la filosofía*. Traducción de Manuel Machado. México, 1974.

DELGADO GONZÁLEZ, A. *Martín Luis Guzmán y el estudio de lo mexicano*. México, 1975.

DONOSO, G. *El obsceno pájaro de la noche*. Barcelona, 1970.

————. *Casa de campo*. Barcelona, 1978.

DORFMAN, A. *Imaginación y violencia en América*. Santiago de Chile, 1970.

FERNÁNDEZ ALMAGRO, M. *Vida y literatura de Valle-Inclán*. Madrid, 1966.

FERNÁNDEZ-BRASO, M. *Gabriel García Márquez. Una conversación infinita*. Madrid, 1969.

FISCHER, E. *La necesidad del arte*. Traducción de J. Solé-Tura. Barcelona, 1975.

GALLEGOS, R. *Doña Bárbara*. Caracas, 1964.

GARCÍA MÁRQUEZ, G. *Isabel viendo llover en Macondo*. Buenos Aires, 1969

————. *Ojos de perro azul*, s/l, 1972.

————. *Los funerales de la Mamá Grande*. Buenos Aires, 1972.

————. *La increíble y triste historia de la cándida Eréndira y de su abuela desalmada*. Barcelona, 1974.

————. *Cien años de soledad*. Buenos Aires, 1975.

_____. *El otoño del patriarca*. Barcelona, 1975.

_____. *El coronel que no tiene quién le escriba*. Buenos Aires, 1976.

_____. *La mala hora*. Barcelona, 1977.

_____. *La hojarasca*. Barcelona, 1977.

GIACOMAN, H. F. *Homenaje a Alejo Carpentier*. Nueva York, 1970.

_____. *Homenaje a Gabriel García Márquez*. Madrid, 1972.

_____. *Homenaje a Augusto Roa Bastos*. Madrid, 1973.

_____. *Homenaje a Juan Rulfo*. Madrid, 1974.

GONZÁLEZ BERMEJO, E. *Cosas de escritores*. Montevideo, 1971.

GONZÁLEZ ECHEVARRÍA, R. *Alejo Carpentier: The Pilgrim at Home*. Íthaca y Londres, 1977.

GUZMÁN, M. L. *La sombra del caudillo*. México, 1962.

HARSS, L. *Los nuestros*. Buenos Aires, 1973.

HENRÍQUEZ UREÑA, P. *Las corrientes literarias en la América Hispánica*. México, 1969.

HORMIGÓN, J. A. *Ramón del Valle Inclán, la política, la cultura, el realismo y el pueblo*. Madrid, 1972.

KIERNAN, V. G. *The Lords of Human Kind*. Harmondsworth, 1972.

LAFOURCADE, E. *La fiesta del rey Acab*. Santiago de Chile, 1959.

LUKACS, G. *La novela histórica*. Traducción de J. Reuter. México, 1966.

MÁRMOL, J. *Amalia*. Buenos Aires, 1972.

MARTÍ, J. *Nuestra América*. Buenos Aires, 1939.

MERCHANT, P. *The Epic*. Londres, 1977.

_____. *Alejo Carpentier*. Madrid, 1960.·

MÜLLER-BERGH, K. ed. *Asedios a Carpentier*. Santiago de Chile, 1972.

MURRAY, H. ed. *Myth and Mythmaking*. Nueva York, 1960.

OSPOVAT, L., LABASTIDA, J. et al. *Casa de las Américas (con Alejo Carpentier)*. Nov.-dic., 1974, año XV, no. 87.

265

RAMA, A. *Los dictadores latinoamericanos*. México, 1976.

ROA BASTOS, A. *Hijo de hombre*, Madrid, 1969.

———. *Yo el supremo*. Buenos Aires, 1974.

———. "Algunos núcleos generadores de un texto narrativo" en *Escritura*. Caracas, julio/diciembre, 1977, Año II, no. 4.

ROA, M. "Interview with Alejo Carpentier" en *Granma*, Habana, 2 de junio de 1974.

RULFO, J. *Pedro Páramo*. México, 1965.

SPERATTI PIÑERO, E. *La elaboración artística en "Tirano Banderas"*. México, 1957.

USLAR PIETRI, A. "Las lanzas coloradas" en *Obras Selectas*. Madrid, 1967.

———. "El camino del dorado" en *Obras Selectas*.

———. *Oficio de difuntos*. Barcelona, 1976.

VALLE-INCLÁN, R. *Tirano Banderas*. México, 1975.

VANSINA, J. *Oral Tradition*. Harmondsworth, 1965.

VARGAS LLOSA, M. *García Márquez: Historia de un Deicidio*. Barcelona, 1971.

VERDEVOYE, P. coordinador. *"Caudillos", "caciques" et dictateurs dans le roman hispano-américain*. París, 1978

VICKERY, J. B. ed. *Myth and Literature*. Nebraska, 1966.

VIÑAS, D. *Literatura argentina y realidad política*. Buenos Aires, 1964.

WELLEK, R., y WARREN, A. *Theory of Literature*. Harmondsworth, 1976.

ZAHAREAS, A. N. ed. *Ramón del Valle-Inclán. An Appraisal of his Life and Works*. Nueva York, 1968.

ZALAMEA, J. *El sueño de las escalinatas*. Bogotá, 1964.

———. *El gran Burundún-Burundá ha muerto*. Buenos Aires, 1973.

ZEA, L. *Dependencia y liberación en la cultura latinoamericana*. México, 1974.

ZULUAGA, C. *Novelas del dictador, dictadores de novela*. Bogotá, 1977.

NOVELAS Y TEXTOS CONSULTADOS

AGUILERA MALTA. D. *El secuestro del general.* México, 1973.

ANDREWES, A. *The Greek Tyrants.* Londres, 1966.

ARÉVALO MARTÍNEZ, R. *¡Ecce Pericles!* 2 vols. Guatemala, 1971.

AZUELA, M. "El Camarada Pantoja" en *Obras Completas.* México, 1958.

BARRIOS, E. *Gran señor y rajadiablos.* Santiago de Chile, 1967.

BELLINI, G. *La narrativa di Miguel Ángel Asturias.* Milán, 1966.

BENDEZÚ, E. *et. al. José Donoso. La destrucción de un mundo.* Buenos Aires, 1975.

BLANCO FOMBONA, R. *El hombre de hierro.* Caracas, 1907.

BROTHERSON, G. *The Emergence of the Latin American Novel.* Cambridge, 1977.

CARPENTIER, A. *Guerra del tiempo.* México, 1970.

_____. *El derecho de asilo.* Barcelona, 1972.

_____. *Visión de América.* Buenos Aires, 1976.

COUFFON, C. *Miguel Ángel Asturias.* París, 1970.

CULLAN, R. J. *Miguel Ángel Asturias.* Nueva York, 1970.

CHIRVECHES, A. *La candidatura de Rojas.* Lima, 1965.

DE BATTAGLIA, O. F. ed. *Dictatorship on Trial.* Traducción de H. Pasterson, Londres, 1930.

ECHEVERRÍA E. *El matadero.* Buenos Aires, 1977.

GIL, P. *Fin de fiesta,* Buenos Aires, 1958.

IBARGÜENGOITIA, J. *Maten al león.* México, 1975.

JANE, C. *Liberty and Despotism in Spanish American.* Oxford, 1929.

LATEY, M. *Tyranny. A Study in the Abuse of Power.* Harmondsworth, 1979.

LÓPEZ ÁLVAREZ, L. *Conversaciones con Miguel Ángel Asturias.* Madrid, 1974.

LYNCH, M. *La alfombra roja.* Buenos Aires, 1972.

POCATERRA, J. R. "Memorias de un venezolano de la decadencia" en *Obras Selectas*. Madrid-Caracas, 1967.
SANTAMARÍA, R. J. *La tragedia de Cuernavaca en 1927 y mi escapatoria célebre*. México, 1939.
SARMIENTO, D. F. *Facundo*. Buenos Aires, 1972.
SOLÓRZANO, C. *Los falsos demonios*. México, 1966.
SPOTA, L. *El tiempo de la ira*. México, 1978.
STANTON FORD, G. M. ed. *Dictatorship in the Modern World*. Minnesota, 1935.
STEPAN, A. *The Military in Politics*. Princeton, 1971.
USLAR PIETRI, A. "La Otra América" en *Obras Selectas*.

ESTUDIOS CRÍTICOS Y GENERALES CONSULTADOS

ACHUGAR, H., *et al. Aproximaciones a Gabriel García Márquez*. Lima, 1970.
BEALS, C. *Porfirio Díaz, Dictator of Mexico*. 1932.
BIGAIRE, L. B. *José Gaspar Rodríguez de Francia*. 1942.
CABANELLAS, G. *El dictador del Paraguay Doctor Francia*. Buenos Aires, 1946.
CARLYLE, T. "Doctor Francia" en *Critical and Miscellaneous Essays*. Londres, 1872, vol. VII.
CHÁVEZ J. C. *El supremo dictador*. Buenos Aires, 1958.
CHIPPINDALE, P. y HARRIMAN, E. *Juntas United*. Londres, 1978.
DESSAU, A. *La novela de la Revolución Mexicana*. Traducción de J. J. Utrilla. México, 1976.
EINAUDI, L. R. y STEPAN, A. C. *Latin American Institutional Development: Changing Military Perspectives in Peru and Brazil*. Santa Mónica, 1971.
FINER, S. E. *The Man on Horseback*. Harmondsworth, 1975.
FITCH. J. S. *The Military Coup d'Etat as a Political Process*, 1977.
FOSTER, D. W. *The Myth of Paraguay in the fiction of Augusto Roa Bastos*. North Carolina, 1969.
GALÍNDEZ J., *The Era of Trujillo*. Arizona, 1973.

268

González, R. J. "The Latin American Dictator in the Novel". Tesis doctoral inédita. Universidad Southern California, 1971.

Gullón, R. *García Márquez o el olvidado arte de contar.* Madrid, 1970.

Herring, H. *Evolución histórica de América Latina.* Traducción de M. O. Giménez y A. Aguado. 2 vols. Buenos Aires, 1972.

Johnson, J. J. *The Military and Society in Latin America.* Stanford, 1968.

Kern, R. ed. *The Caciques.* New Mexico, 1973.

Levine, J. *El espejo hablado.* Caracas, 1975.

Lieuwen, E. *Arms and Politics in Latin America.* New Mexico, 1961.

_____, *Mexican Militarism.* New Mexico, 1968.

Martínez, P. ed. *Sobre García Márquez.* Montevideo, 1971.

Mejía Duque, J. *El otoño del patriarca o la crisis de la desmesura.* Bogotá, 1975.

Palermo, Z. *et al. Historia y mito en la obra de Alejo Carpentier.* Buenos Aires, 1972.

Petras, J. F. y Morely, M. H. *How Allende Fell.* Londres, 1974.

Pleasants, E. H. *The Caudillo: A Study in Latin American Dictatorships.* Nueva York, 1959.

Pickenhayn, J. O. *Para leer a Alejo Carpentier.* Buenos Aires, 1978.

Porrata y Avendaño. *Explicación de "Cien Años de Soledad".* Costa Rica, 1976.

Rama, A., y Vargas Llosa, M. *García Márquez y la problemática de la novela.* Buenos Aires, 1973.

Rengger, J. R. y Longchamps. *The Reign of Doctor Joseph Gaspard Roderick de Francia.* Nueva York, 1971.

Rodríguez Monegal, E. *Narradores de esta América.* Montevideo, 1969.

_____. *El boom de la novela latinoamericana.* Caracas, 1972.

269

Rourke, T. *Tyrant of the Andes*. Londres, 1937.

Valenilla Lanz, L. *Cesarismo democrático*. Caracas, 1927.

Vandercook, J. W. *Black Majesty, The Life of Christophe, King of Haiti*. Texas, 1928.

Wisner, F., *El dictador del Paraguay José Gaspar Rodríguez de Francia*. Buenos Aires, 1957.

índice

Los dictadores y la dictadura en la novela hspanoamericana, (1851-1978), editado por la Dirección General de Publicaciones se terminó de imprimir en la Editorial Libros de México el 15 de agosto de 1989. Su composición se hizo en tipo Electra de 10:11, 9:10 y 8:9 puntos. La edición consta de 3 000 ejemplares y estuvo al cuidado de Gabriela Ibarra.